农村教育布局调整中的
利益博弈

The Study of Interest Games in the Process of
Adjustment of China Rural Primary and Middle Schools

姚松 著

科学出版社
北 京

内 容 简 介

政策执行是教育政策的核心环节。如何确保教育政策有效落实，避免政策执行出现偏差，是当前教育政策研究的重点议题之一。

本书以农村教育布局调整政策为剖析样本，以博弈论、利益相关者理论为主要分析工具，构建了一个包括政策执行者、政策制定者及政策目标群体在内的总体博弈分析框架，并对农村教育布局调整政策执行中的三方博弈互动进行深入分析。在此基础上，本书以制度体系创新为突破口，以促进各方利益整合与优化为落脚点，构建了促使各利益主体从非合作博弈转向合作博弈的政策执行保障机制，为减少或缓解利益主体之间的利益冲突，进而预防或治理政策执行中的一系列问题，提供了系统性的改进方案。

本书适合高校或研究机构的教育政策、教育管理学相关专业的教师、研究人员和学生，以及教育行政部门的管理人员等参阅。

图书在版编目（CIP）数据

农村教育布局调整中的利益博弈 /姚松著. —北京：科学出版社，2016.6
ISBN 978-7-03-048610-3

I. ①农… II. ①姚… III. ①乡村教育–研究–中国 IV. ①G725

中国版本图书馆CIP数据核字（2016）第126728号

责任编辑：乔宇尚　高丽丽 /责任校对：张怡君
责任印制：张 伟 /封面设计：楠竹文化

联系电话：010-6403 3934
电子邮箱：fuyan@mail.sciencep.com

*科学出版社*出版
北京东黄城根北街16号
邮政编码：100717
http://www.sciencep.com
北京京华虎彩印刷有限公司 印刷
科学出版社发行　各地新华书店经销

*

2016 年 6 月第 一 版　开本：720×1000　B5
2016 年 6 月第一次印刷　印张：13 1/2
字数：255 000

定价：59.00 元
（如有印装质量问题，我社负责调换）

序

教育政策是党和政府进行教育事务管理的重要工具。由于教育关涉千家万户、国计民生，教育政策能不能公正、高效地进行"权威性价值分配"，就显得尤为重要。然而在现实中，"上有政策，下有对策"的现象屡见不鲜。特别是改革开放以来，随着公众权利意识的觉醒、阶层的分化，教育政策所要调整的利益关系越来越复杂。越是重大的教育政策，其背后的利益博弈就越明显。因此，要加强教育政策的研究，特别是教育政策执行方面的研究，就离不开对利益与教育政策互动关系的深入透视和分析。姚松博士的《农村教育布局调整中的利益博弈》一书，正是对这一问题进行了深入的探讨和剖析。通览全书，该书在以下几方面给我留下了较为深刻的印象。

第一，该书选取了农村教育布局调整政策作为研究样本。农村教育布局调整是近年来基础教育领域的一项重大政策，其调整力度之大，涉及范围之广，影响群体之众，在近年来的教育政策中并不多见。选择这一政策作为政策执行中利益博弈的解剖范例，具有很强的示范和启发意义。

第二，该书运用博弈论、利益相关者理论，将政策执行问题引申至政策执行中的利益博弈分析，将政策执行问题的解决落脚于利益的整合与优化，并在此基础上构建了一个包括政策执行者、政策制定者及政策目标群体在内的总体博弈分析框架。这一分析框架以政策执行者为主轴，对政策执行者与政策制定者、政策目标群体及其他政策执行者间的博弈策略、博弈过程及预期的博弈均衡进行归纳与梳理。这为研究政策执行中的利益博弈提供了一个可资借鉴和参考的分析范式。

第三，该书运用构建的博弈模型，对地方政府与中央政府、地方政府与农民群体、地方政府之间的博弈表现、结果、关键影响因素等展开了深入分析。特别是该书在阐述中央与地方政府之间的"你进我退式"的博弈互动，纵向政府之间"竞争"与"共谋"的博弈互动，横向地方政府"模仿型"的博弈互动等内容时，不乏一些既富有特色，又颇具深度的见解。

第四，该书在分析影响利益博弈结果深层机制的基础上，提出了以制度体系创新为突破口，以促进各方利益整合与优化为落脚点，形成促进各利益主体从非合作博弈转向合作博弈的政策执行保障路径。这一思路为减少或缓解利益主体之间的利益冲突，进而预防或治理政策执行中出现的一系列问题，提供了系统性的改进方案。

总的来看，该书论述条理清晰，结构安排合理，行文流畅，引证翔实、规范，是同类研究中质量上乘的佳作，这也充分反映了作者具有扎实的理论功底、较强的学术写作能力，以及解决实际教育问题的研究能力。诚然，该书并非完美，无论是模型的完善还是实证研究的拓展，仍有进一步优化和提高的空间，但毕竟瑕不掩瑜。姚松作为我的博士研究生，这些年来一直在教育政策、教育管理研究领域进行研究。这部专著也是其近年来学术研究成果的系统性总结和集中呈现。希望他能够以此为新的起点，继续在教育政策研究领域不辍耕耘，扎扎实实地进行持续性研究，以使自己的研究能够更加深入和全面。作为他的导师，我殷切希望姚松博士在自己的工作岗位上，无论是树德育人，还是学术研究，都能够取得更多更好的成绩！

程凤春

2016 年 1 月 5 日

前 言

教育政策作为一个动态过程，包括制定、执行、评估、调整与反馈等若干逻辑阶段。政策执行作为承上启下的关键一环，是政府实践教育管理活动的中心环节，也是教育政策研究关注的热点议题。利益博弈是学术界研究教育政策问题的重要视角之一。从本质来看，教育政策既是特定教育利益的确认形式，同时也是对教育利益进行调整与分配的重要工具。教育政策所体现意志的背后，实际反映的是多方利益主体进行利益博弈，最终达到的某种博弈均衡态势。洞悉利益主体构成，分析利益博弈形式，形成利益整合方案，是研究教育政策执行过程中需要解决的基本命题。教育政策执行过程涉及目标制定主体、执行主体、目标群体及其他相关群体，彼此之间为追寻自身利益的最大化而在博弈赛局中与其他利益主体进行竞争或合作。如果不能了解利益与政策执行，以及利益群体彼此之间的关系，我们就无法深刻揭示教育政策执行的内在机理。如果不进行深入的利益剖析，我们将很难找出导致教育政策执行偏差的症结及对策。农村教育布局调整政策是基础教育领域的一个大事件，也是社会公众和学者关注的焦点之一。这一政策在促进教育资源优化配置，推动基础教育均衡发展方面发挥了积极作用。然而，在政策执行过程中一系列突出的问题，破坏了政策执行的正常秩序，降低了政策的合法化程度，在损伤政策目标群体利益的同时，也透支了政府公信力。鉴于这一政策的重要影响，本书以农村教育布局调整政策作为剖析样本，对这一政策执行过程中所涉及的利益关系及博弈机理进行深入解析，以期为分析教育政策执行提供可资借鉴的理论框架和分析思路。

具体来看，本书共分为八章。第一章主要对本书的写作背景、核心概念、写作目的与意义，以及内容编排等进行详细介绍和交代。第二章在回顾和分析农村教育布局调整政策产生的动因与历程的基础上，对政策执行问题进行了梳理和呈现。第三章主要对本书所涉及的研究假设、理论基础和分析框架进行阐述，旨在为分析农村教育布局调整政策执行问题提供一个系统性的研究框架。

借助利益相关者理论、博弈理论，本书前三章将政策执行问题引申至政策执行中的利益博弈分析，将政策执行问题的解决落脚于利益的整合与优化；通过诠释政策执行本质、归纳利益主体构成、分析利益需求差异、呈现利益分配方式与结果、甄别影响利益分配的主导因素、探讨利益整合与优化的策略这一研究逻辑，本书构建了研究政策执行问题的系统性理论框架，并在此基础上形成了政策制定者——中央政府、政策执行者——地方政府、政策目标群体——农民群体及其子女三类核心利益相关者博弈互动利益模型。第四章、第五章、第六章在第三章所构建的博弈互动分析框架的基础上，借助模型推演、案例分析、实地调研等方式，分别对中央与地方政府之间的"斗鸡式"互动、地方政府与目标群体之间的"非对称"博弈、地方政府之间的"集体行动逻辑"进行了剖析和梳理。通过这三章的重点着墨，呈现政策制定者与执行者之间，政策执行者与政策目标群体之间，政策执行者内部之间存在的非合作博弈行为。正是这些非合作博弈行为导致了个体理性之间，个体理性与集体理性之间的冲突，进而引发政策执行问题的产生。第七章对影响各利益主体的利益博弈互动关键因素进行深入分析，探讨影响利益分配的主导性因素。第八章在前几章分析的基础上，探讨如何促进各利益主体进行合作博弈，形成利益整合与协调机制。其核心思路在于：按照一定的原则，构建起一整套完善的以农村教育布局调整政策利益相关者的责任与利益为核心的规范体系，约束各利益相关者在政策落实过程中所出现的非理性和非合作化的"失范"或"越轨"行为，为各利益相关者合理的利益博弈活动提供一个规范有序的活动空间，进而减少或缓解中央政府、地方政府及农民群体三者之间的利益冲突，确保农村教育布局调整政策按照公平属性对教育利益与机会进行合理的再分配。

需要一提的是，本书是在国家发展和改革委员会及联合国儿童基金会联合委托的"中国人口城镇化与农村教育布局调整"项目、河南省教育厅人文社会科学一般项目"河南省农村小规模学校教育质量监测体系研究"项目基础上形成的成果。国家发展和改革委员会社会司和河南省教育厅不仅给予明确的指示，还积极协调解决现场调研的很多具体问题。联合国儿童基金会不仅提供研究经费，并给予许多专业性的指导。内蒙古自治区发展和改革委员会、包头市发展和改革委员会、鄂尔多斯市发展和改革委员会、准格尔旗发展和改革委员会、土默特右旗发展和改革委员会、赤峰市红山区、喀喇沁旗的行政部门、河南省南阳市、信阳市、周口市众多中小学的领导、教师、家长接受了我们课题组的现场调研，这些都为项目顺利完成及书稿写作起到了至关重要的作用。我的博士生导师程凤春教授，以及师门的薛海平教授、燕新博士、楚旋博士、卫喆博士、王晓利博士等，对于书稿的完成提供了诸多宝贵的改进建议。科学出版社的乔宇尚编辑对于本书的修改和完善提出一系列极为重要的意见，并为本书的最终定稿进行了严谨细致的编辑工作。在这里一并表示诚挚的谢意！

姚　松

2016 年 2 月 12 日

目 录
CONTENTS

农村教育布局调整中的
利益博弈

绪　　论

○ 第一节

● **选题缘起**

农村教育布局调整是基础教育领域的一个大事件，它深刻改变了农村教育生态，再塑了城乡教育结构。这一政策对于基层政府、农村中小学校、农村学生及家长的影响和冲击是颠覆性的，在多个方面改变了基层政府、农村中小学校、农村学生及家长的行为选择，并对农村教育利益进行新的分配与调整。由于这一政策涉的利益群体众多，影响广泛，因此农村教育布局调整政策一直以来都是基础教育领域研究的一个热点议题，引发了多方的关注。因此，对于这一政策的深入研究，既有助于推进政策转型与变迁，又能够丰富教育政策研究内容。要对这一政策进行研究，首先在于问题的把握。政策问题的形成是政策活动的逻辑起点。在精准定位问题的基础上，进一步透视问题背后的本质，并通过解决主要矛盾，最终形成解决方案。遵循这一思路，本书立足于政策执行问题这一关键议题，通过透视和分析其背后的利益本质，探讨基于制度约束和激励而形成利益优化方案。

一、现实问题：政策执行的事实维度反思

农村教育布局调整政策（以下简称"布局调整政策"）是作为中央政府应对农村适龄人口结构变化、城镇化进程加快、农村税费改革等带来的一系列挑战，

改善农村学校办学条件，提升教育资源利用效率，提高教育质量而采取的重要政策。2001 年，国务院颁布的《关于基础教育改革与发展的决定》明确指出，要依照"小学就近入学，初中相对集中"的原则，对农村中小学校布局进行合理规划与调整。随后，2001 年 3 月，教育部、财政部联合下发《关于报送中小学布局调整规划的通知》，正式推动了各地布局调整工作的开展。自此，农村中小学布局调整在全国大范围内陆续推进。从中央政府对布局调整政策的总体设计来看，中央政府希冀通过农村中小学校的适当合并，集中师资和优化办学条件，让更多的农村学生接受高质量教育。同时，通过保留必要教学点，对承担改革成本的部分学生及家长进行合理补偿，谋求效率与公平的最佳契合。通过农村教育布局调整，农村学校及教学点总量减少，改建后的学校平均班额增加，师生比例提高，办学条件得到优化、教育投入得以集中使用，中央政策意图在一定程度上得以落实。然而，在政策执行中也暴露出了一系列突出问题：部分地区的地方政府在落实政策过程中，"一哄而上"，盲目"一刀切"，过度撤并学校，寄宿制学校建设、校车配置及农村教学点建设等配套措施落实滞后，引发偏远地区农村学生教育成本增加、交通安全缺乏保证，城镇学校规模过大及部分农村群众合法利益受到损害等问题。政策执行产生一定偏离，催生了一系列负面问题。为应对这一问题，中央政府多次发文，试图对地方政府的执行行为加以规限，确保政策得到顺利执行，但上述现象仍屡禁不止。

政策执行是实现政策目标的核心环节，"在达到政策目标过程中，方案确定的功能只占 10%，而其余的 90% 取决于有效执行"（陈振明，2004）。政策执行是检验政策质量的重要途径，也是后续政策修订的重要依据。正因为政策执行的这种重要性，政策执行问题才需要引起人们的重视和警惕。政策执行问题诱使政策目标偏离原有轨道，影响了政策积极效应的发挥，为政策修订提供了错误指针。鉴于政策执行在教育政策过程中的重要性，本书将农村教育布局调整政策执行作为研究的基本范畴，通过对农村教育布局调整政策执行问题进行深入分析，探讨矫正策略，以便为后续学校布局调整工作的改进提供借鉴和经验。

二、利益问题：政策执行的价值维度反思

教育政策作为公共政策领域的拓展，与利益有着密不可分的联系。作为政府或公共权威对教育利益与资源进行权威分配的方案，教育政策具有重要的利益调节功能。它不仅可以表达各利益主体的教育利益诉求，而且能够协调和平衡不同利益主体之间的利益冲突，以实现教育利益格局的调整或优化。作为一

项重要的教育政策，布局调整政策执行是调整原有的农村教育利益格局，重置政策各方利益关系的过程。这一政策落实的过程中会涉及政府部门、学校与教师、农村村民及其子女等多个利益主体。在这些利益主体中，中央政府扮演着政策制定者与监督者的角色，地方政府则作为落实政策的主体力量，构成政策执行主体。学校与教师，农村村民及其子女作为政策目标对象，构成了政策执行的客体。在政策执行过程中，学校教师作为国家公职人员，往往充当着政府进行学校布局调整的代言者与协调者，在利益上与政府相一致，是学校布局调整的受益者与接受者，可划归于政府利益集团之中。农村村民是受学校布局调整影响最为显著，涉及最深的利益主体。其作为农村学生的家长与代言者，与学生构成了农民利益群体（姜荣华，2010）。

从长远看，政策主客体都追求着教育质量的改进、农村办学条件的改善、农村学生更加公平地接受教育，因此在根本利益上具有一致性。然而在具体的实施过程与推进环节中，各方的利益诉求存在着明显的差异。对于政府来讲，存在着诸如缓解税费改革带来的经济压力，降低办学成本等经济利益，完成上级规定的撤并任务，追求政绩及晋升等政治利益，以及提升农村教育质量，促进教育均衡发展的教育利益等一系列的追求。而对于农民群体而言，虽然从长远看，学校布局适当的撤并有助于为子女提供更好的受教育条件，更好地促进其发展，然而近期则可能导致子女食宿费、交通费等增加，子女入学适应以及上学安全隐患等问题。这实际上意味着，政策主客体在长远与近期利益、一般和特殊利益、整体与局部利益上的冲突与交锋构成了布局调整政策执行的本质内容。由此可知，布局调整政策执行过程涉及多个主体的利益，而不同主体看待利益的角度差异诱发了彼此之间的冲突与矛盾。

因此，利益分析是布局调整政策执行研究重要的切入点。只有从利益的角度入手，深入了解布局调整政策执行过程的本质，才能理解和分析各利益主体在政策执行过程中的博弈行为，也才能对各利益主体的行为进行制度性的规范和约束。只有对布局调整政策执行所分配的利益进行深入分析，才能了解各利益主体的价值及行动策略的根本指针，进而把握政策执行有效或者执行失效的关键因素。

三、制度保障：政策有效执行的制度反思

农村教育布局调整政策的有效执行，是指政策预期目标在实践中得以完整落实，政策执行者能以较少的执行成本获得较好的政策成果，是政策功能与效

用最大化的体现。政策内在蕴含着某种价值选择。虽然不同利益主体对布局调整政策的有效性各有判断，但这一政策的有效执行需要以各方利益主体普遍接受为前提。换而言之，作为促进农村教育发展的重要工具，布局调整政策执行中的价值分配需要以各利益相关者的认同为基础，这是确保各利益主体有序博弈的前提。制度影响着人们的价值选择，规范着利益主体的行为选择，具有规范性、强制性、明确性的特征。制度确立的过程，也是各利益主体形成共同认同的分配原则与价值取向，以及各方利益关系协调的过程中。因而，要在布局调整政策执行过程中，形成各利益主体所认可的博弈规则与秩序，也就离不开制度的构建与保障。同时，政策执行过程中在确保各主体表达利益诉求，构建各方的对话与竞争平台，保障弱势群体的合理利益等方面，需要一定的制度规则作为保证。只有在有效的制度框架内，各方利益主体的利益博弈才能得到充分的展开，利益博弈的结果才能获得最大程度的认同与接纳。然而，在政策执行过程中，由于中央与地方政府的投入与管理权责不够清晰，农民群体缺乏有效参与的平台，弱势群体的权益保障不尽如人意，监督机制乏力，各方利益主体的博弈能力相对失衡，各利益主体博弈过程与结果的制度空间存在一系列漏洞，进而导致各方非合作博弈现象的产生，诱发了一系列执行问题。在此情况下，如何确保各方利益主体的合理、有效博弈，保障政策目标群体特别是弱势目标群体的利益，是布局调整政策执行过程所需解决的重点问题。这些需要通过构建有效的政策执行机制和制度保障体系加以解决。布局调整政策的有效执行，有赖于制度作为保障，政策执行过程中突出的一系列突出问题，也需要通过完善或建设制度加以解决。这就需要根据现实情况，探索和分析各类影响因素，寻找影响政策有效执行的问题根源，建立起保障政策有效执行的制度基础，以期落实政策目标，促进农村教育的可持续发展。

因此，本书着眼于政策执行问题，从利益分析的角度入手，审视和分析学校布局政策执行过程中问题产生的深层原因，在此基础上，构建促进各利益相关方合作博弈的有效执行保障机制，以更好地推进学校布局政策的后续完善与实践。

基于以上分析，本书重点研究和解决的问题如下：农村教育布局调整政策执行问题的表现及危害是什么？政策执行中的核心利益相关者构成与需求是什么？在政策执行过程中，各利益相关者的博弈形式与结果是什么，对政策执行有着怎样的影响？导致这些结果产生的制度根源有哪些？如何构建政策执行保障机制来预防和减少执行问题的产生？

○ 第二节
● **核心概念**

一、农村教育布局调整

从形式上看，农村教育布局调整涉及的是农村学校在何处办学的问题。这种调整并非一个短期突变的过程，而是随着人口变动、经济社会发展，呈现出一种渐进的运行特征（范先佐，2006）。而从内涵上看，有学者认为，"农村教育布局的主要内涵包括打破现有的学校布局结构，进行跨行政区划办学；将部分规模较小的学校或年级加以合并，提高教育资源的利用效率，从而提升办学质量"（周芬芬，2008）。实际上，"布局"是对某一事物进行全面规划与安排，"调整"则指重新配置以适应新情况、新要求。布局调整可以理解为根据新情况和新要求，对某一事物进行全面的重新规划。对于农村教育布局调整，即可以理解为为适应经济、社会发展和教育自身的变化，对农村地区分散、生源较少的学校或教学点进行适当的集中，对一定区域内的中小学布局网点进行再规划的过程。从形式上看，是农村中小学校的撤销或合并，而从内涵上看，是对教育资源的再配置和优化，以提高教育效益。从现实来看，自新中国成立以后，农村中小学校的布局调整从未停止过。20 世纪 90 年代，全国各地以农村初中和高中学校为重点，集中撤并了一些规模较小的"麻雀型"学校，对农村教育的资源进行了初步整合。2001 年《国务院关于基础教育与改革发展的决定》将对农村教育合理布局列为一项重要工作。自此，全国大范围的农村教育布局调整工作开始推进，至今已十余年，深刻改变了农村教育的格局，对农村教育的发展产生了巨大影响。本书所指称的农村教育布局调整与相关政策，是限定于自 2001 年以后的这一次全国大范围的学校布局调整范畴之内。

二、政策执行

要分析农村教育布局调整政策执行的概念，有必要首先对一般性的教育政策执行概念加以分析。对于教育政策执行概念的理解，总的来看，包括两类观点。一种观点主要从横向空间分布要素对教育政策执行进行解读，如袁振国

（2001）将教育政策执行界定为"政策执行者根据特定的指示与要求，为落实政策目标、获得具体成效，持续采取积极行动的过程"；这类观点实际上根据教育政策的要素构成，将政策执行这一概念分解为政策文本内容、政策落实者、行动策略、环境因素等要素。另一种观点则按照纵向时间来界定概念，如孙绵涛（1997）将教育政策执行理解为"教育行政机构及其成员，根据预定的目标与要求，将教育政策加以贯彻、推进和全面落实的过程"。胡春梅（2005）则认为，"教育政策执行是执行者将政策目标、理念及具体内容转化为一系列具体实际活动的过程"。这类概念揭示了教育政策执行完整的活动过程，包括前期准备、组织与协调、评价、反馈与调节等阶段。

以上两类概念对理解教育政策执行内涵有一定的启发。但从本质上看，以上两类观点尚围于传统政治与行政二分法的框架之中，将教育政策执行理解为发挥各种功能的特定阶段。实际上，教育政策作为某种具备特殊意义的活动，首先体现为一种关于教育的政治措施，是关于教育权力与利益的具体呈现。政策执行作为教育政策活动的子环节，是对教育权力和利益的一种分配与调整（蔡春，2010）。如果教育政策本质上是调节教育利益关系，分配教育利益的过程，那么教育政策执行则是构建理念与现实的唯一途径，各种政策策略与利益分配需要教育政策执行来完成。既然教育政策是一种利益关系和权力的具体体现，那么在政策执行过程中，各利益相关者将围绕教育利益及权力进行各种博弈。教育政策执行的具体过程，实际上也是各个利益相关主体基于一定利益关系形成的合作网络，再运用各种手段对其他利益群体施加影响，以促使自身教育利益获取或增加的过程。这一执行过程并非简单地分为若干步骤或几个阶段，而是置于由多个利益主体参与的博弈空间之内完成。因此，对教育政策执行概念加以界定时，不仅要注意"功能"与"过程"，也要兼顾利益与博弈的重要性。

根据上述分析，本书将教育政策执行理解为：各教育利益相关者基于资源依赖、互相合作，在相互影响、相互作用中对利益进行选择、综合、分配和落实的过程。就农村教育布局调整政策而言，这一政策执行的过程，也是调整教育利益特别是农村教育利益关系的过程。围绕着学校布局政策执行这一环节，不同的政策利益相关者会围绕着教育利益与权利而相互影响、相互作用、相互制约。鉴于此，结合教育政策执行的一般性概念，本书将农村教育政策执行界定为政策利益相关者基于资源依赖与相互合作，在互动之中对农村教育利益与权利进行选择、协调、配置和实现的一系列过程。

三、利益博弈

（一）利益

利益是一个跨越多学科的综合性概念。由于视角的差异，对利益的解释也就不尽相同。结合各学者的观点，对利益概念的界定主要有以下几类：第一种观点将利益视为"好处"，是与"损害"、"损失"的反义词；第二种观点将利益视为"需要"，包括精神需要与物质需要两层含义。而按照马克思理论的相关解释，物质利益是最基本的利益，是人们生存的前提，其他利益是由物质利益延伸而来。第三种观点将利益视为一种社会关系。利益是一种社会化需要，是每一个个体通过某种社会关系所表现的一定需要，从本质上说利益属于社会关系范畴。从"利益"概念的各种界定中不难看出，"需要"是形成各种利益的基础，且利益的表达最终会体现于各种社会关系之中。综合上述观点，本书所指称的"利益"，是指能够满足人们自身需要的物质与精神财富的总和，以及在社会关系中所表现的其他需求的满足，三者具有一定的有机统一性。这种统一性表现为利益主观上表现为主体需要的满足，而客观上则体现为主体对各种资源的占有。利益的大小与主体需要满足程度或资源占有程度密切相关。在对学校布局调整执行问题的分析中，利益具有不同形式的体现：从利益内容上来看，可分为经济利益、政治利益、教育利益，从利益主体上来看，可分为个体利益、组织利益、国家利益，从利益的实现时间来看，可分为长远利益和当前利益。

（二）博弈

博弈论又称为对策论，是一种对参与博弈的各方主体相互影响和相互作用所作出的决策，以及对决策均衡问题所进行的研究。这一理论已扩展至政治学、管理学、法律、军事等多个学科领域。借鉴博弈论的相关理论，本书将"博弈"的内涵界定为多个决策主体行为相互影响时，各主体依据掌控的信息、自身及对手能力的认知，作出有利于决策的一种行为。综合利益与博弈的概念内容，利益博弈可理解为多个利益主体在利益协调与分配发生冲突时，双方策略选择既受对方制约同时又能对对方产生制约，影响对方的同时也受到对方影响的活动。由于利益的有限性，各利益主体在博弈活动中以追求自身利益的最大化为目标。然而由于在进行博弈的过程中会受到其他主体的制约，利益主体进行决策时就必须考虑到对手可能的策略行为。在对他人的博弈策略以及他人对自己的策略进行判定的基础上，对博弈进程和结果进行预测，选择最佳行动策略，以更好地实现自身利益。由丁利益关系并非总是稳定存在，某一主体的利益过度扩张将压缩他人的利益空间，进而招致其他利益主体的对抗。为减少不必要的博弈成本，各利益主体需要进行妥协与协作，形成一种各方均能接受的平衡状态。因此，利益博弈是各利益主体相互制约、相互协作的一种平衡机制。

　　本书中所指的博弈，是从单纯的博弈模型中引申出来的政策执行过程中的利益博弈，主要指政策利益相关方为谋求自身利益的最大化，根据自身拥有的经济、社会、政治等资源对比状况，力求凭借说明、谈判、交易与强迫等手段，促使对方改变效用函数，进而达成有利于获取利益，实现各方博弈均衡的过程。农村教育布局调整政策执行涉及中央政府、地方政府、农民群体及其子女等多个利益主体。基于不同地位、信息、能力及利益诉求，各主体的利益需求各有不同。从长远看，政策主客体在学校布局调整中的根本利益具有一致性，但在不同时期和推进环节中，各方具体的利益诉求各有不同。这就意味着在农村教育布局调整政策执行过程中，理性的政策主客体同样会基于各自的利益诉求，运用各种策略进行博弈，政策执行过程也即成为各方利益博弈的过程。基于上述分析，本书将农村教育布局调整政策执行的利益博弈界定为：政策制定者、执行者以及目标群体在农村教育布局调整政策执行过程中，各自依据自身拥有的经济、社会及政治资源等的对比状况，力求凭借说明、谈判、交易与强迫等手段促使对方改变效用函数，进而达成有利于自身利益最大化的结果，最终实现双方博弈均衡的过程。

○ 第三节
—
● 研究目的与意义

一、研究目的

　　本书旨在通过探讨农村教育布局调整政策执行问题的表现与产生根源，分析政策执行问题形成的根本机制，探讨优化政策执行机制的可能性方案，并在此基础上提出预防和应对政策执行问题的策略，以期更好地指导农村教育布局调整的实践活动，同时也在理论上丰富教育政策执行的相关研究内容。

二、研究意义

（一）实践意义

地方政府偏离政策目标的问题大量发生，是农村教育布局调整政策执行中遭遇的典型问题。"上有政策，下有对策"的现象屡禁不止。偏离政策目标的执行问题损害了农村群体及其子女的利益，消解了政策的积极效用，引发了公众对政策的批评与不满。中央政府解决这一问题最常用的是行政手段，强制性要求地方政府自我纠偏。然而仅仅依靠行政手段难以取得理想的效果。偏离政策目标问题的产生，一方面与执行者素质、能力及价值取向相关，但更应关注的是问题背后的利益因素和制度因素。事实上，中央政府、地方政府及农民群体的博弈能力存在差异。这些差异为偏离政策目标的非合作性博弈提供了空间与可能性。基于经济人特性，很难约束一些地方政府部门利用这些空间谋求自身利益。要解决政策执行所产生的一系列问题，需要回归到政策执行本质和制度层面，通过完善制度规则体系，优化政策执行机制，为政策利益主体提供适宜的博弈空间。本书通过对政策执行过程的利益主体构成、博弈形式与结果进行剖析，对各方博弈过程中的冲突与矛盾进行归纳与解释，并通过构建促进各方合作博弈的制度保障体系，为平衡各主体的博弈能力，形成有效的激励和约束规则，优化利益主体利益表达与整合机制，为形成完善的制度"防火墙"提供指导方案，在规制和引导偏离政策目标的利益主体不能为、不敢为直至不愿为等方面具有一定的指导意义。

（二）理论意义

本书从利益博弈分析入手，剖析布局调整政策的执行问题，拓展了农村教育布局调整研究思路，丰富了农村教育布局调整的理论研究。将政策问题的本质以利益分析的角度呈现出来，有助于通过现象更深刻地认识问题的本质。公共教育政策的剖析应该还原它的利益本质，在实现利益相对平衡的基础上寻求解决公共问题的可行性方案。布局调整政策的外显形式是学校空间变化的改变，但隐藏其后的则是对教育利益的再分配与调整。从利益博弈的角度分析布局调整政策，通过梳理布局调整政策涉及谁的利益，彼此间的利益冲突与需求是什么，影响各方利益博弈的走向与结果的制度规则有哪些等一系列问题，有助于从更深的层次理解农村教育布局调整执行问题产生的根源。同时，本书也有助于丰富教育管理相关理论，为今后类似的政策执行问题研究及公共教育政策研究提供新的研究思路。

○　**第四节**
●　**编写过程**

一、写作视角的选择

本书采用的是利益分析视角。利益分析视角是政策学和管理学极为重要、独特的一种研究视角，是开展规范分析、制度分析、权力分析、有效性分析的基础和核心（陈庆云等，2005）。公共政策最本质的分析是利益分析，这是由政策的基本性质所决定的（陈庆云，2000）。当前政策科学的一个典型特征是强调公共政策的价值或利益分配的本质。伊斯顿认为，"公共政策是对全社会的价值作权威的分配"（张金马，1992）。这一观点对国内学者产生了较大影响，他们认为"政策的本质是社会利益的集中反映。政策的形成过程，实际上由政策主体基于自身利益诉求，对各类利益关系进行再调整的过程"（陈庆云，1996），"公共政策是政府分配社会利益的主导形式"（张国庆，1997）。上述论述表明，利益和利益关系作为公共政策的核心与本质，已成为学者们的某种共识。从这一点来看，借助利益分析视角，能为研究重要的政策问题提供新的理论连接点和支持点。通过这种分析政策本质的研究视角，能够透过繁杂的外显现象，深入到政策问题的内在本质，抓住背后的主要矛盾，通过解决主要矛盾的途径，解决或预防政策问题的产生。

根据陈庆云等（2005）的观点，公共政策的一般性利益分析框架主要由"利益主体构成分析、利益需求分析、利益实现方式与分配结果分析、利益分配规则与利益分配优化等内容构成"。那么，作为公共政策的重要构成内容，教育政策的利益分析主要是指从利益的角度出发，确认"谁"在追求什么样的"教育利益"，以及其追求教育利益的方式与利益分配的结果。因而，教育政策的一般性利益分析框架主要包括教育政策利益主体分析、教育利益需求分析、教育利益实现方式分析、教育利益分配规则与利益优化分析几项内容。就本书而言，要借助利益分析这一视角，对布局调整政策执行的相关问题展开研究，就需要对一般性教育政策利益分析框架进行适当改造。鉴于公共政策是对社会价值的权威分配方案，那么布局调整政策实质上是关于公共教育利益，特别是农村教育利益的权威分配方案。公共教育利益是布局调整政策的核心要素。那么，围绕着利益这一轴心，必然存在各类利益相关者。为使政策所进行的利益分配活动能够朝向有利于自己的方向进行，各利益相关者必然运用各种手段对政策运行施加影响，共同作用于教育政策运行过程。换而言之，政策执行过程实际是"各利益群体之间基于利益得失的考虑而进行的一种利益博弈过程"（丁煌，2004）。这给予本书的借鉴意义在于，从利益这一角度来看，布局调整政策执行过程，实际上是各利益主体基于各自利益得失的衡量而展开的一种博弈过程。利益博弈的最终结果如果能够使各方利益得到普遍满足，利益冲突与矛盾得到化解，那么政策执行就能够有效进行，政策目标就能够得到实现。反过来讲，如果利益博弈结果使某一些利益群体获益，而使另一些利益群体遭受损失，那么利益冲突与矛盾不但未能得到化解，反而更加激化，政策执行就难以有效进行，政策执行出现偏差、阻滞等问题就难以避免。因而，政策执行问题从形式上看是政策目标与政策结果不相符合，而从利益的角度来看，实质上是利益矛盾与冲突未能得以解决，利益分配不尽合理的问题。在学校布局调整过程中，政策执行问题产生的过程，实际上也就是各方利益主体的利益矛盾未能得到协调，利益未得到合理配置的过程。

因此，借助利益分析的视角，通过利益这一切入点，布局调整政策执行问题分析就深化至利益问题分析。最终落脚点就是通过寻找利益整合与优化机制，协调各利益主体的利益关系与需求，促进利益主体的协作与妥协，化解利益冲突与矛盾，提高政策执行的有效性，从而预防或应对政策执行问题的产生。根据这种分析逻辑，本书的利益分析框架包括以下几点：①诠释政策执行的利益本质，对政策执行问题引申至利益问题分析；②确认和归纳政策执行过程中，主要利益相关主体构成及其需求；③分析政策执行过程中，各利益主体进行利益分配的方式、过程与结果；④甄别影响利益分配形式与结果的主导因素；⑤从优化主导影响因素入手，探讨利益整合与优化的策略选择。根据上述分析内容，本书构建一个研究政策执行问题的系统性理论框架，为本书的展开提供一条理论逻辑主线。下面所讨论的总体研究思路即遵循这一分析视角所规设的研究路径展开。

二、写作思路的架构

遵循上述利益分析视角所规划的研究路径，本书拟以农村教育布局调整政策执行问题为分析对象，借助利益分析的角度，将政策现象引入利益本质，将政策执行问题引申至利益分析中。以政策执行各利益主体的博弈形式、内容与结果及决定博弈走向的制度规则体系为主线索，系统地对农村教育布局调整政策执行过程中的利益相关方进行分类，分析各自地利益需求，剖析彼此的利益冲突与对抗关系，揭示引发政策执行问题产生的深层机理，并构建一个有助于促进各利益主体合作博弈的政策执行保障机制，以期在实现利益整合与协调的基础上，预防和矫正政策执行问题，提高政策执行的有效性。总体研究框架遵循问题探究的逻辑，具体分为以下五步。

1）发现问题。农村教育布局调整政策执行的现状及突出问题。在对农村教育布局调整政策产生及发展进行回顾的基础上，结合各类研究与发现，本书将政策执行的突出问题归纳为政策选择式执行、政策机械式执行、政策粗暴式执行以及政策寻租式执行等内容。这些行为破坏了政策执行的正常秩序，降低了政策合法化程度，在损伤目标群体利益的同时，也透支了政府公信力，亟待加以研究和解决。政策执行问题的发现与确认是本书的逻辑起点。

2）构建理论基础与分析框架。即通过借鉴和应用相关的理论作为本书的理论根基。分析布局调整政策执行问题需要借助一定的理论假设、理论基础和分析框架，以便科学、深入地进行分析和研究。首先，基于"资源稀缺假设"与"理性人假设"，分析政策的利益本质，明确展开利益分析的必要性。然后，根据利益分析的角度，将政策执行过程视为政策制定者、执行者与目标群体展开利益博弈的过程。接下来借助利益相关者理论，对布局调整政策所涉及的利益主体构成、利益需求及所存在的冲突等内容进行归纳与描述。随后借助博弈理论，为接下来分析各利益主体的互动与分析，提供了一个包括博弈参与人、博弈规范、博弈策略、博弈均衡的综合性分析框架。

3）分析问题。依据利益分析的研究思路，借助博弈理论，结合文献研究、个案调查、文本分析以及案例分析等途经，对布局调整政策过程中的政策制定者、政策执行方、政策目标群体等核心利益相关者为追求各自利益而展开的具体博弈行为、表现及结果进行呈现，并得出初步结论。

4）探究原因。借助相关理论，对影响各利益相关方博弈过程和结果的制度规则体系进行分析，找出影响政策执行过程中的关键性制度缺失或不足之处。针对这些缺失与不足，提出了推动各利益主体走出博弈困境的初步设想。

5）提出建议。基于前面的问题成因、原因探究与初步设想，提出从利益整合的角度出发，建立和完善政策制定者、执行者与目标群体的利益表达、协调、整合的均衡机制，构建起确保政策有效执行的制度保障体系，以引导和促进各利益相关方合作博弈，减少利益矛盾与冲突，进而预防和应对政策执行问题的产生。

三、写作方法的选择

（一）文献研究

本书所涉及的文献主要有三类。

1）第一类是关于农村教育布局调整各类相关的学术研究文献。通过对农村教育布局调整研究、利益相关者研究与制度分析研究等领域所涉及的各类研究资源进行梳理、归纳与分析，以期掌握这一领域相关研究涵盖的范围、具体内容与借鉴价值。在此基础上，根据本书的主题，逐渐获取相关主题信息，形成对研究问题的系统性认识。文献类型主要包括书籍与论文。文献来源主要包括中国学术期刊全文数据库（CNKI）、维普中文科技期刊数据库、中国数字化期刊群（万方）、人大复印资料等中文资源，Proquest、Oxford 等外文资源库，以及国内外公开出版的相关学术、报告等基本材料。

2）第二类文献主要集中于自 2001 年以来我国中央以及地方政府所出台的关于农村教育布局调整的各类政策文本材料。政策文本是政府部门调整农村教育布局利益关系、分配教育资源的基本依据。对这些政策文本进行分析，有助于把握政策利益相关者的利益演变趋势，以及政府所出台的各种治理执行问题的具体行动方案。此外，运用编码法对文本所反映的价值定位、政策目标及落实安排等内容进行搜集、归类及整理，可以分析中央与地方政策文本的契合及差异之处，判别不同层级政府在政策文本所表达的利益追求差异之处。此类材料主要通过网络，在中央与地方政府官方网站获取。

3）第三类文献资料主要包括各类报刊、网络媒体、教育公益组织等对农村教育布局调整所做的个案调查、评论及改进策略等方面的内容。借助这些途经，有助于在更大范围内了解农村教育布局调整的具体实践情况，以及各利益群体对农村教育布局调整的理解、回应及应对策略。其中所反映的一些个案可以与本书所开展的调查相互佐证，并为本书提供一些基本素材和线索。此类材料主要通过借助网络搜索引擎进行关键词搜索获得。

（二）个案调查

个案调查是在理论分析的基础上，深入现实之中，更好地分析、发现问题及认识其背后形成的机理。根据实际情况，个案调查分别于 2011 年 9 月在内蒙古鄂尔多斯市的准格尔旗和包头市的土默特右旗，2013 年 10 月在内蒙古赤峰市的喀喇沁旗三个地区展开。调查的样本主要选择受学校撤并影响明显的各类中小学学校，包括撤并后的新建学校、合并校、寄宿制学校、农村教学点等。调查对象主要包括政府部门领导（主要是教育局局长或主抓具体工作的教育局副局长）、校长、教师、农民家长等。调查的方式以结构化访谈为主，并辅之以各类文本资料收集。其中，政府部门调查内容包括辖区内农村教育布局调整规划出台的背景、撤并的标准、取得的主要成果、遇到的主要困难，如何协调与上级政府、同级部门、农民群体的关系，以及关于寄宿制学校建设、校车建设、教学点建设、困难学生资助等方面的主要举措及困难等；校长的调查内容主要包括对学校办学基本情况，对学校撤并的认识，是否参与及如何参与学校撤并方案的确定，农村教育布局调整对学校、学生家庭以及所在社区的影响等；教师的调查包括学校布局对教师工作内容与负担的影响情况，对学校撤并的认识，是否及如何参与学校撤并方案的确定等；农村家长的调查内容主要包括对学校撤并的认识，是否及如何参与学校撤并方案的确定，农村教育布局调整对家庭的各种影响等。文本搜集主要包括近五年县经济发展水平、县总人口、分区域城镇与农村总人口、学校总数、学生总人数、师资数量与结构、教育经费投入、校园建筑面积及固定资产、升学率与辍学率等统计数据表，以及近五年学校教育事业发展总结、学校撤并方案、农村教育布局调整汇报、本区教育事业发展总结等。

根据上述安排，在鄂尔多斯市准格尔旗共调查 8 所中小学校，访谈行政领导 5 人、校长 8 人、教师 50 余人、家长代表 50 余人，搜集各类政策文本 20 份。在包头市土默特右旗共调查 8 所中小学校，访谈行政领导 6 人、校长 8 人、教师 60 余人、家长代表 40 余人，搜集各类政策文本 15 份。在赤峰市喀喇沁旗共调查 5 所中小学校，访谈行政领导 3 人、校长 5 人、教师 20 余人，搜集各类政策文本 8 份。在所获信息的处理方式上，运用关键词词频分析法和内容分析法对访谈内容进行处理分析，所获信息主要用于佐证、丰富和深化理论分析内容。同样运用编码法对三个旗的相关政策文本所反映的价值定位、政策目标及落实安排等内容进行搜集、归类及整理，分析中央与地方文本的契合及差异之处，判别不同层级政府在政策文本所表达的利益追求差异之处。

(三)模型构建法

借用模型方法有助于在维持系统整体性的前提下,将复杂问题转化为便于分析的理论模型,有利于对问题进行深入的分析。为了更深层次地分析农村教育布局调整过程的各方博弈情况,需要借助相关博弈理论,将不同利益主体的期望效用、行为选择、实际收益、限制性因素等整合为理论模型,并依据相关模型对利益相关者博弈类型、过程、结果及影响因素进行推演,以便更为深入地探讨布局调整政策执行问题产生的机制。由于利益的不同诉求,在学校调整政策执行过程中,存在着中央与地方政府之间、同级地方政府之间、地方政府与目标群体之间的利益博弈情况。由于博弈地位、能力、信息及利益追求等方面的差异,不同群体之间的利益博弈存在不同之处。本书运用博弈论中的经典模型,如"斗鸡"模型、"囚徒困境"模型,建立"中央与地方政府利益博弈模型"("斗鸡"模型)、"同级地方政府博弈模型"("囚徒困境"模型)、地方政府与目标群体博弈模型("囚徒困境"模型、非对称博弈模型)。通过不同群体间的博弈过程与结果分析,探讨布局调整政策执行问题的形成机制。

四、写作内容的呈现

本书的内容编排依据透析问题、构建理论分析框架、分析问题产生过程及演进逻辑、提出系统性的改进方案的具体思路。具体章节内容安排如下。

第一章:绪论。本章主要对选题缘由、核心概念、写作目的与意义及成书过程进行了介绍与说明。

第二章:农村教育布局调整政策的回顾与反思。本章主要以政策回顾的方式,对农村教育布局调整政策的产生与发展的整体变迁过程进行分析,并在基础上,系统呈现了农村教育布局调整政策执行问题的形式、类型及具体案例。

第三章:农村教育布局调整与利益博弈分析。本章按照利益分析的思路,对农村教育布局中的政策问题引申到利益分析,将政策执行问题引向利益博弈的本质。在此基础上,按照博弈论的理论框架,并结合农村教育布局调整现实,形成了政策制定主体、政策执行主体以及政策目标群体之间的博弈互动框架,为接下来分析各利益主体之间的博弈互动提供分析思路。

第四章:农村教育布局调整政策执行主体与制定主体之间的利益博弈。本章对当前基础教育体制里地方政府与中央政府之间的权责分配、地方政府自由裁量权进行梳理。在此基础上，概述了农村教育布局调整政策执行过程中，中央和地方博弈的具体表现及其背后的博弈机理。

第五章：农村教育布局调整政策执行主体与目标群体之间的利益博弈。本章在呈现地方政府与农村群众之间的利益分歧表现的基础上，进一步探讨了双方非均衡博弈的过程、特征及影响。

第六章：农村教育布局调整政策执行主体之间的利益博弈。本章重点剖析了地方政府之间的利益博弈状况。这既包括横向间地方政府的博弈互动，也包括纵向间地方政府的博弈互动，并从中洞悉农村教育布局调整政策的利益实质。

第七章：农村教育布局调整政策执行博弈困境的制度归因。紧承第四章至第六章的内容，本章重点分析各利益主体博弈失衡产生的制度根源。正是制度设计不合理和不完善，才导致各主体利益互动的失衡与无序，进而造成利益主体之间的利益分化与冲突。

第八章：走向合作博弈：农村教育布局调整政策执行保障机制的构建。本章从利益整合与优化的着眼点出发，尝试以多元主体利益的整合与优化为突破口，搭建农村教育布局调整利益博弈的策略框架，为这一政策的转型与优化提供可资借鉴的建议。

在上述章节中，第四章至第六章是本书的重点内容。这三章是对农村教育布局调整所涉及的三类核心利益主体彼此之间利益博弈类型、过程、结果的系统性分析。通过这三章节的系统分析，可以清晰地把握政策执行问题产生的利益根源。对于有兴趣了解教育政策执行博弈机制的读者，可重点参读这三章内容。对于想了解如何借助利益分析视角和博弈理论，构建政策执行的博弈分析框架的读者，可重点参阅第一、第三章的内容。而对于想了解如何形成政策执行博弈优化方案的读者，可重点参阅第七章、第八章的内容。

农村教育布局调整政策的
回顾与反思

作为十余年来基础教育发展的一项重大举措，农村教育布局调整政策旨在规范、约束及指导各级相关政府部门，根据本地区的自然、人文环境，以及经济发展状况等综合因素，对辖区内较为分散的农村中小学校进行适当集中，以提高农村教育的规模效益和教育质量。由于该政策是对农村教育利益格局进行重塑和利益再分配的重要方案，涉及的利益范围广泛，相关利益群体众多，执行难度较大，因而整个政策过程并非一蹴而就，而是呈现出错综复杂，受多种因素交织影响和制约的渐进态势。因此，对农村教育布局调整政策的历史变迁过程进行梳理，有助于理解与把握政策发展的脉络，政治、经济、社会等因素所造成的影响，政策背后所体现出的价值取向的"游移"，以及相关群体间的利益博弈与权衡，进而在政策回顾的基础上探讨政策执行问题的产生与表现。

○ 第一节
● **农村教育布局调整政策产生的动因**

　　农村教育布局调整既源于社会、经济等外部环境的客观变化，也受教育系统自身发展需要的推动。从 2001 年开始的新一轮大规模农村教育布局调整，既源于农村学龄人口变动、城镇化发展、农村随迁子女向城市流动等因素的客观影响，也反映了政府部门应对农村税费改革的挑战，提高农村教育资源利用效率，促进城乡教育均衡发展的主观追求。

一、农村税费改革的外部推动

　　在税费改革前，农村义务教育的管理体制为"地方负责，分级办学"。在这种体制下，教育投入主要由县乡镇政府（实际上主要以乡镇政府为主）与农民共同担负。在这种投入模式下，农村教师的工资主要由县乡政府与农民所纳的教育费附加承担，学校建设与维护主要靠村民自己集资，学校公用经费则主要来源于学生交纳的学杂费。由于乡镇财力薄弱，借助当时的管理体制，乡镇政府将教育投入责任转嫁到农民身上，农村地区乱收费、高收费的问题突出，农村教育经费存在被挪用、侵占的问题，引起了农民群众的不满。为减轻农民负担，促进农村、农业良好发展，2001 年我国开始进行农村税费改革，取消了教育费附加和大部分教育集资，后续还对学费收取进行了规范。这使得农村教育经费的来源日趋枯竭，以往"人民教育人民办"的模式难以维系下去。为此，2001 年《国务院关于基础教育改革和发展的决定》中明确规定：将农村义务教育管理重心上提至县一级。这实际明确了"以县为主"的管理体制，促使农村教育投入由农民主要负担转向政府承担，教育管理责任由乡镇为主转向以县为主。然而，由于中西部大部分地区县级财政薄弱，在经费有限的情况下，急需对农村中小学校进行合理规划。通过调整以往较为分散的学校布局，缩减农村学校数量，降低成本支出，提高农村办学效益，成为基层政府的必然选择。

二、农村学龄人口缩减的客观要求

适龄人口的数量、规模与分布是影响学校布局的重要因素。自 20 世纪 70 年代以来，随着计划生育政策的强力推进，我国人口出生率不断降低。伴随城镇化加速、农村人口向城市大规模流动等多重因素的叠加，农村义务教育阶段的适龄学生总量呈不断下降的态势。总的来看，2000 ～ 2008 年，小学在校生总数由 13 013.25 万人减少至 10 330.51 万人，初中在校生总数由 6526.29 万人减少至 5584.97 万人。另外，我国城镇化处于快速推进阶段，据 2010 年第六次人口普查结果显示，全国城镇化人口占总人口的比例为 49.68%，自 2000 年以来上升了 13.46 个百分点。有研究预测，到 2020 年，我国城镇化水平将达到 50% ～ 55%，这意味着有将近 2 ～ 3 亿农业人口转移进城（中国教育与人力资源问题报告课题组，2003）。在这一进程中，农村人口转移速度加速明显，农民随迁子女的规模也不断扩大。2003 年，我国义务教育阶段农民工随迁子女 643 万人，2007 年增加至 765.7 万人，2010 年达到 1167.2 万人，而到 2013 年更是达到了 1400 多万人的庞大规模。在人口出生率下降与人口转移带来的双重作用下，农村义务教育适龄入学人口数量明显降低，招生数量及在校生规模不断减少。与 2001 年相比，农村小学和初中的招生数量分别减少了 396.6 万人、565.5 万人，下降幅度分别为 30.2%、49.7%。农村小学在校生数量和初中在校生数量分别由 2001 年的 8604.8 万人、3172.8 万人减少至 5350.2 万人、1786.5 万人，下降幅度分别为 37.8%、43.7%（王定华，2012）。学龄人口减少的情况导致部分农村学校，特别是偏远地区农村学校生源危机问题凸显，大量"空巢"学校、"麻雀"学校开始出现。师资资源、校舍、仪器设备及场地等无法得到充分利用，导致教育资产闲置、资源浪费等一系列问题产生，这也迫切需要对农村学校布局重新加以考虑。

三、农村教育资源短缺与浪费并存亟待改变

长期以来，农村学校在办学条件、师资配备、教学水平，以及整体教育质量方面均较为薄弱，农村学生难以享受到与城市学生同等水平的高质量教育。同时，由于在"人民教育人民办"的思路下，一度村村建有小学，乡镇建有初中。农村地区中小学普遍存在投入多、产出低、学校分布散而不便管理、重复性建设较多的问题。随着上述所提及的计划生育及城镇化等因素带来的影响，农村适龄学生总量不断下降，导致农村学校开始面临生源危机。有些斥巨资兴建的校舍仅用数年就面临生源枯竭、无人可教的尴尬局面。这些情况导致农村教育资源的浪费与短缺并存。

（一）农村教育资源的浪费

1. 农村教育资源的显性浪费

农村教育资源的显性浪费，如校舍、活动场地、各种仪器设置闲置或利用率不高，造成物力资源浪费严重；农村学校布局分散，规模过小，师生比不合理，教师工作量不足，非教学人员比例过高，造成人力资源浪费。

2. 农村教育资源的隐性浪费

农村教育资源的隐性浪费，如农村学生辍学率较高，超龄学生普遍存在，毕业率、巩固率不高，教师资源使用不合理，课程开设不足，学校管理水平不高等问题。这些资源耗费由于难以直接计量，往往容易被忽略，因而较之那些有形的教育资源浪费，这种浪费更为惊人。

（二）农村教育资源的短缺

与此形成对比的是，城乡间优质教育资源配置的不合理。优质教育资源多集中于城市学校，农村与城市之间、不同学校之间资源配置不尽合理。一方面是农村学校优质资源稀缺，另一方面是城市优质资源过剩的情况。在此情况下，无论是从高效利用教育经费、集中有限教学资源、方便统筹管理方面，还是从为提高农村学校教育质量、促进城乡教育更加公平等方面来看，农村学校合并都成为必然选择。如何将教育资源最优化使用，缓解农村教育资源闲置与不足的矛盾和冲突，是政府部门需要考虑的迫切问题，这些也为农村教育布局调整

政策的出台提供了契机。

四、发展农村优质、均衡教育的迫切需要

长期以来，我国存在的城乡二元分割体制使城乡间的经济、社会发展水平极不平衡。城乡之间的教育资源分配不均、服务水平差距明显。相较于城市学校而言，农村学校无论是在教育经费投入、师资条件配置，还是办学条件及教育质量等方面，都差距明显。虽然近些年随着国家的重视和投入的增加，农村办学条件较之以往有了明显改观。但总的来看，城乡义务教育办学水平差距依然明显。随着农村人口下降及农村经济发展，农民群体的教育观念及对子女的教育期望也发生了明显变化：由以前的被动式入学到追求更高质量的教育。在此背景下，农民群体对优质的教育供给有着更高的渴求。如果农村教育水平长期不能提高，那么具有一定经济条件的农民群体将会把子女转至条件更好的县镇甚至是市区学校。这将进一步加剧农村学校的生源危机，导致教育质量的进一步降低，进而形成恶性循环。另外，从国家战略发展定位来看，农村、农业发展是奠定各项事业发展的先导性基础。要促进农业产业的转型，建设更富活力的农村新社区，同样需要高水平的农村教育以提供高质量的人力资源。农村义务教育作为培养人才基准素质，锻造人才"模坯"的重要阶段，同样需要更好更快地发展。如何构建一个规模适当、主次分明、衔接顺畅、培养高效的农村义务教育结构体系，是政府部门需要考虑的重点工作。对农村学校进行合理布局，适当集中优质教育资源，提升学校的规模与办学水平，是供给高质量农村教育服务的重要途径。因此，推进学校合理调整、促进农村教育优质化发展，以适应农民群体的需求和国家战略发展的定位，也是布局调整政策出台的又一重要背景。

○ 第二节
● **农村教育布局调整政策的主要历程**

一、布局调整前的农村教育布局格局

我国历来具有尊师重教、兴校倡学的悠久历史。学校作为"化民俗"、"兴

礼仪"、"开民智"的重要场所，往往成为一个地区的文化与政治中心。新中国成立以后，中央政府明确提出了教育要"面向工农大众"的具体指导方针。义务教育的重心在于大力发展小学教育，尽快提高国民基准素质。在这一过程中，义务教育实际上形成了以"地方分权"为特征的管理体制，并逐渐演化为"城乡分离"的教育投入与管理制度。1949 ~ 1952 年，整个中国农村大地兴起了扫除文盲的浪潮，农村义务教育事业发展极为迅猛。1958 年，教育领域的"大跃进"使义务教育管理权下放至最基层的街道及广大农村地区。农村地区试行缩短学制、精减教学内容、加快普及高中教育等一系列措施。各种村办小学、简易学校、耕读小学在全国范围内大量出现。而在"文化大革命"期间，中央政府雄心勃勃地规划在广大农村地区普及义务教育。总的来看，在新中国成立初至"文化大革命"期间，经济发展与国家建设的人才需求，广大农村地区的实际需要，基础教育管理权的下放，各类政治运动的方兴未艾，使"村办小学、乡办初中、镇办高中"的格局逐渐确立。整个基础教育呈现出"重心低，投资少，分布散"的粗放式布局特征。随后虽历经数次教育改革，但这种格局直至 20 世纪末仍未得到根本改观。客观上讲，在当时的历史背景下，这种农村学校布局为普及义务教育，提高农村学生入学率，消除文盲和提升农村地区民众文化素质，促进经济恢复与发展等发挥了巨大作用，也为 20 世纪末的"两基"奠定了坚实基础。另外，由于农村地区学校布局粗放，校舍简陋，师资匮乏，教学质量低下，农村教育发展水平较低与农民群众对优质教育的企盼与需求，形成了一对突出矛盾。

进入 20 世纪 80 年代之后，随着国家对人口流动管控的逐渐放松，以及城镇化速度的不断加快，农村地区学校的生源危机开始显现。面对新形势，如何对农村学校进行规划的问题，开始进入政策制定者的视野。1986 年颁布的《中华人民共和国义务教育法》首次提出，县及以上地方政府应根据本区实际情况，在遵循国家相关规定的基础上，对学校设置进行调整与规划。以此为契机，我国开始首次进行规模较大的农村教育布局调整。地方政府以农村初高中为重点，裁撤一些规模较小的农村学校。在此次布局调整实践中，农村本不充裕的资源实现初步重整，办学环境得到改善，师资有所优化，学校教育水平有一定的改善。这为后续的布局调整政策出台提供了有益的借鉴经验。随后，在 1993 年的《中国教育改革和发展纲要》中，中央政府首次明确了农村教育布局调整的指导思想为"集中化、规模化办学"。1998 年，教育部进一步明确规定，对短期内难以有明显改观的薄弱学校，要通过学校布局调整的方式，进行撤销或是合并到其他办学水平较高的学校。这表示中央政府已将"义务教育学校布局调整"纳入相关教育政策议程。同时，值得注意的是，在20世纪末基础教育阶段的战略重点是完成"双基"任务。为完成"双基"任务，许多农村地区新增了一大批教学点。一些地区的政府部门为完成"普九"任务指标，在兴建或改造校舍方面欠下沉重债务。但与此同时，长期形成的"重心低、投入少、分布散"的格局并没有发生根本变化。这一现实情况对基层地区政府构成巨大的压力，粗放式的农村教育格局出现难以为继的潜在隐患。同时，从当时大的时代背景来看，农村发展存在的"三农"问题、农村综合性改革、城镇化过快过急等问题不断凸显，农村教育开始出现新情况与新任务。在此背景下，更加着眼全局，强调综合性与前瞻性的学校布局调整新政策呼之欲出。

二、效率优先，兼顾公平：农村教育布局调整政策第一阶段

税费改革后，随着农村教育费附加及教育集资的取消，乡镇财政拨款的停止，以及后来农业税的彻底取消，农村义务教育经费主要来源发生重大变化。在这种背景下，适应以往教育管理和投入体制的农村中小学格局亟待改变，布局调整成为政府的应然选择。2000年3月，中央政府颁布《中共中央、国务院关于进行农村税费改革试点工作的通知》，明确提出要对农村学校进行适当合并，对农村教师队伍加以精减与优化。这是进入21世纪以来，中央政府首次发布的农村义务教育学校布局动员令。随后，国务院发布的《关于进一步做好农村税费改革试点工作的通知》（国发〔2001〕5号）进一步指出，要根据各地区的实际情况，对规模较小的学校或教学点进行适度合并，以提高农村学校的办学效益。随后，2001年5月，国务院出台的《关于基础教育改革与发展的决定》明确规定了农村教育布局调整的工作原则与注意事项，为全国各地区的农村教育布局调整工作的有序开展提供了根本性的指导方针。在随后的全国教育工作会议中，农村教育布局调整被列入义务教育领域重点主抓工作。至此，新一轮农村教育布局调整工作开始有目标、有步骤、有规划地拉开"序幕"。各地方政府也开始纷纷行动起来，陆续制订了详细的行动方案。

为规范各级政府管理责任，督促地方政府正确领会中央政策意图，2002年国务院下达《关于完善农村义务教育管理体制的通知》，明确了基层政府在农村教育布局调整工作中的主导地位。2003年，为规范农村中小学布局资金管理，整治农村教育布局调整过程中出现的资金使用不当问题，财政部出台了《中小

学布局调整专项资金管理办法的通知》(财教〔2003〕47号),其中明确要求专项资金要用于中小学校的改扩建、教学仪器以及图书的购置。专项资金不得私自挪用,或是用于偿还学校的债务。此外,该通知还针对农村教育布局调整过程中所涉及的校产问题,明确规定在确保资产得到有效保护和利用的基础上,校舍、校产置换所获利的资金要用于教育事业的发展。这两项文件的出台使农村教育布局调整工作有了更为系统的指导方针,各地政府也开始加快学校布局调整的步伐。为深入落实十六大精神,推进农村教育的系统改革,国务院在2003年9月出台《关于进一步加强农村教育工作的决定》,指出了学校布局调整的重要性和迫切性,并指出当前的工作重点要放在强化农村地区寄宿制学校建设,注意保障少数民族地区、偏远山区等地的寄宿制学校建设,重视寄宿制学校的食品安全和卫生管理工作,确保寄宿生身心健康发展。随后,各级政府开始出台本地区的具体实施方案,纷纷将农村中小学校布局调整工作视为一项重点任务,农村中小学校撤并开始进入"大跃进"时期,以"狂风骤雨"般态势席卷中国农村地区,"秋风扫落叶般进行着撤并校"。从2000~2006年的6年间,我国农村地区小学和初中分别由44.03万所和3.93万所,减少至29.51万所和3.53万所。农村教学点由15.75万个急剧缩减到8.76万个,减少了一半以上(邬志辉等,2011)。有统计数据显示,通过这种大规模的布局调整工作,中西部6省区农村小学校的平均规模由228人增至295人,增长了29.5%,生师比由22.68下降到18.96。农村初中的平均规模由874人增加到1020人,增长了16.6%(郭清扬等,2008)。总的来看,农村地区中小学初步实现了规模效益,资源得到了优化,在促进教育质量提升上发挥了积极效应。与此同时,部分地区在学校布局调整工作中开始出现"撤得过快"、"撤得过猛"等问题。据统计,至2006年,中西部农村小学校数减少20%以上,大大超过了同期小学适龄人口及在校生10%左右的减幅。这一情况导致农村偏远地区的学生面临上学路程过远、上学成本上升的问题越发突出。这一地区的学生辍学率出现回升趋势。此外,部分地方政府在撤并学校的过程中,不注重撤并程序,工作方法简单粗暴,引起农村地区部分群众的不满。这些情况对学校布局调整工作产生了消极效应,影响着学校布局调整工作顺利进行。如何对这一政策进行调整和完善,开始进入决策部门的视野。

三、效率与公平并重,更加注重公平:农村教育布局调整政策第二阶段

作为国家"十一五"规划的开局年份,2006年对于基础教育的发展与改革

意义重大。总的来看，决定着制度变化的宏观环境变化显著。伴随着国家治理思路的转变，社会资源分配机制开始向更加注重公平、正义的思路转变，反映在教育领域内，则体现为教育发展更加强调公平、公正、均衡发展，教育资源分配强调要向弱势群体倾斜。这为学校布局调整营造了良好的社会保障与舆论空间。

2006 年 6 月，新修订的《中华人民共和国义务教育法》中明确规定，将农村义务教育投入纳入公共财政保障范围之内。根据中央与地方的具体责任划分，合理明确农村义务教育经费投入比例，进一步强化中央、省级的财政投入责任。这标志着以促进"教育均衡化发展"为核心的教育公平开始进入法律层面。2006 年 10 月，党的十六届六中全会确立了"促进教育优先发展，保障教育公平"的理念。这标志着党和政府将促进教育公平置入和谐社会建设的总蓝图之中。其所提出的"教育公共服务"概念强调了教育服务面向广大人民群众，落实公平普及的理念，明确了政府部门在提供教育服务方面的主导地位。2007 年 10 月，党的十七大报告中明确提出"教育公平是社会公平的重要基础"，并认为要实现人力资源强国战略，教育公平是不可或缺的基础保障。以此为契机，教育公平的重中之重地位开始确立。在这一背景下，布局调整政策的取向与内涵多内嵌于促进教育公平或均衡发展的各类政策文件或报告之中，新一轮的布局调整开始朝着促进教育均衡化发展的路径迈进。对于中央政府而言，布局调整政策更为审慎，强调稳步推进，在促进教育资源合理配置的基础上，逐渐重视布局调整对教育公平的损伤和补偿问题，对地方政府的政策执行问题着力加以纠正。2006 年，教育部出台《关于实事求是地做好农村中小学布局调整工作的通知》（以下简称《通知》），针对撤点并校导致的上学难问题，明确要求教学点的撤并要以确保农村学生就近入学为前提，交通不便的地区需要保留必要的教学点。要预防因教学点的过度撤并而导致学生上学难、失学和辍学的问题。针对班额过大的问题，《通知》中要求，初中的布局调整，要根据人口变动趋势，依据"先建设，后撤并"的标准进行学校布局调整。预防因建设不及时而导致的班级人数过多，教育资源过度紧张的问题。对不具备撤并条件的地区，应暂不进行调整工作。同时，对于新一阶段的布局调整工作的原则与要求，《通知》给出了详细的指导意见，要求地方政府要根据本地具体情况，考虑人口变动、群众承受能力及教育长远发展，按照"实事求是、稳步推进、方便就学"的原则，推进布局调整工作。该通知事实上是中央对地方政府不顾实际情况，"过快过急"的撤并行为进行否定，对政策执行问题试图加以治理。同时，该通知要求地方政府要主动将布局调整工作与本地长远发展规划、配套措施跟进相结合，为本阶段布局调整工作指明路径与方向。2007 年 2 月，在《教育部关于进一步加强和改进对省级实现"两基"任务，进行全面督导检查的意见》中，指出要重点整治中小学布局不合理、班额过大、教学设备配置不足等问题，并对农村寄宿制学校建设情况进行监督。

在中央政府的指导与督促下，学校布局调整中出现的问题在一定程度上得到扭转。但耐人寻味的是，撤点并校的总体趋势并未从根本上加以改变。有统计显示，2006 ~ 2010 年，农村小学累计减少 84 158 所，教学点减少 22 143 个，几乎占据了全国学校减少量的绝大多数份额。从减少幅度来看，2006 年全国小学、教学总数和在校生总量相较于 1997 年，分别减幅 46%、57%、23%，而到 2010 年减幅分别达到 59%、68% 和 29%（邬志辉等，2011）。这实际上意味着，即使在中央政策的强力约束下，学校撤并仍然以巨大的力量和惯性快速推进，严重背离了学校撤并的实际需要和初衷。在这一趋势下，学校大班额问题日益凸显。有数据表明，至 2010 年，农村中小学人数在 46 ~ 55 人的班级比例从 11.22% 上升至 11.83%，人数在 56 ~ 65 人的班级比例从 4.45% 上升到 4.80%，人数在 66 人以上的班级比例从 1.85% 上升到 2.10%（高小强，2012）。同时，由于学校布局调整后导致的"学生进城"现象，县镇中学规模日益膨胀，有些地区甚至出现上万人的"巨型"学校，或是班级人数超过百人的"巨型"班级。

从本阶段的政策实践情况来看，中央政府出台的相关政策开始注重公平问题，并将学校布局调整与寄宿制学校建设、远程教育、学校标准化建设等统筹考虑，试图将布局调整工作纳入到农村公共事业发展框架之内，以期促进城乡教育资源合理配置，更好更快地促进农村教育发展。但由于宏观制度环境并未得到根本改变，布局调整政策仍限定在既往的制度体系框架之下推进。从新制度经济学的视角来看，与学校布局调整相关的制度体系仍能确保一定的利益平衡。新的制度供需平衡尚未形成，原有制度框架体系势必会对政策变迁过程产生一定的制约作用。在此情况下，通过教育系统内外的制度调整，突破原有制度体系所形成的路径依赖，才有可能突破布局调整政策创新的"瓶颈"，引导制度变迁沿着良性和高效路径演进。因而，虽然本阶段政策调整获得了一定成果，但对于更深层、更系统的政策反思与改革日益需要提上日程。

四、强调公平的前提下提升效率：农村教育布局调整政策第三阶段

至 2011 年，全国范围内的大规模布局调整政策已推进近十年，农村学校

的格局发生了重大变化，农村教育发展到达了一个新的分水岭。从制度的"需求－供给"视角来看，布局调整政策演进实质上是制度供给与需求之间不断调适，并逐步趋于新的动态平衡的过程。在新的阶段里，中央政府更加注重农村学校布局调整与其他系统协调发展，将布局调整工作与农村教育可持续性发展、城乡均衡化发展紧密相连。2010 年涉及农村发展的"一号文件"——《中共中央、国务院关于加大统筹城乡发展力度进一步夯实农业农村发展基础的若干意见》，明确要求农村学校布局必须立足当地实际，方便学生入学，确保学生安全，切实提高农村教育质量。2010 年 7 月，《国家中长期教育改革和发展规划纲要（2010—2020 年）》中明确指出，学校布局调整要适应新时期城乡均衡化发展的需要，合理布局，注意教学点的建设，确保学生就近入学。

　　从全国范围来看，各地学校布局调整工作陆续进入了深水区，长久以来积累的负面效应和问题开始不断发酵，学校布局调整开始成为社会舆论关注的重点议题，新闻媒体对各地布局调整政策的报道掀起了新一轮的高潮，理论界对布局调整政策的回顾与反思不断深入。特别是 2011 年发生的多起重大校车安全事故，使社会各界对学校布局调整反思达到新的高度。在此背景下，2012 年 7 月 22 日，教育部发布《规范农村义务教育学校布局调整的意见（征求意见稿）》，该意见稿明确要求坚决制止盲目撤并农村学校。学校布局调整要统筹考虑人口变动、地理环境、交通条件、当地经济发展水平、农村家长的经济承受能力、教育投入能力等多重因素，因地制宜地开展布局调整工作，满足农村学生就近接受高质量义务教育的需求。意见稿还提到，规范学校撤并程序，对于确因生源问题而需要撤并的学校，县级政府要根据规定程序进行撤并。学校撤并中要充分听取家长、学校师生、村民及乡镇政府的意见。注意撤并工作与保障学生上学安全、寄宿制学校学生生活设施保障等问题统筹兼顾，确保学校撤并平稳有序。同年 9 月，国务院正式颁布《关于规范农村义务教育学校布局调整的意见》，明确提出要坚决制止过度撤并农村学校，各地区在完成农村学校布局调整专项备案前，要暂停农村学校撤并。

　　根据中央的政策精神，各地开始对本地布局调整工作进行反思和整改。例如，河南省教育厅出台《关于进一步做好农村义务教育学校布局调整工作的意见》（豫政办〔2012〕132 号），其中要求"坚决制止盲目撤并农村义务教育学校……凡并入学校住宿和就餐条件不能满足需要，或撤并后学生上下学交通安全得不到保障，学校大班额问题突出的，均不得进行撤并工作……对已撤并的教学点或学校，如果确实需要保留的，由当地政府按程序予以恢复"。福建省教育厅明确要求，省内现有农村小学和教学点原则上不再撤并。农村小学中、低年级学生原则上不安排在寄宿制学校寄宿。在交通不便的农村边远地区，继续保留在校生数少于 100 人的农村小规模学校和教学点。如确有特殊原因需撤并的，需召开听证会，广泛征求意见。在学生上学安全得到保障、群众支持认可、拟就读学校师资按编配齐、食宿后勤配套完善的前提下，才可对农村小学或教学点进行撤并。对尚有小学生远距离上学且无寄宿条件的学校，积极创造条件推广"寄午"制度，解决学生午膳问题，减少学生往返家校的次数。随着中央政府暂停和再规划农村布局调整政策，农村地区中小学学校开始步入"后撤点并校时代"。

○ 第三节
● 农村教育布局调整政策执行问题的产生

　　制定教育政策的最终目的在于，通过有效执行，完成预设目标，发挥政策效用。然而由于主客观因素的影响，教育政策执行过程中经常会出执行活动或结果与预设目标相偏离的问题。客观来讲，通过学校布局调整，一大批规模小、办学条件差的农村中小学学校被调整和撤销，教育资源得以合理配置，资源利用效率得以提高，政策执行取得了显著的成效。但与此同时，也应当看到，由于经济发展的差距和历史形成的原因，学校布局调整过程中也存在着这样或那样的问题，影响着政策目标的完整和落实。

　　对于政策执行问题的一个总体性理解是：政策执行过程中人们所察觉到的不协调、不合理的状态，这种不协调、不合理的状态直接影响着政策的有效执行和政策目标的完整实现，因而有必要加以消除。对于政策执行问题的判断，有这样三个条件：①政策执行过程中确实存在着因政策执行不当而造成的社会性矛盾的客观事实。②这一社会矛盾违背了社会规范与价值，威胁或触犯了社会生活中相当一部分人的利益，社会大多数人或相当多的人对这种社会矛盾持否定态度，认为是政府必然加以关注和解决的问题。③这种执行中的问题是社会性的，涉及整个政府工作和社会生活，解决这一问题并非少数人的努力可以办到的，需要多种合力才能改善或解决（顾爱华，1994）。那么，通过上述政策变迁过程的分析可知，学校布局调整中存在的撤校过快、过急的痼疾一直难以消除，所引发的偏远地区学生上学难、上学安全风险加大、辍学率上升等问题一直被公众及学者所诟病，特别是近几年农村地区重大校车安全事故，更是引起了政府和社会公众的强烈关注，并对校车安全事故背后所反映的学校布局不合理问题开始进行全面反思。由于学校布局调整涉及的范围广泛、目标群体众多，要系统解决学校布局调整中存在的问题，需要各方合作才能加以改进。

从上述角度和标准来看，布局调整政策执行问题长期存在于实践之中，亟待加以研究和解决。对政策执行问题具体表现的界定，有多种表述方式，如政策执行阻滞、政策执行失真或政策执行偏差。虽然表述有所差异，但概念所表达的内涵具有一致性，即指涉政策执行过程中因某些消极影响而出现的不顺畅乃至停滞不前，进而导致目标不能圆满完成甚至完全落空的情形。从政策执行问题的表现分类来看，袁振国将教育执行问题的表现分为政策表面化、政策扩大化、政策缺损和政策替换。同时，从广义来看，还可分为结构性政策偏差、区域性政策偏差和组织性政策偏差（袁振国，2001）。陈振明（2003）认为，替代性执行、选择性执行、象征性执行、附加性执行是政策执行问题的主要表现。丁煌（2002a）则将政策执行问题归纳为政策执行表面化、政策执行局部化、政策执行扩大化、政策执行变异化、政策执行停滞化5种形式。本书借鉴上述概念，并结合学校布局调整的各类研究，将农村教育布局调整政策执行问题归纳为以下几方面的内容。

一、政策选择性执行

政策选择式执行是指地方政府在执行上级政策时，根据自身利益需要对政策内容进行取舍，对自身有利的部分贯彻执行，而不利的部分就舍弃、拖延或变通执行，致使政策无法完整落实。在布局调整和政策执行过程中，这一现象首先表现为各地政府纷纷将裁撤农村学校作为主要执行内容，大规模地撤点并校，致使农村学校数量急剧下降。布局调整政策在某种意义上成为撤并学校的"代名词"（邬志辉等，2011b）。一项对172个市县布局调整政策的文本分析发现，近90%的文本将"学校规模"、"服务人口"、"服务半径"视为核心指标，对于学生上学距离、时间、交通等因素则较少提及（雷万鹏等，2010）。

另外，部分地方政府在大力撤并学校的同时，配套政策却实施滞后，寄宿学校、教学点建设及校车配置上投入严重不足。由于严重缺乏配套资金，许多寄宿制学校仅能勉强维持学校日常水电等基本开支，学生宿舍拥挤不堪、饮食营养单一、生活教师数量短缺等问题普遍存在；在校车配置上，缺额量巨大。据相关研究测算，全国专用校车需求量大约为 70 万辆，但当前符合标准的专用校车保有量仅为 1 万辆，学生千人保有量仅为 0.12 辆。保留教学点的师资情况亦是堪忧，多项关于教学点的调查发现，教学点教师年龄老化，结构不合理的问题在布局调整后进一步突出，催生了新的教育不公平现象（王颖等，2008）。

二、政策机械式执行

政策机械式执行是指部分地方部门将布局调整简单视为国家或上级的摊派任务，没有科学、全面地理解政策精神，有的地方将撤并学校数量、速度以及学校集中程度认定为上级政府的偏好，将调整政策机械地理解为撤并农村学校。这导致一些地方政府不顾当地的实际情况，一味追求撤并的数量与速度，以求超额完成任务。同时，在中西部农村的很多地区，地方政府盲目推动"学校进县城，教育县城化"举措，试图通过把小学集中到乡（镇）中心校，把中学全部集中到城区，并对县城学校进行扩建或重建，出现了一大批由地方政府主导建设、规模远超国家标准的"巨型学校"。比如，宁夏回族自治区撤并山区学校，在城市建设多所规模近万人的中学，甘肃省出现学生人数 5000 以上的中学；湖北省一些地区出现超过 5000 人的中学（万明钢等，2010）。此外，在执行政策过程中，部分地方政府没有进行科学规划，片面采取"大一统"、"一刀切"的行政手段，未能充分考虑到经济、地理、文化及农民心理、经济承受能力等具体情况。有调查显示，西部边远山区的学校下降速度是当地适龄人口下降速度的 5 倍（夏雪，2009）。鉴于山区的特殊地理形态，撤校本应更为慎重。急速推进的结果是造成边远山区成为学生上学难、辍学率回升、干群冲突频发的地区。

三、政策粗暴式执行

政策粗暴式执行，是指部分地方行政部门在执行布局调整政策过程中，不遵守执行程序和规定，采取强制、命令或惩戒等手段，强行推行政策，导致执行主体与政策对象矛盾激化，政策执行遭到抵制或反对，致使政策无法完整落实。从布局调整的执行情况来看，部分地方政府以"效益"、"质量"、"均衡"为名大肆撤并学校，实施过程仅对上级负责，较少兼顾农民群体的利益与主体地位。一些地方政府官员过度追求代表绩效的"速度"、"数量"，脱离了农民群体的实际需要与承受能力，片面依赖自上而下的强制行政手段，在短时期内层层加码，力求大干快上，强制撤并大量村校和教学点。一项涉及中西6省布局调整政策的研究显示，受访的 10 892 名教师中，有近 30% 的人认为采用了强制的方式；在 6639 名家长中，约 25% 的家长认为采用了强制手段（贾勇宏，2008a）。有些地区为了减少村民及学校的阻力，甚至采取"突然袭击"的手段，事先并未与村民及学校商量，强制性命令在限定时间内撤并校。这种强制性手段让村民和教师在情感上难以接受和认同。因强硬推进而致使农民群体利益受损引发的干群冲突、上访、威胁罢课等问题在多地屡有发生。作为弱势群体的农民，往往没有发言权，正当利益诉求难以得到表达和倾听。布局调整政策关系到村民的切身利益，但少有地方政府会主动与农民协商。农民群体在规划方案的制订中处于边缘或者缺席地位，没有机会也缺少能力表达自己的愿望和要求，在政策的落实中更缺乏保护自身利益的意识、能力和机制。

四、政策寻租式执行

政策寻租式执行，是指地方政府的部分官员在政策执行过程中，利用上级政策而又不依照政策，将"政策执行"视为特殊商品与某些利益集团进行讨价还价，伺机谋利谋取个人或部门私利，致使政策异化，公平性受到损伤。从布局调整政策的执行情况来看，这一现象突出表现为农村闲置校产处理不当问题。部分地方政府对具有经济价值的学校场地私自拍卖、租赁以从中谋利，或未按照中央要求，将拍卖校舍及场地的收入变相挪用。同时，一些地方政府对无利可图的闲置校舍放任废弃，造成国家、集体财产的巨大浪费和损失。据《中国教育报》2011 年的调研测算，"全国 2200 多个县至少有 3 亿平方米的农村校舍处于闲置"（柯进等，2011）。此外，部分地方政府为隐瞒执行不利的情况，故意瞒报或虚报撤并数据以求蒙混过关。更有甚者，个别部门和个人通过钻国家政策的漏洞，假借布局调整的名义，骗取国家专项资金，致使国家财产遭受损失。

农村教育布局调整与利益博弈分析

  任何改革在本质上都是利益分化、调整与再整合的过程。布局调整政策作为对农村教育格局革新的重要举措，实际上触及和引发了农村教育组织结构与运行机制的变迁，重塑了农村教育系统的既有利益格局。然而，即使改革的理念可以被广泛认同，但是如果改革的理念缺乏利益支撑，并且缺乏在制度中加以体现，那么这些理念便几乎不可能产生效应。换而言之，布局调整政策得以推进的根本动力，源于不同利益相关方对政策预期收益和成本的权衡，政策实际进程与最终效果则是各方利益相关者根据政策效用，自己与他人的利益损益关系判断而进行的博弈过程。政策所能落实的程度取决于各方利益平衡的程度与水平。因此，要深入了解布局调整政策执行问题产生的根源与作用机制，就有必要对政策所涉及的利益分配本质、利益相关者构成及其利益差异等一系列问题进行梳理与分析。

● 教育政策的利益分配本质

一、"资源稀缺"假设与政策的利益分配本质

资源的匮乏与不足始终困扰着人类社会。对于人类需求来说，自然、文化以及社会资源在特定阶段总是有限的。对资源这一概念的理解有两种方式：广义的资源指各种能够促进人类社会进步和财富增进的各种物质或能力；而狭义的资源仅指那些人们所使用的必须付费的自然资源。本书采用的是广义上的资源概念。经济学中的诸多理论均是以资源稀缺这一假设作为推演前提，甚至有学者认为人类社会进步的过程，即是资源有限性与人类需求无限性这对矛盾不断产生与解决的过程。实际上，资源稀缺这一假设不仅存在于经济研究领域之中，在政策研究方面同样是重要的假设前提。如果社会资源是无穷尽的，那么也就用不着通过政策来对资源进行合理的分配。各种研究公共政策如何更合理分配利益的学科也就没有存在的必要性了。人们各种关系的结成和活动的开展，均置于资源稀缺的背景之下。利用和开发各类资源依赖于人们的相互协作，而资源匮乏性又迫使人们不得不展开竞争。在这种客观环境中，人们围绕着资源而引发的各类利益冲突具有难以避免的特性。因此，对政策规则体系的研究，要与资源稀缺性充分相联系。正是由于人类需求的无限性与资源有限性的矛盾

存在，才会催生各类执行问题的产生与存在。正是基于这样的考虑，本书将资源稀缺视为研究政策执行问题的前提假设。

政府机构借助公共政策，将有限的各类资源以公共物品或准公共物品的形式加以分配。换句话讲，公共政策是以政府为核心的公共权力，是对社会有限资源与利益配置的手段。公共政策执行实际上是对不同群体的利益进行界定、确认、分配、协调和具体落实的过程。这种配置方案实际上是明确了"一部分人享有某些东西的时候，而不允许另外一部人占有它们"，这种权威性的分配带来的预期结果是：促进各利益群体的利益关系得到调整，社会利益诉求得到一定程度的满足，而社会成员间的利益冲突得到有效控制。作为公共政策领域的延展，教育政策与利益同样存在密切的联系。作为对教育利益与资源进行权威分配的方案，教育政策既要将各利益群体的教育利益需求进行统整合协调，同时还要对不同利益群体的教育冲突与矛盾进行平衡与化解。因此，教育政策发挥着重要的利益调节功能。然而，虽然教育政策与一般性公共政策在性质和形式上具有一定的相似性，但教育的特殊性决定了教育政策并非对公共政策的简单演绎。有别于其他社会活动，教育主要是一种培养人的活动。这种活动旨在促进受教育者知识、态度、技能以及价值观的全面发展，促进社会整体的进步与持续发展，具有强烈的人本性、非营利性和公益性特征。这些特征决定了教育政策所面对的是具有主动性的受教育者，针对的是教育权利和利益的再分配。这种利益分配并非简单地体现为物质、荣誉、地位等，而更多涉及的是促进个人身心发展的资格、条件及机会等。另外，鉴于教育作为培养人的一种广泛性活动，教育政策要比一般的公共政策更加强调和突出公益性特征。它要通过对教育利益的重组与分配，更好地维护与发展整体性的公共教育利益，使更多的社会群体能够享有促进自身发展的机会与条件。因此，从教育的个体与社会功能来看，公共性是教育政策的根本价值取向。究竟是维护、促进和实现公共教育利益，还是仅为少数特定的利益主体代言，以及公共教育利益最终实现的具体程度，是判断和评价教育政策合法性、有效性和可行性最基本的标准。资源总是稀缺的，优质的资源更是稀缺的，因而对于教育政策而言，在进行利益的整合与再分配时，对"谁是最大的获益者"，"谁是利益的受损者"这些关键问题需要审慎判断和选择。与医疗、卫生等其他公共服务所不同的是，教育兼具服务与生产性特征，因而教育不仅仅是一种消费，同样也是一种投资行为。教育利益分配受惠的群体越多，这些群体越有可能获得更多更好的教育，进而获得较高收入和发展机会。从这个意义来看，一旦教育政策所代表的利益分配方案不公时，其带来的利益差别与不平等更能催生社会不平与两极分化。

二、"经济人"假设与政策执行博弈的人性基础

公共政策从本质上表现为对有限资源的权威性分配。那么，在利益分配的过程中，政策所涉及的利益相关者为表达一定的利益诉求，维护自身利益，往往会通过多种形式参与到政策执行过程之中，促进政策运行朝向有利于自身利益的方向推进。由于资源的有限性，不同利益群体为扩大自身及所属集体的利益，不可避免地要与其他利益群体展开利益争夺与较量，不同利益群体间的利益博弈也由此产生。在这种情况下，掌握着资源分配权的政府部门的地位和角色就显得尤为重要。从理论上看，政府作为最广泛的社会利益群体的代表，是具有合法授权、完全代表民意和社会普遍利益的机构。为确保其合法性，长期维系政府的稳定存在，最大程度地维护、增进和合理分配公共利益，是政府行为的必然指针和依据。出于对政府这种公共性的乐观认识，在传统政治学理论中，政府被视为公共利益的代表者，各级政府并无独立于公共利益之外的任何特殊利益，是一心为公的"公共人"。上下级之间基于维护和发展公共利益的追求，可以实现工作"无缝承接"及政策执行的顺畅。

然而，公共选择理论却对这种公共性及政府内部一致性提出了质疑和深刻的批判，破除了人们对于政府公共性的"迷信"。"经济人"假设是公共选择理论的重要前提，这一假设源于斯密。"经济人"并非指唯利是图，为达目的不择手段，甚至是损害他人利益的主体。在经济学的假设里，"经济人"意指在行为动机上每个人是自利的，以自身利益最大化为行动目标，而在行为方式上他又是理性的。换言之，"经济人"指涉这一类主体，他们在一定的约束条件下总能够作出"最恰当"的行为选择，以此获取自身利益最大化。布坎南根据斯密的"经济人"假设，通过比较政治活动和市场活动的异同后指出，"无论在市场活动还是政治活动中，每个人都是追求利益最大化的主体，这个出发点使政治活动表现为一种特殊形式的交换，如同市场关系中那样，在理想上还期望这种政治关系能够使各个方面都互有收获"（方福前，2000）。通过引入"经济人"范式，公共选择理论证明政府官员同样是具有利己心、追求自身利益最大化的行动个体。与经济市场中的交易活动相类似，他们根据个人偏好，从一系列政治交易之中搜寻获利的机遇。通过将"经济人"这一假设

从经济领域延伸至政策活动领域，公共选择理论为政策执行研究勾勒出了新的图景。从公共选择理论的立论出发，对于政策领域的过程分析，包括制定和执行公共政策，均需从"经济人"假设这一共同逻辑起点展开研究。至此，公共政策研究的人性基础与经济学理论的人性假设有机统一起来。正是基于上述认识，一些研究者通过借助公共选择相关理论的分析，进一步揭示出政府执行主体的唯利特性。这实际上是对纯"公共人"假设的一种否定。虽然从权力来源和合法性来看，政府部门是公共利益的生产者、促进者和维护者，但政府内部也是由"理性"个体所组成的共同体，同样具有个人利益、组织利益的追求，这些利益追求并非总与公共利益相吻合。换言之，在增进公共利益的同时，政府机构及其成员也在寻求自身利益的自大化。正是在这种利益二重悖论下，政府扮演着公共利益的促进者与公共利益的破坏者的"双重"角色。

因此，基于这种"经济人"假设与公共选择理论来分析政策过程会发现，不仅仅政策目标群体具备"理性人"特征，作为分配公共利益主体的政府部门及其成员同样是具有理性的"经济人"。政府部门对有限资源进行分配时，既有广泛的公共利益考虑，同时还有组织利益、个体利益的追求。公共政策实际成为广泛的公共利益、"经济人"的个人利益与政府利益互相影响、相互作用的综合体。作为利益的重要构成部分，个体及组织利益不可避免地对整体的公共利益产生影响。因此，政策运行的过程实际上是多个行动主体进行利益博弈的过程。这种利益博弈在一定的制度空间内，对政策走向与执行效果具有重要影响。

三、利益分析视角的必要性与可行性

基于以上相关假设，本书进一步明确了基于利益博弈分析的视角与方法，以及对政策执行问题进行利益分析的可行性与必要性：①虽然国家的政治、经济与法律等基本制度为分配整个社会利益提供了指导标准，然而现实中各种具体的利益分配与调节需要通过特定的政策工具加以解决。鉴于教育政策与教育利益之间的密不可分性，在教育相关法律、管理体制等基本制度体系保持稳定的情况下，农村义务教育均衡发展、农民群体及其子女的相关利益的合理分配，与具体政策紧密相连。而布局调整政策正是调整农村教育利益格局的重要工具。②从根本上来看，政策利益相关方的行为是受特定的利益需求所驱动。在学校

布局调整过程中，完整落实布局调整政策与曲解这一政策是两种截然相反的力量。这两种行为的发生，并非源于政策强制要求的推动，而是来自于利益的驱动。政策所涉及和调适的利益及其所构成的关系，既是政策得以形成的具体依据，也是政策得以落实的现实基础。这一基础并不伴随政策的落实而丧失作用，依然以其既有现状存在于社会之中，影响和制约着政策利益相关方遵循或是违反政策。③政策利益相关方之间的利益存在客观的差异与冲突。从现实情况来看，由于各自利益立场及需求不同，利益主体之间的利益冲突不仅长期存在，而且难以避免。从政策制定主体——中央一级政府部门来看，其所制定的政策意图指向于涉及全局的关键问题，更着眼于长远、全局性的利益结构调整与规范，以确保政权稳固、社会稳定以及经济健康发展。然而，这种整体利益并非总是适用于庞大的政策执行主体。由于各自的利益需求存在差异，中央与地方政府之间在如何推进政策方面具有差异与冲突。而为维护自身的利益，政策对象与执行主体之间同样会产生利益的差异与冲突。人们之所以遵守或违反政策，是由于政策体现了特定的利益。利益在促进或制约人们的行为选择之中，发挥着重要的作用（丁煌，2004）。因此，如果不对布局调整政策执行问题的利益本质及其与政策的关系加以深入分析，就难以理解学校布局调整过程中各利益主体的行动选择的动力及冲突产生的根源所在，也更难以对布局调整政策执行困局进行深入的探究。

○ 第二节

● 农村教育调整政策利益主体与利益诉求

作为对农村教育资源的分配机制，农村教育布局调整政策涉及多个利益群体的政治、经济及文化等方面的利益。在一定的政治与法律框架下，各利益群体对布局调整政策具有相应的利益索取与占有权，在政策推进的过程中各自发挥着影响与作用。因此，要对布局调整政策执行问题展开利益分析，确认教育利益主体构成，分析各利益主体的利益需求与差异是首要前提。

一、政策利益主体构成及利益诉求

为充分考察布局调整政策中的利益主体，在这里引入"利益相关者"的概念。"利益相关者（stakeholder）"一词中的"stake"源于十六世纪欧洲人就某一活动所下的赌注，直至 20 世纪 60 年代才逐渐在企业管理理论体系中形成利益相关者理论（stake holder theory）。美国著名学者弗里曼（2006）将利益相关者界定为："那些能够影响目标实现，或者能够被企业实现目标的过程所影响的任何个人与群体。"这一定义丰富了利益相关者的理论内涵，不仅将原有影响企业绩效目标的股东、债权人及上游供应商视为利益相关者，而且将企业绩效目标实现过程中的其他利益群体，诸如政府、非政府组织（non-governmental organizations，NGO）组织及消费者等均纳入到利益相关者的范畴之内。从这一理论发展历程来看，经历了"利益相关者影响"、"利益相关者参与"、"利益相关者共同治理"三个逐步深化的演进过程。作为一种颇具解释力的分析框架，利益相关者理论已从传统企业管理领域拓展至政治学、政策学、社会学等领域，成为分析政策活动或管理活动的重要工具。利益相关者对于政策执行的启迪意义在于，政策过程并非置于完全的真空状态中展开。单个主体所进行的"单枪匹马"式的行动已难以获得最佳绩效。在政策过程中所涉及的多个利益主体之间相互影响，构成了各种复杂的利益关系。不同利益相关者之间展开利益博弈，对政策执行过程产生实质影响。政策执行作为利益分配与调整的过程，也是利益相关者相互影响、相互作用，促进彼此利益由非均衡状态向均衡状态转变的过程。作为政策的组成部分，教育政策中的利益相关者构成及利益关系分析，同样可借助利益相关者理论这一重要研究工具。鉴于教育政策涉及公共教育资源与利益的分配，那么这一分配过程必然存在多个利益相关者。从政策执行过程来看，教育政策的利益主体可分为政策制定者、政策执行者以及政策目标对象等基本群体。政策制定者主要包括政府机关与构成人员，分别掌握立法、司法与行政三类权力，明确分工并相互制约，依据相关法律所授予的权力制定教育政策。政策执行者是指负责教育政策实施的政府部门及机关，负责将原有方案转变为现实。政策目标对象主要指教育政策所试图解决问题的过程中，与之相互作用的社会群体，他们受到教育政策的调节、影响与制约。

就布局调整政策而言，鉴于利益相关者理论注重对政策实施活动相关利益主体进行定位，强调不同利益相关者利益需求差异所触发的博弈关系，因此在分析布局调整政策推进过程，政策制定者（中央政府）、政策执行者（地方政府）、政策的目标对象（农民群体及其子女）之间的利益关系及利益博弈方面具有理论优势。学校布局调整不仅涉及从中央到地方的各级政府间职责划分与功能定位，更是对广大农村地区农民及其子女的利益产生了深远影响。在政策执行过程中，中央政府、地方政府、农民群体这三方是最重要也是最核心的利益主体。这三方主体出于利益追求的差异，围绕着农村教育利益格局调整、教育利益再分配以及利益关系的重塑，展开了一系列博弈活动，推动着政策的落实与前进。

（一）中央政府的利益

作为义务教育最终的提供者，中央政府在整个政策执行链条中处于链条的最顶端，掌握着强大的司法、行政与经济力量，所扮演的角色主要为涉及全国范围的政策制定者与监督者。布局调整政策是中央政府供给社会大众，特别是农民群众及其子女教育产品与服务的重要分配规则。这一政策所涉及的范围广泛，影响群体众多，是中央政府所关注的重点：①义务教育作为纯（或准）公共产品，基础性和公益性是其根本价值所在。这不仅体现在义务教育是国民教育体系的基础，也表现为义务教育作为人人同等享有的一项基本权利，是政府必须要提供的公共服务。在很多情况下，义务教育的供给水平是衡量政府效率及合法性的重要标准。对于中央政府而言，通过对农村地区分散学校的优化布局，改变以往低重心、低效率、低质量的"粗放式"发展方式，促进教育优化组合，使农村地区的适龄儿童享受更高质量的教育，有助于显示中央政府的"民生、民本"的取向，也是促进农村地区稳定与发展、争取农民群体支持的重要途径。这实际上是教育、经济及政治利益的"一举多得"。②作为综合各群体利益分配的协调者，中央政府要考虑到基层政权的实际运转情况。税费改革后的乡镇政府财力锐减，难以承担农村教育的投入。通过布局调整以及配套的义务教育管理重心上移，减轻基层政府的财政压力，使各层级政府职责更为匹配，利益分配更为合理。这符合中央政府政治利益与经济利益的平衡。③从长远来看，我国新农村的建设、人力资源强国的打造离不开一大批高质量的人才。义务教育是人才培养的最基础阶段。如果没有一个发展协调的义务教育体系，人才培养就会出现断裂、缺乏持续人才供给的尴尬局面。因此，对于中央政府而言，通过农村学校布局调整，确保农村与城市地区教育协调发展，保障农村地区人才培养质量，符合其长远的经济利益。

可以看出，中央政府无论是出于政治的考虑，还是着眼于发展经济、提升教育质量的需求，均是出于确保国家稳定发展、政权巩固的执政意义考虑。中央政府通过布局调整政策落实自身的统治意志，促进教育系统的结构优化，协调政府内部的利益平衡，近期内能够促进农村教育均衡发展，长远看有助于国家的长治久安。从前文对布局调整政策的演变过程分析可以看出，布局调整政策与社会治理思路的转变、国家经济发展的转型密切相连。这一政策不仅是着眼于教育内部的发展，更是蕴含着强化国家竞争力，确保教育与经济、社会系统协调发展的多重含义。在布局调整政策所指向的教育利益分配过程中，中央政府是以利益综合协调者的身份出现，既体现了对不同利益群体利益的调和，另一方面也试图作为教育利益的最优化与最大化的实现者。作为总方案的制订者，在衡量成本－收益的基础上，中央政府通过一系列的政策跟进，关注农村教育发展，确保农村学生能够享受到公平且有质量的教育，促进城乡均衡化发展，维护社会的公平正义，以树立自身的权威与公正的道德形象。因此，虽然中央政府在布局调整政策执行过程中具有政治利益、教育利益、经济利益、道德利益等多重追求，但根据其利益分配的角色地位，中央政府在政策演进过程中更多以政治利益与道德利益为主要取向。

（二）地方政府的利益

作为政策执行的主体力量，权力来源于人民的地方政府首先天然代表着广泛的公共利益和社会公众的利益。布局调整政策执行过程涉及教育利益的再分配，因而对利益的认识和选择成了政策能否有效执行的前提。在布局调整政策执行过程中，地方政府除代表公共利益之外，还存在地区利益、组织利益和政府部门利益的需求。在推进政策实施进程中，政策执行者的利益需求、策略选择与决策能力等对政策的走向与结果有着重要影响。

作为重要的利益主体，地方政府在落实布局调整政策过程中，预期获得的收益具有三重选择性，分别是公共利益、组织利益以及个体利益：①在公共利益方面，布局调整政策在优化农村教育结构，促进义务教育均衡发展，提高学生培养质量，推进教育公平等方面发挥着积极作用；②在组织利益方面，地方政府作为整个庞大的科层制官僚体系的一级，有着自身的利益诉求。主要表现为上级政府对学校布局政策执行效果的考核，通过布局调整实现教育投入的节约，管理负担的减轻以及上级专项资金的支持等多重收益。③在个体收益方面，与其他利益群体行为选择所不同的是，政府机构成员需要发挥自身能力，集聚各种资源去落实政策，处理政策执行过程中产生的突发问题，应对部分目标对象的不理解与反对，解决布局调整后学生住宿、交通安全等一系列衍生问题。由于落实这一政策是政府相关机构人员的本职工作，个体收益主要是指政府机构人员通过布局调整政策执行而获得的职位晋升、奖金、荣誉奖励以及福利待遇等收益。其中，政府内部组织对于执行人员的考核是影响其个体收益的决定性因素，考核结果也可视为其收益的重要构成部分。在具体的政策执行过程中，地方政府所能获得的总收益、各部分利益所占的比例不尽相同。

除了利益的三重性特征，地方政府通过学校布局调整获得的收益还有别于其他生产性领域，具有整体性、外溢性、间接性和非显性化等特征：①通过布局调整所换来的教育质量提升效果，难以用货币直接比较与衡量。②布局调整政策是根据农村教育整体发展和国家利益进行设计的，并不偏重于某一特定地区的地方政府利益及执行人员的个体利益，这便是收益的整体性特征。③通过布局调整，促进义务教育发展的最终成果——学生是流动性的，他们既可以在当地升学，也可以转至其他地方升学，未来职业选择的地点也并不一定在本地区。因此，虽然地方政府未必能收获较多的直接利益，但从社会整体性发展中可以获得一定的间接收益。④义务教育是提升人口素质水平，促进社会阶层流动，保障社会公平的重要基础。通过学校布局调整，更多的农村地区学生受到更高水平的教育，为加快推动我国从"人力资源大国"到"人力资源强国"的转变提供了人力与智力储备力量。正是由于在布局调整过程中，地方政府所获得的收益具有间接性、整体性、长远性及外溢性等特征，布局调整政策所获得的收益不能简单地进行成本－收益的评估。换言之，地方政府不能仅从节省教育投入、促进经济收益和政治收益最大化的角度来看待和认识布局调整政策。

（三）农民群体及其子女的利益

从政策意图来看，布局调整政策是为了更好地维护农村学生，特别是偏远地区学生的受教育权利。对这一政策的考虑，应该关注"谁是我们最直接和最终的受益者"，那么应该是"我们的学生、我们的适龄儿童，同样包括贫困家庭"（姜荣华，2010）。虽然"帕雷托原理"难以在现实中落实，但如果布局调整政策损伤了农村偏远地区学生的教育机会公平，那么即使其他地区的学生教育质量有所提升，也很难说这一改革是富有效率的。

就具体的实践来看，农民群体及其学生作为最重要的政策目标对象，是利益相关者最核心的利益群体之一。对于农民群体而言，如何让自己的子女接受更好的教育，是他们关注的重点。无论是为将来谋生本领的锻炼，还是个人幸福的获取，以及家庭阶层地位的改变，农民群体及其子女都具有明确教育利益的诉求。如果在教育起点上无法接受到较好的教育，那么在随后的竞争中可能会更加处于劣势。因此，农民群体宁愿花费微薄的经济收入来保障子女的受教育水平。对于政府所大力宣传的以"促进教育资源优化配置、确保教育均衡发展，提升教育质量"为目标的布局调整政策，农民群体更直接地理解为"自己的子女在哪里上学"，"是不是可以上更好的学"。虽然通过布局调整可以建设规模更大、环境更好的学校，自己的子女可以享受更好的教育条件，然而与此同时，部分学生要寄宿于中心校或是县城学校。随之而来的生活费、交通费、寄宿费以及择校费等支出的增加，使农民群体要面临更大的经济压力。如果自己的子女是走读，农民群体还要关注子女上学距离增加的问题。因为距离一旦增加，子女上学路途中的安全风险也随之上升。即使教育收益获得增进，然而学生最基本的人身安全却受到威胁，这对于农民群体来说是同样难以接受的。无论是走读或寄宿，在学生能否照顾好自己，路途是否安全，在校是否不被人欺负，能够被老师关心，以及对子女的思念等方面，家长的心理负担都会相应增加。因而，对于农民群体而言，政府能不能提供足够的补贴或补偿以弥补自己的经济损失，寄宿学校的后续配套措施能不能跟上，校车安全能不能保障，也是其关注和评价布局调整政策的重点。因此，在学校布局调整过程中，农民群体存在教育利益、经济利益、安全利益等多重追求。

二、利益差异与分化：政策利益主体相互博弈的根源

（一）利益差异与分化的表现

从布局调整政策所涉及的主要利益相关者各自的利益需求来看，三方之间的利益着眼点存在明显分歧。作为政权合法性的表征，中央政府代表的是全局性、集体和长远的利益，即中央政府要努力维护农村地区稳定、农村教育健康发展，以及自身在广大农村地区的政权合法性基础。受农村发展的现状以及制度变迁的影响，中央政府作为主导型的规则设计者以及利益调解者的身份出现，根据不同阶段的国家发展定位，通过布局调整政策的设计以及相应的配套制度来统筹城乡教育发展，使更多的农民群体分享中央政策所带来的"利好"效应，从而在最大程度上确保自身合法性基础和维护稳定发展的大局。而作为布局调整政策的落实者，"以县为主"的义务教育管理体制明确了地方政府作为发展义务教育，调整农村地区学校布局直接负责者的角色定位。因而，在政策博弈场域之中，地方政府是不可或缺的利益相关方。然而，由于义务教育作为培养人的基础性活动，其经济和社会效应是隐性的，其最终的成效需要通过漫长的发展过程才能显示出来。另外，作为公共产品，义务教育的投资具有明显的"外

溢性"特征。这对于 GDP 导向和政绩本位的地方政府而言，不可避免地存在利益冲突。特别是对于处于布局调整一线的基层政府而言，由于政府财力不足，能够动员的资源有限，要确保布局调整过程中有足够的教育投入，具有一定的压力和难度。此外，地方政府面对的不仅仅是要解决学校布局、促进义务教育发展的问题，同时还要面对促进经济发展、解决失业、医疗保障以及环境治理等一系列复杂问题。而这些又与地方政府的工作绩效直接相连。在这种情况下，如何因地制宜地应用落实政策，减轻教育投入压力，便于统筹管理，以及彰显政策实施效果，是地方政府关注的着眼点。对于地方政府而言，在政策执行过程中，如何发展、促进和满足公共、组织和个体三个层面的利益诉求，是一个难以兼顾平衡的选择过程。在当前利益多元、政策执行所获得利益多样性的背景下，不同利益群体有着不同的利益诉求和需求差异。因而，布局调整政策难以使不同区域、阶层、个体以及不同层级的政府机构利益均达到最大化。

在此种情况下，整体利益与局部利益、长期利益与短期利益、个人利益和组织利益之间就会产生冲突和博弈。作为布局调整政策的主要执行者，地方政府为维护地方利益和组织利益而引发的利益博弈不容易忽视。卢梭曾指出，政府官员身上兼具个体意志、行政长官意志以及人民或主权者意志的不同形态，其中个人意志最强，团体意志第二，人民意志最为薄弱。由此分析，当公共利益、组织利益及个人利益出现矛盾时，政策执行者对于三者利益有着不同的排序和权衡，这与公共选择理论对于政府行为的解释具有一定的相似性。基于此，为实现自身收益最大化，地方政府与其机构成员若从机构利益、个体利益及本区利益出发对待和执行布局调整政策，那么将引发政策执行过程中与中央政府以及目标群体的利益冲突与博弈。需要关注的是，在简政放权与经济体制改革的双重影响下，地方政府的利益意识开始觉醒，博弈能力也有所加强。在这种情况下，地方政府之间所各自代表的公共利益、地方利益、组织利益以及个体利益既有一致性，又有差异和冲突。这导致不仅中央与地方政府之间，地方政府之间也会产生利益冲突与博弈。从一致性上看，地方政府均希冀在现有的政绩考评框架内，通过政绩考核、排名等，实现本地区、政府组织以及个体的政治利益诉求；希冀通过减少投入成本，争取上级财政支持给本地区、政府组织及个体带来经济收益的诉求。此外，部分地方政府还通过上级监管漏洞进行"逆向选择"，获得寻租收益。因此，从地方政府之间的利益权衡来看，虽然地方政府在发展和满足公共利益上存在着一定的动力，但是地方政府在执行政策过程中更易朝向满足地区、组织和个体政治、经济以及寻租利益区间滑动。

这反映在学校布局调整过程中，则是地方政府之间为追求教育支出减少、教育效率的提升等目标，各自"理性"的变通执行调整政策，不约而同地选择大规模撤并学校以实现自身利益诉求。对于农民群体而言，虽然伴随农村一系列改革以及市场经济的确立，农民群体的利益意识不断觉醒，利益博弈能力也有所加强，但相对于政府组织而言，农民群体过于分散，群体之间的合作能力薄弱，集体行动难以协调。在布局调整过程中，农民群体在教育、经济以及政治等利益上具有自己的诉求，但受制于博弈的弱势地位，博弈能力薄弱，在争取自身利益方面易处于不利的被动地位。

（二）政策利益相关方利益差异与分化的博弈解释

1.利益追求目标的冲突：国家、集体与个体利益的博弈

中央政府、地方政府与农民群体在布局调整政策执行过程中的利益分歧，在一定程度上可以还原为国家利益、集体利益及个体利益的追求。利益追求目标的分化与差异，必然导致政策运行过程中存在多重利益博弈。个体利益作为利益最基本的状态，不论是大小各不相同的集体层面，还是国家层面，在谋生存与求发展方面，都无法脱离个人的生存与发展，离不开个人积极性的发挥。与此同时，个人的生存与发展，又不能脱离外部环境与他人的支持而存在。集体或是组织的利益是利益的更高一级形态。各种组织作为不同利益个体的集合体，在一定程度上也可被视为能够自主决策、自我发展、相互独立的有机体。在原来的计划经济体制之下，政府内部、政府与目标群体之间存在着一种主导与被主导、管制与被管理的关系。不同利益群体的利益被内化在集体利益、共同利益之中而难以得到彰显。中央政府几乎掌握了所有重大问题的决策权，地方政府要按中央的计划来行事，而农民群体及其子女则被动接受国家的安排。这种关系投射到三者之间的利益博弈之中，则表现为中央政府具备压倒性优势的博弈能力，而地方政府与农民群体的博弈能力相对偏弱。三者之间这种非均衡的博弈结构使国家、集体利益统领着集体利益与个体利益。集体利益与个体利益只能被动地服务于国家利益，抑制了地方政府办学热情，也使得学生难以平等地享有更高质量的教育。随着中央的简政放权以及市场经济体制的确立，这种大背景下的制度变迁深刻改变了三者之间的博弈格局。在这一变迁过程中，中央政府由一切事务的包办者向"掌舵者"角色转变，地方政府则逐渐掌握一定的自主权，对本辖区事务的话语权开始增强。而农村家长及其子女开始由教育服务的被动接受者，向着教育服务的消费者身份转变。三者的地位与角色的

转变，一定程度上改变了以往非对称博弈结构。虽然彼此之间的博弈能力仍存在一定差距，但随着地方自主权的获得和农民群体利益意识的觉醒，赋予了三者之间围绕着布局调整政策利益而进行博弈的空间和力量，形成了国家利益、集体利益与个体利益并存和相互博弈的局面。中央政府、地方政府与农民群体围绕着教育资源与利益分配这一核心议题，基于利益目标的定位不同，不可避免地会在国家利益、集体利益、个体利益之间产生矛盾与冲突。

　　2.利益价值追求的冲突：公平与效率的博弈

　　从利益本质上来看，布局调整政策是在社会范围内对城乡义务教育利益所进行的权威分配。作为一种调控义务教育发展权利及利益分配的规则体系，布局调整政策必然蕴含着一定的伦理价值取向。"分配什么，如何分配是由教育政策的价值选择所决定。"（刘复兴，2002）总的来看，学校布局调整需协调两方面的问题：一是便于学生入学；二是提升教育效益。但在具体实践中，两者又存在矛盾：学校越分散，越便于学生入学，但教育效益的水平相对不高；学校通过集聚规模来提升效益，但学生入学又容易受到影响。在这里，布局调整政策遭遇了经典公共政策执行的价值权衡和选择的问题，即教育公平与教育效率究竟该如何取舍。教育公平作为社会公平的重要内容，不仅是现代教育所追求的基本价值和目标，也是和谐社会的重要基石。教育效率则是管理主义在教育领域的拓展与应用，不仅促进了教育资源的合理配置，也是提升教育管理水平和教育质量的重要因素。然而，在政策执行过程中，公平与效率却常处于"鱼与熊掌"难以兼得的冲突状态。布局调整政策执行同样面临着类似的困境。从布局调整政策的总体设计与规划来看，公平与效率均是重要的价值取向，但出于各自利益的考虑，不同利益相关者所着眼的取向有所不同。

　　从前述政策历程的分析来看，中央政府所推出的政策条文，由起初强调"效率优先，兼顾公平"，到后来越来越明确和坚定的"坚持公平基础上，注意效率的提高"价值选择，其意图在于在效率与公平之间寻找最适宜的平衡状态。然而，地方政府作为具有"经济理性"的行动主体，在政策落实的过程中，自有一套行为逻辑和价值追求。农村税费改革和"以县为主"的教育管理体制的确立，使基层政府在成为农村义务教育管理者的同时，也承担起巨大的投入责任，形成了"中央转移支付，省市基本不付，县市牢骚满腹，乡镇如释重负"的局面。与此同时，我国长期以来形成的过于分散的农村学校格局，在城镇化发展与农村生源下降的双重作用下，越来越难以发挥高效的办学效率。面对不断加重的财政压力，如何在提高农村教育效率的同时，减轻财政负担，是基层政府部门迫切关注的问题。对于地方政府而言，学校布局调整可以节省财政支出，减轻财政压力，符合自身的利益。同时，作为一项中央重视的政治任务，执行此项政策亦可以提升政绩。虽然从教育的角度来看，地方政府可以通过布局调整缩小教育差距，提升质量，促进教育公平，但这些收益耗时耗力，并且难以测量和考评。而教育效率的提升更容易量化考核，比如，学校撤并数量、师生比、班额数、学校建筑面积、经费节约量以及政策完成时间等。因此，地方政府以"优化教育资源配置"和"规模效益"作为布局调整工作的指导原则，"村不办小学，乡不办中学"等规模化、集中化和城镇化的调整方案成为学校布局调整的规划路线，而"就近就学"以及"交通不便的地区仍需保留必要的教学点"等中央政府所提出的前提，则被地方政府有意或无意地忽视。通过调整农村学校布局，撤并生源少、条件差、质量低的偏远地区学校，成为解决基层政府教育经费匮乏、资源利用效率低下的最为有效与最受欢迎的手段。这即意味着在教育公平与效率的权衡中，中央与地方政府出现了"效率优先"还是"公平优先"的博弈。而在具体的实践过程中，地方政府在政策执行过程中实际上遵循了"效率优先"的价值取向，通过自上而下的"强制性变迁"形式，在短期内彻底打破以往的"分散型"农村学校布局，取而代之以相对集中的办学模式。

诚然，地方政府通过学校撤并提升了教育资源的利用效率，实现了一定的规模效益，节省了教育经费，学生的学习环境和教师工作条件也有了明显改善，为进一步促进教育质量提高奠定了基础。然而，学校布局调整背后所隐含的基本假设——"规模出效益"、"规模办学等于高效益办学"是否完全符合教育性质与特征，"规模经济"理论是否能够移植于教育内部，需要进一步的分析与思考。就农村地区教育发展的现状来看，在总体教育资源相对有限、优质教育资源不足的情况下，通过合理扩大学校规模，有助于降低教育成本，提高教育收益。这种思维逻辑基本上遵循经济学的成本与产出的思路，即用尽可能少的成本，获取尽可能多的收益。然而，相对于其他产业而言，教育的投入、过程与产出具有相对特殊性。一方面，无论是企业还是学校，都需要提高资源利用效率，降低成本，但教育作为一种培养人的特殊活动，与企业产品生产过程存在本质上的区别。培养人的这一活动的复杂性决定学校在教育生产过程中的行为也同样是极为复杂的。片面强调学校规模的扩大，有可能弱化布局调整其他因素的影响。学校规模在短期内快速扩大，易导致内部教学结构、组织文化、人际氛围、管理结构及外部的生态关联发生变化。这种剧烈的变化易催生学校内部结构难以有效协调的问题，进而影响学校各方面功能的协同发挥。此外，这种规模化扩张的躁动与学校布局城镇化的扩大紧密相连。教育资源的过度"城镇化"使城镇地区的教育资源对于每个学生而言，并没有变得更加优质，农村地区学校资源则可能变得更加劣质。这无疑会进一步加剧城乡教育发展的失衡问题，背离了政策的本意。另一方面，规模经济的一个基本假设是企业产品具有同质性，在标准化的流程下，通过效率提升，在降低成本的基础上增加产量，获取更多收益。然而，教育最终产出并非是同质性的。相反，来自遗传因素、家庭背景、生长环境、学校教育以及学生个人禀赋和努力程度的差异，决定着学校所培养的学生具有异质性特征。学校规模扩张只是影响教育产出的一个重要因素。学校作为培养人的机构，育人是其核心功能。教育产出既体现在促进国家与社会的发展上，更在于促进个体更好地生存与发展。因此，脱离教育本体价值，片面追求教育规模效益，不仅会影响对教育本体功能的关注，更谈不上育人和促进社会发展，最终容易误入"学校工厂化"、"教育产品标准化"的歧路。

相对于地方政府对效率的偏好，农民群体更为强调和关切"公平优先"。农民群体对政策公平的关注依三个层次逐次递进，即在布局调整政策的实施下，能不能确保自己的子女"上得起学"、"上得起好学校"，"能不能上得好学"。农民群体更为关注对其教育利益的发展与维护，也是对教育公平的企盼。然而，由于布局调整撤掉的学校多位于经济发展落后、交通位置不便的地区，这些地区的学生上学距离普遍增加，求学时间与经济成本相应增加。为此，这些地区的家长被迫额外支出一笔交通、食宿及其他隐性费用。而这些地区的农民居住分散，经济收入单一，社会地位不高，在政策运行过程中维护自身利益的博弈能力薄弱，对于这一情况只能无奈承受。这实际上意味着，大规模的学校扩张不但未能降低成本，反而加重了偏远地区农村家庭的教育负担，由此衍生的一系列问题可能将抵消学校规模扩大带来的积极效应。如果进一步考虑学校撤并带来的间接成本损失，即农村地区学生就近入学权的损害，寄宿制学校低龄儿童的心理健康问题，远距离入学的安全隐患，学生亲子关系的疏离，以及农村学校萎缩所引发的农村社区凋敝等一系列问题，这种大规模学校扩张的成本支出更是难以衡量。

因此，从形式上看是布局调整政策执行过程中，各利益主体存在利益差异与冲突，然而实质上却反映了不同利益主体对政策背后所蕴含的价值选择的分歧与差异。与中央政府与农民群体的价值选择所不同的是，地方政府在"理性经济人"的导向下，对于布局调整政策执行选择了"效率优先甚至至上"的价值选择，过度追求扩张学校规模所带来的效益，而对"教育公平"有所忽视。这种内在效率与公平两相割裂，违背了学校布局政策的公共性取向，引导着地方政府偏离教育公益、公平的导向，催生政策执行问题产生，损害了偏远地区部分农村弱势群体的利益，造成了教育公平的损伤。

○ 第三节
● **政策利益相关者利益博弈的分析框架**

在农村教育布局调整政策执行过程中，各利益主体的利益需求和诉求的差异是无法避免的。由于不同利益相关者目标诉求、行为动机、行动方式和权力地位各有差异，因而在布局调整政策这一具体的利益分配场域之内，必然经历着不同程度的利益博弈，构成利益交错的政策执行网络。从这一立场出发，布局调整政策作为具有特殊意义的利益场域，其执行过程可被视为利益相关方进行利益博弈或协作的过程。各利益相关方将自身利益诉求置于政策执行系统之中，原有的利益关系和利益格局被不断打破，其结果是教育资源再分配及利益关系的重塑。在布局调整政策执行过程中，基于各自利益需求的考虑，不同的利益相关方会通过一定的途经和形式参加到政策执行过程之中，将自身的期望与诉求置于政策总体目标之中，这使得布局调整政策难以完全兼顾各利益相关方的利益要求。

一、博弈论的基本分析框架

博弈论是经济学中的重要理论内容，主要是关于特定行动者根据各类信息，分析与自身密切相关或是竞争对手的各类行为，并基于对手的策略选择而作出适宜行动的理论学说。美国学者 Neumann 与 Morgenstern 于 1944 年出版的《博弈论与经济行为》，标志着博弈论成为独立的学科。1950 年，著名的美国学者纳什基于对非合作博弈与博弈均衡之间的研究，提出了著名的"纳什均衡"概念。到 1970 年以后，关于博弈理论的研究开始演变成一个完备的理论大厦。这一理论的实际应用也引起了研究界的关注。到了 1980 年以后，博弈论被广泛应用到了数学、军事、政治及生物智能等各个领域，发挥了重要的应用价值。根据博弈理论的理解，在博弈的既定赛局中，一般存在着至少两个及以上具有不同利益需求的个体或组织，这些博弈者为扩张或维持自身利益而展开博弈互动，但这些博弈者无法完全独占或主导博弈赛局。博弈的基本要素包括博弈主体、决策信息、博弈收益、博弈均衡。这里的博弈各方假定为理性的决策主体，他们所作出的策略选择和原则是为了谋求各自利益的最大化。由于在博弈赛局中，博弈主体的战略选择各不相同，因而各自的最终博弈支付也有所不同。因此，根据博弈支付的不同性质，博弈又可分为零和博弈与非零和博弈。零和博弈是指博弈过程中，各行动主体的利益明确对立，一方所得即为另一方所失，博弈的最终总收益为0。简而言之，所谓的"正和博弈"，即为我们通常所说的"双赢"或"共赢"。而"负和博弈"即是所谓的"杀敌一千，自损八百"的两败俱伤。由于博弈行动是在特定的规则体系内进行的，这种规则体系是由博弈主体共同达成的，如果这些规则体系有具体有效的约束力，并可以被落实，那么这一博弈便被称为"合作博弈"，反之则被称为"非合作性博弈"。在博弈分析中，研究者往往会聚焦于同一视角，即博弈各方究竟如何才能实现利益的均衡？纳什提出了一个极为重要的概念：纳什均衡。按照纳什的分析，如果不存在外在的强制性约束，博弈过程中的各利益相关方会在既定的制定安排下保持自己原有的策略选择集，而不愿单方面加以变动或是偏离，这时博弈就达到了一种均衡的稳定状态。

博弈论也被广泛应用于政策研究中，在研究政策运行方面具有重要的启示意义。政策执行过程中的利益博弈分析主要是探求政策执行过程中不同利益集团基于各自利益的追求，展开的彼此间博弈互动与策略行为选择对政策走向与结果的影响。这必然要涉及博弈过程，以及各利益主体具体的决策行为、信息占有情况以及博弈最终所达到的均衡状态。这正是博弈论的一个重要视点。对于布局调整政策执行而言，要通过博弈论相关理论视角，将各利益主体的博弈互动与执行问题溯源有效结合起来，并通过对博弈各方的博弈均衡状态与博弈规则相互关系的分析，探讨布局调整政策执行过程中制度框架因素对于各个利益相关方博弈行为、能力和结果的影响，进而探讨引发政策执行问题的制度根源与校正选择。更重要的是，研究布局调整政策执行的目标在于，如何避免或减少因政策执行偏差或扭曲而带来的执行问题，提高政策的有效性。提升政策的有效性的前提，就是预防执行偏离的发生，将政策偏离控制在萌芽状态。因而如何运用有效的手段预防和应对政策执行偏离的发生是本书关注的重点。博弈理论研究"理性"的行动主体根据博弈赛局之中的预期成本－收益的衡量进行策略选择的过程。其博弈结果是一组帕累托效率意义上的均衡。这一博弈均衡结果既有可能是积极的，也有可能是消极的。消极的结果在政策执行中所对应的是执行问题的发生。因此，博弈论可以作为研究政策执行问题发生与产生机理的重要工具。借助博弈论的分析，可以寻找克服或转化消极结果的博弈均衡的行动策略，从而找到减少执行问题产生的作用机制。这也是本书引入博弈论相关理论研究布局调整政策执行问题的原因所在。当然，博弈论的运用并非无条件的，而是在其逻辑基础上假定博弈过程的各个行动者是具备有限理性的主体，进而才能形成适宜的博弈解释。对于布局调整政策而言，在这里假定中央政府、地方政府、农民群体是具有独立人格和有限理性的行动主体，虽然不同行动主体间的博弈能力存在差异，但我们不能否认他们与其他理性的行动主体一样，具备衡量"成本－收益"及决定具体博弈策略的基本能力。

二、农村教育布局调整政策执行博弈的要素构成

要分析农村教育布局调整政策执行过程中各利益主体是如何基于利益差异与冲突进行博弈互动的，各利益主体如何应对和影响其他利益主体的博弈策略，以及最终的博弈均衡结果对政策执行的影响等问题，就需要借助博弈论的相关理论。不同的利益主体根据一定信息，进行决策与对策选择时，会在行动主体之间产生影响。为了对这些互动的博弈行为进行逻辑分析，本书从中选取最核心的基本要素来构建分析模式，运用博弈工具进行求解，分析结果产生的原因与现实意义。从博弈要素构成来分析，农村教育布局调整政策执行博弈主要包括以下几个基本要素：博弈参与人、博弈规则、博弈策略、博弈支付。

（一）博弈参与人

博弈参与人是指在博弈过程中，能够独立进行决策并且承担相应后果的行动主体。其博弈目的在于，通过一系列行动策略促进自身支付水平的最大化。这个参与人既可以是单个的自然人，也可以是某一组织或团体，但每一个参与者必须具有可供选择的行动策略集合和明确的利益偏好。在政策执行过程中所涉及的利益相关者是构成博弈参与人的主体力量。农村教育布局调整政策利益相关主体，既包括制定、组织与执行相关政策的相关方，也包括政策执行的目

标对象。政策制定者主要指向的是中央政府，执行者则是指负责落实政策的地方政府与具体机构人员。政策的目标对象主要面对的是农民群体。因此，农村布局调整政策执行的博弈主体主要是包括中央政府、地方政府以及农民群体三类主体，不同的博弈行动者都具有各自的利益偏好和行动策略。

（二）博弈规则

在新制度经济学研究者看来，制度构成了社会政治生活的基石。大至国家、集团、组织，小至"原子化"的个人，他们的目的与利益需求都要受到制度的约束，是在一定的制度框架范围内所进行的理性选择。因此，在政策执行所涉及的博弈活动过程中，制度规定是约束和限定利益行动主体的基本博弈规则。制度规定不同，博弈参与人的收益衡量与策略选择也会发生相应的变化。从制度的构成来看，主要包括正式与非正式两种制度。正式制度主要指政策、法律及法规等，而非正式制度则主要包括风俗、文化、观念及意识形态等。博弈规范决定着博弈参与人的最终收益，基于理性人的假设，这将直接影响到参与人的策略结果，进而对博弈结果走向产生重要影响。由于博弈结果最终表现为某种均衡，政策执行效果实际反映的即是一种博弈均衡的结果。因此，博弈规则影响甚至决定着博弈均衡结果，决定着利益相关方的具体行动策略。对于农村教育布局调整政策执行问题，同样涉及相关的制度规则。经过多年的改革与发展，义务教育政策执行形成了系统的运行模式，一系列教育法规的颁布都为布局调整政策执行提供了基本的制度框架。同时，农村教育的发展又与经济、社会密切相连，因而社会、经济方面的政策法规也反映着布局调整政策博弈中的规范性要求。

（三）博弈策略

博弈策略是指博弈参与者根据掌握的信息集合，所采取的一系列行动准则。它规定了博弈参与者在哪一时间节点选择怎样的行动方式。博弈策略是博弈参与者对于其他博弈参与人行动的一种应对性反应，是博弈参与人所呈现的"相机行动"方案。具体到政策执行过程中的博弈活动，意指博弈参与人根据事件状态（博弈规则、成本－收益预期）以及其他利益主体的博弈行动，在策略空间中综合考虑之后所作出的行为选择。在每一个行动主体的策略空间之内，参与人所选择的行动策略与其他参与人的行动策略构成了一个策略组合，这一策略组合即是博弈的最终均衡结果。这里涉及了三个基本概念：①策略空间，主要指行动参与人所能够选择的所有行动集合；②战略组合（策略组合），主要指所有博弈参与人所构成的策略选择配对组合的总和；③博弈结果，主要指不同策略组合所对应的每个参与者的收益结果，即博弈均衡。按照博弈所形成的行动逻辑，政策执行过程中各博弈行动者将通过博弈信息获得、成本－收益（即效用）的权衡、博弈规则的分析三个步骤展开策略选择。在布局调整政策执行过程中，中央政府、地方政府以及农民群体是主要的博弈参与人，布局调整政策执行中的主要目的在于解决问题，实现教育资源与利益的分配与调整，各博弈参与人在当前的制度规范下具有各自的利益诉求，进而引发利益矛盾与冲突。因而，各利益相关方在进行博弈策略的权衡时，会在政策相关信息获得、成本－收益的比较下，再作出自己的行动选择。

（四）博弈支付

博弈支付是指博弈参与者可从博弈活动中得到效用。这是参与博弈的各方主体追求目标，也是博弈参与者采取策略行动的根本指针。博弈支付是客观存在的，是博弈各方共同关注的核心，但并不意味着博弈过程中的各利益主体都能完全了解彼此的支付状况。这种支付既可以是负值，也可以是正值，这是构建和分析博弈模型的基础。如果所有博弈参与人的最终支付总和为正，则称为正和博弈，反之则称零和博弈，不具备这两种特征的博弈则称为"变和博弈"。在零和博弈以及变和博弈中，利益参与人之间的利益常处于不一致和对立的状态。对于布局调整政策而言，其政策执行活动中的博弈活动围绕着义务教育发展的相关利益分配而展开。在布局调整过程中，中央政府希望获得政治、道德以及经济利益，而地方政府则具有效率偏好的倾向，而农民群体则希望在受教育机会与优质资源分配上能够更有利于其子女。但由于各方在利益表达、博弈策略选择以及掌握的博弈信息等方面的差异，各方博弈的最终收益具有明显的差异。

三、农村教育布局调整政策执行博弈的分析思路

根据博弈论的相关理念，在博弈赛局中，理性的博弈参与人根据博弈局势中的预期成本－收益的衡量比较情况，进行策略的选择。这需要博弈参与人在对其他博弈参与者的可能性策略行为进行预测和判断的前提下，对自身的行动策略进行抉择。各方所选择不同的博弈策略行为最终会形成多个博弈策略组合。但是根据博弈均衡的理念，最终的博弈组合并非全部存在于现实之中，而是各

方会根据最佳的支付收益情况来进行决策，最终形成一组最优的纳什均衡解。这个均衡解可能是一个多方共赢的积极结果，也可能是部分主体受益，而其他主体利益受损，或是多方利益共损的消极结果。

具体到农村教育布局调整政策执行的博弈过程，根据前文分析可知，这一博弈赛局中存在着政策制定者、政策执行者、政策目标群体三方最为核心的利益主体。在农村教育布局调整政策框架内，存在纵横两个维度（图3-1）。在纵向维度，首先经由政策制定者发出政策指令，紧接着由政策执行者接收指令，最终落实于政策目标群体。而在横向维度上，政策执行者并非单一的概念，而是包括多个同级的政策执行者以及内部执行主体，他们之间相互影响、相互作用，影响着政策执行者最终的政策方案制定与落实。从图3-1可以看出，政策执行者发挥着至关重要的作用。政策执行博弈的过程，实际上是以政策执行者为轴心，与政策制定者、政策目标群体、其他政策执行者相互影响、相互作用的过程。换言之，地方政府作为政策执行主体，在面对中央政府所发出的政策指令后，基于个体理性，会对政策收益有所预期和判断。按照博弈论理论，在政策执行的博弈过程中，地方政府的具体博弈策略行为要受到其他博弈参与人博弈行动的影响。地方政府落实中央政策的具体行为有很多种类，而其他博弈参与者根据地方政府的具体行动而展开适应的应对策略。为便于分析，本书将地方政府落实中央政策的策略行为划分为两种选择：忠实执行政策，偏差执行政策（即上述政策选择性、机械式、粗暴式、寻租式的行为）。面对地方政府的这两种策略行为，其他博弈参与者也同样作出相应的应对策略。

为便于分析，本书将中央政府的应对策略简化为惩处和默许两种行为，将农民群体的应对策略行为简化为顺从和抵制。其他地方政府间的策略行为分别为忠实执行政策、偏差执行政策。根据各利益主体的博弈策略组合，可构建一个分析政策执行过程中各利益主体博弈互动的总体性分析框架（图3-2）。从这个总体博弈分析图可以看出，无论地方政府采取哪种策略选择，都会受到其他利益主体的影响和制约。在博弈过程中，虽然存在各利益主体根据各自的利益诉求，进行着一对一、一对多和多对多的博弈，但是一对一的博弈是最基本的博弈关系，其他博弈均可通过一对一的博弈扩展而得出。

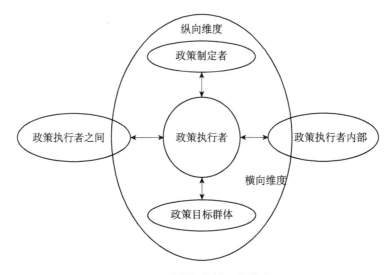

图 3-1　政策的纵横双向维度

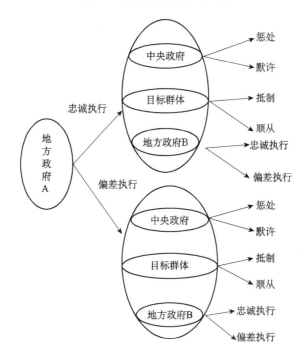

图 3-2　政策执行博弈分析的总体框架图

因此，根据总体博弈研究框架图，本书分别对地方政府与中央政府、地方政府与目标群体及地方政府之间的博弈互动进行逐次分析。根据各方所选择的不同博弈策略行为，在各方进行博弈的过程中，最终会形成多个博弈策略组合。依据各利益主体的博弈行为选择，地方政府与中央政府在政策博弈过程中所可能形成的博弈策略组合如表 3-1 所示。

表 3-1　中央与地方政府的博弈策略组合

中央政府＼地方政府	忠实执行	变通执行
默许	（忠实执行，默许）	（变通执行，默许）
惩处	（忠实执行，惩处）	（变通执行，惩处）

地方政府与目标群体的博弈策略组合如表 3-2 所示。

表 3-2　地方政府与目标群体的博弈策略组合

目的群体＼地方政府	忠实执行	变通执行
顺从	（忠实执行，顺从）	（变通执行，顺从）
抵制	（忠实执行，抵制）	（变通执行，抵制）

地方政府之间的博弈策略组合如表 3-3 所示。

表 3-3　地方政府之间的博弈策略组合

地方政府B＼地方政府A	忠实执行	变通执行
忠实执行	（忠实执行，忠实执行）	（变通执行，忠实执行）
变通执行	（忠实执行，惩处）	（变通执行，惩处）

通过上述各表内容可发现，地方政府与中央政府之间、地方政府与目标群体之间、地方政府之间基于不同的策略选择，形成多个均衡结果。然而，根据博弈论的理论，四组博弈组合并非全部存在于现实之中，而是各方会根据最佳的支付收益情况来进行决策，最终形成一组最优的纳什均衡解。而各种策略行为的选择，需要基于博弈主体所选择的策略行动所需支付的成本、预期的收益、其他博弈主体各种策略行为出现的概率等参数的设置，对各主体博弈互动进行动态分析。根据逆向归纳法，最终得出一组最优博弈均衡解。接下来的第四、五、六章将根据这种博弈分析思路，并结合事实分析和案例分析，对农村教育布局调整政策执行过程中各利益主体的利益博弈表现、过程与结果展开分析。

农村教育布局调整政策执行主体与制定主体之间的利益博弈

　　从结构体系来看，政府从中央至地方设置了一系列职能机构，从上至下形成了一整套公共利益的代表体系。以此为基础，中央一级的机构根据公共利益的需要制定相应的政策，而地方各级政府则负责落实执行相关政策。由于政策主体并非完全的"公共人"，他们同样具有特定的利益追求，对于公共利益、组织利益和个人利益有着不同的判断和追求，因而作为政策执行主体的地方政府及其机构成员同样对自身利益有着成本－收益的衡量。地方政府作为理性经济人的预期通常是政治晋升、财政收入最大化、辖区内社会稳定及区域发展。由于农村教育布局调整政策实质上是对教育利益关系的调整和利益的再分配，当中央政府所制定的政策对地方利益进行再调整与分配，甚至是造成"损害"的时候，地方政府会在地方利益和全局利益、短期利益和长期利益之间面临选择。在这种情况下，让执行者始终保持绝对的"价值中立"在实践中是难以做到的。为维护和发展自身利益，地方政府可能会利用政策的模糊空间，运用自由裁量权，对中央所制定的布局调整政策进行利己性操作和解读，致使政策执行产生问题。因而利益追求作为政策执行者的内在驱动力，推动着他们去遵守或是违背政策。在农村教育布局调整政策落实过程中，政策制定者、中央政府与政策目标群体、地方政府之间所展开的利益博弈是导致政策执行问题产生的重要诱因。

● 政府的利益二重悖论与央地博弈的产生

从理论上看，政府作为最广泛社会利益群体的代表，是具有合法授权、完全代表民意和社会普遍利益的机构，是公共利益的生产者、促进者和维护者。然而，政府部门同样是由一群具有"理性"认识的人所构成，同样具有组织层面及个体层面的利益追求。这些利益并非总与公共利益相吻合。政府利益的成员是政府机构内部成员，而并非社会全部，具备一定的利益排他性。政府的利益有时会异化为政府内部成员个人利益的重叠相加。由于政府内部不同层级、不同部门的利益差异性，政府内部的利益获取有时会损害公共利益。换言之，在促进公共利益增进的同时，政府部门机构及其成员也不可避免地会寻求自身利益的最大化。这种利益二重悖论是分析中央与地方政府之间利益博弈产生及作用过程的立足点所在。

在中央政府与地方政府的多重关系中，利益关系是双方关系中最核心的内容。央地之间的政策博弈即源于双方的利益差异和分化。地方政府对自我利益的考虑和维护，与自身的政治、经济地位变化密不可分。在新中国成立后的较长一段时间内，我国实际上是一个政治、经济、意识形态权力高度重叠的单一化、总体性社会。平均主义的计划分配制度是社会总体利益的根本分配制度。

中央政府在利益分配中占据绝对话语权与支配权。无论是经济发展规划还是干部管理体制，以及在相关立法权上，地方政府都必须严格服从中央的计划与领导。这种依赖性使得地方政府并不具备利益博弈的条件。改革开放后，随着市场经济的逐步确立，我国政治体制也发生了根本性变化，这种变革重构了政府与社会、中央与地方政府之间的权力与基础关系，为地方政府谋求自身权益开辟出了新的渠道。在这一过程中，中央政府通过"政治承包制"和"财政包干制"的形式，将部分事权和财权下放至地方政府，赋予其一定的决策自主权。地方政府通过对本辖区内资源的合理配置而实现管理意图。随着原有的单一化、高度集权性的央地关系格局被打破，双方之间的关系也从原有的"指令－服从"形式转化为"指令－服务"和"指导－自主"相结合的形式。地方政府不再单纯地作为中央政府的"传声筒"和"跟班"，而是从权力层面转化为具有一定独立性的利益主体。地方政府新的利益诉求不断产生，利益意识开始觉醒，并逐渐具备争取和实现利益诉求的能力。在这种制度变迁的环境下，中央与地方政府之间、地方政府之间开始具备利益博弈的条件与环境。对于地方政府而言，随着利益主体地位的明确和博弈环境的产生，地方政府的角色也开始趋于复杂化。它不再完全隶属于整体的公共利益，而是具备"双向代理"的功能与地位：一方面，地方政府作为中央的代理人，要根据中央的政策意图，统筹本区各项经济发展和社会管理事务，促进生产力的发展和人民生活水平的提高，地方利益实际上要以中央利益为根本前提；另一方面，地方政府需要对本区的"选民"负责，不断推动本地区经济发展，努力提供优质的公共产品与服务。为此，地方政府要不断争取上一级政府的支持，同时尽可能充分适应和反映本辖区的利益诉求，争取实现本地区利益最大化。由于各地区政治、经济、社会等因素的差异，中央与地方政府的目标利益函数很难总是保持一致，因此地方政府作为具有一定独立性的利益主体，总是处于整体的公共利益与自身利益的矛盾交互之中。在制度变迁所带来的矛盾冲突之中，地方政府与中央政府之间的博弈时有发生。

○　第二节

● 农村教育布局调整政策执行的主体与结构

对农村教育布局调整政策执行问题的考察，必然离不开对我国教育执行体制的分析，而执行体制又与我国政府部门的教育管理责任厘定和权力归属密切相关。在"单一制"的中央集权型政府职责定位范畴内，我国教育行政管理体制遵循着"党的统一领导、行政管理、民主集中制"的基本原则。"党的统一领导"主要体现在对教育方针、思想路线及重要政策的领导方面，各层级的教育行政机构和组织必须以党中央所确定的指导方针、政策为根本指针，接受各级党委的领导。"行政管理、民主集中制"则体现在统一领导下的分级管理体制，这是反映我国教育管理体制特征的核心所在。从形式上看，"统一领导"是指在中央一级政府设置教育部，负责对教育事业的总体领导与管理，各级地方政府则依次设置教育厅、局、科、室（组）等各级专门负责的教育行政组织，这些组织要接受中央的统一领导。作为国务院的隶属部门，教育部要接受国务院行政首长的领导与监督，对其职权范围内的教育事宜行使行政管理职能，主要职权包括落实国家相关教育法律法规和指示，制定全国性的教育发展规划，发布全国性的教育工作指示与规章制度，组织和指导教学和管理工作，协调和监督省（自治市、直辖市）人民政府、中央国家机关各部门的教育工作。与此相对应，各级人民政府所设立的教育行政部门根据所对应的具体级别，负责相应的管理权限和任务。

从委托－代理的角度来看，作为依附于行政体系的教育政策执行体系，是一个自上而下、严密的政策执行委托代理链（包海芹，2004）。它包括了从中央到省级教育部门、地市级教育政策执行部门、县级教育政策执行部门，以及乡镇一级教育行政主管部门多个层次。如果将中央一级的相关部门视为教育政策的制定者，而将其他各层级的相关部门视作执行者的话，那么这五个层次即构成四级委托－代理关系。在农村教育布局调整政策执行委托代理链中，省、地市以及区县的相关部门扮演着委托人与代理人的"双重"角色，他们既各自作为上一级相关部门政策执行的代理人，同时又作为下一级相关部门落实政策的委托方。在这种执行链条之中，每一层级的教育政策执行机构及人员负责上一层级所分派的任务，并要承担相对应的责任。这种执行结构有利于对教育政策执行的各项任务层层分解，在短时间内动员各层级的人力、财力和物力，形成各级共同承担、分级落实、协调并进的局面。但弊端同样明显存在，总的来看，我国教育行政执行链条过长，执行信息在各层级中不断下传和向上反馈的同时，易出现信息的耗散与失真情况。对于这一难题，无论执行链条顶端的中央政府还是最末梢的基层政府，均难以有效克服，即产生所谓的"信息不对称"的问题。此外，由于执行代理人层层设立，受"经济理性"的影响，不同层级的执行代理人很难总是与政策委托者保持一致。在落实代理任务的同时，各层级代理人亦有着自我谋利的潜在动机，出现所谓的"激励不相容"下的"代理危机"问题。由于执行链条漫长，作为委托方的中央政府难以对数量庞大的代理者逐一核查和奖惩。一旦出现代理方偏离委托方的执行问题，在监督成本的限制和信息不对称的制约下，中央政府很难在短期内彻底纠正地方政府执行政策中的各种偏差行为。

　　就义务教育而言，随着经济的发展和社会环境的变迁，经过数十年的演变，管理体制逐渐由新中国成立后的"人民教育人民办"，转变为"人民教育政府办"，进而演变到新时期的"政府全面负责和保障"的制度变迁过程。在2006年新修订的《中华人民共和国义务教育法》中，明确规定义务教育的投入责任由中央、省级政府与县级政府按地区和比例分担。县级义务教育财政由省政府统筹管理，与地市的交叉大大减少。虽然在新机制下随着中央政府和省级政府的投入责任加大，县级政府在义务教育投入的压力有所减轻，但县级政府财力薄弱的情况仍突出存在于中西部经济欠发达地区。对于这些地区的县级政府而言，收入来源有限，事权却日趋加强。在面对多项公共支出的情况下，这些政府部门采取"拆东墙补西墙"的方式进行投机性支出是无奈的选择。在某一阶段，上级重视哪一方面的工作，就重点保障哪一块投入。历来占据公共开支大项的义务教育支出作为刚性支出，按规定要保障逐年增长。在刚性规定与财力捉襟见肘的矛盾下，教育经费不能及时下放和保持增长的问题，成为制约教育发展中的"老大难"问题。更为雪上加霜的是，当前软约束的预算体制进一步加剧了义务教育投入不足的问题。由于当前预算体制缺乏有效的监控机制，县级预算的开支实际上演化为一种"政治行为"。有学者通过实际调查发现，我国县级政府财政预算异化为保障"圈内人"吃饭的问题。如此一来，确保"强势部门"人员的开支已将有效的财政资源消耗殆尽，而非人员开支实际上并无足够的预算，主要由政府部门根据申请情况进行相应的支出（王蓉，2004）。在这一过程中，作为弱势部门的教育行政机构及学校的经费问题被边缘化，教育投入不足的问题久拖而难以解决。由于财权作为政府部门的基础性权力，对其执行政策的力度与方式有着重要影响。在农村教育布局调整政策执行进程中，作为末端政策执行链条的基层政府在统筹解决农村学校布局调整与基础教育投入方面，自有一套行为逻辑。中央政府作为农村教育布局调整政策的制定者，明确了该政策所力图实现的"促进教育资源优化配置，实现教育均衡发展"的目标定位，但由于政策执行要历经多个层次，在逐级落实农村教育布局调整政过程中，需要依靠各级地方政府结合辖区具体情况加以调整、重组，进而创造性地落实。正如美国学者阿尔蒙德等（2007）所说："一项政策得以贯彻到什么程度，通常取决于官僚对它的解释，以及取决于他们实施该项政策的兴致和效率。"在执行信息不对称条件下，地方政府可根据自身利益的诉求，利用政策内容"不确定性"和具体指示"模糊性"的漏洞，对政策内涵进行增减或是曲解，致使政策执行偏离预先设计的轨道。这表现在实际政策运行过程中，则是地方政府断章取义地执行布局调整政策，为谋求经费的节约和管理的便利，通过大规模撤并学校来降低教育财政支出，而对中央政策中其他条文拖延执行，甚至是置若罔闻。为应对这种情况，作为委托方的中央政府强化了对各级政策执行方的管理力度。例如，在 2011 年《国务院办公厅关于规范农村义务教育学校布局调整的意见》（国办发〔2012〕48 号）规定中，明确规定："县级人民政府要制定农村义务教育学校布局专项规划，合理确定县域内教学点、村小学、中心小学、初中学校布局，以及寄宿制学校和非寄宿制学校的比例，保障学校布局与村镇建设和学龄人口居住分布相适应，明确学校布局调整的保障措施。专项规划经上一级人民政府审核后报省级人民政府批准，并由省级人民政府汇总后报国家教育体制改革领导小组备案。"

○　第三节
●　自由裁量权与地方政府的利益扩张

由于我国是单一制的国家结构形式，地方政府必须服从中央的统一管理，按照中央所规定的权限实施管理。双方是明确的隶属关系，中央政府可以随时收回授予地方政府的职权。从利益表现方式来看，地方政府既要代表本区的利益，同时又与中央政府的利益具有根本一致性。但正如前文所述，随着中央职权下放和市场经济体制的确立，地方政府具备了相对独立性，利益诉求趋于多元化和复杂化。在落实中央所部署的政策过程中，地方政府利益的多重性会明显地体现出来。由于地方政府处于政策执行一线，所需处理的事务具有广泛性、多变性和突发性，因而中央政府往往会授予地方政府一定的灵活处理行政事务的权力，即所谓的行政裁量权。当中央与地方政府在政策执行中的利益发生不一致时，地方政府能够借助自由裁量权的弹性使用，谋求自身利益的最大化。

　　就农村教育布局调整政策而言，为保障这一政策有序进行，中央政府陆续出台了多项针对性的政策规定。在一些重要的中央政策文件和教育会议上也专门提及学校布局调整的问题。这些政策文件出台充分反映了中央政府对于农村地区义务教育发展的关切，以及为确保农村地区适龄儿童受教育权，享受高质量教育所作出的种种努力。但是，对于学校布局调整的标准、方法及效果评估、资源支持及损益补偿机制等仍处在摸索和研究状态，中央出台的政策更多为应对性和措施性政策，后续所跟进的一系列政策多是针对政策执行过程中的问题出台的应急性策略，对布局调整缺乏总体、长远性的战略规划，政策之间的协调和责任划分不够清晰。在这种情况下，中央政府的相关政策实际上为地方政府预留了较多的裁量空间。裁量权是行政活动的一个核心内容，有行政活动的地方，必然有行政裁量权的存在。对裁量权最有影响力的一个解释，即戴维斯的定义："一个公共官员拥有自由裁量权，意味着无论对他的权力如何进有效的限制，他依然可以在作为和不作为的可能系列中做出自由的选择"（黑尧，2004）。自由裁量权实际上被视作政策执行者所拥有的决定策略空间。规则越明确，自由裁量的伸展余地就相对缩小。但裁量权所存在的问题在于，由于上级部门的远离及政策执者所面临环境的复杂性，对于政策所允许的适度调整和故意扭曲理解上级意图，操作化处理上级政策之间的界限，越来越难以区别清楚。因此，在具体的政策操作中，如何把握授权内容与执行者裁量行为的动态关系，明晰影响执行者裁量取舍的主客观因素，是作为政策制定者的中央政府必须加以考虑与解决的问题。借助若干案例来分析学校布局调整的过程中，中央与地方政府就政策实施展开了自由裁量和博弈互动。

　　国务院颁布的《关于基础教育改革与发展的决定》明确规定，要依据本地实际情况进行农村中小学布局调整。各地要遵循"确保小学就近入学，初中相对集中"的原则规划农村学校布局。农村教学点的撤并要充分考虑到学生是否能够就近入学这一问题。同时，学校撤并过程应与规范学制、危房改造以及其他相关事宜统筹结合。

　　根据中央文件精神，西部某省出台《关于进一步调整农村中小学布局的意见》，提出"要用3年时间，将现有的中小学再调减15%左右，使小学调减到19 000所左右，每年调减1300所左右；使初中调减到2700所左右，每年调减160所左右"①。

① 中共安徽省委办公厅、安徽省人民政府办公厅关于进一步调整农村中小学布局的意见．皖办发〔2000〕22号．http://www.flssw.com/fagui/info/3072611.

　　以上的案例典型地体现了中央政策原则、标准、规则与地方自量权之间的博弈与平衡问题，这也是了解中央与地方政府博弈互动的一条主线。正如《关于基础教育改革与发展的决定》中所示，中央政府试图通过对学校布局调整的目标、原则、责任分工、注意事项等方面的规定，为地方政府落实政策确定价值和事实前提。然而，由于我国地域广袤，各地区的社会与经济发展、区域地理环境、人口分布等情况迥异，中央不可能用单一的强制标准对各地区进行整齐划一的政策执行管理。中央政府实际上是运用诸如"因地制宜"、"就近"、"相对集中"这种概括性、全局性的语言表达政策精神内涵，有利于各地区的政府部门根据实际情况，妥善灵活地执行布局调整政策。但这带来的弊端即是政策过于模糊不清，为地方政府留下了过于宽泛的操作空间。政策规定中要求因地制宜进行学校布局，那么究竟如何才是"因地制宜"？在人口密度不同的地区究竟该如何区分，在平原、山地、丘陵或是草原，又该如何区别对待？"小学就近入学，初中相对集中"，那小学到底多远才算作"就近"？对于偏远的山区和交通便利的平原地区，"就近"又有怎样的区别？"在需要且有条件的地方办理寄宿学校"，那么在那些有需要但并无财力保障的地区，寄宿学校的问题又该如何解决？

　　实际上，从政策文件的意图来看，中央试图通过教育资源的优化配置实现教育资源的高效利用，同时又强调布局调整要保障教育公平，实际上是希冀地方政府能够在公平与效率之间找到合适的定位。然而这种表述掩盖了政策执行中可能遭遇到的公平问题，变相地将政策执行中的效率与公平的冲突与矛盾转移至地方政府。由于地方政府在布局调整的具体操作上拥有较为宽泛的自由裁量权，这便为其谋求自身利益提供了必要的策略空间与可能性。正如管理学家西蒙所指出的那样，在组织系统之中存在一系列自由裁量空间，任一个组织内部的成员在由自己上级所给予的框架之内，均享有解释自己任务的自由。当理性的地方政府发现相关政策文件语义上的"不确定性"和具体指示上的"模糊性"时，可以根据自由裁量权的使用，"方便"地对中央文件进行有利于自身利益获取的"本土化解释"。

　　对于理性的地方政府而言，在农村教育布局调整政策的理解、解释与裁量方面，有着自己的理解与操作。义务教育作为公共性产品，不仅需要地方政府的持续投入，更需要中央政府的资金保障。然而，受限于国家财力、观念意识及历史原因，中西部诸多省份地区的教育投入总量有限，义务教育特别是农村义务教育处于勉力维持的状态。因而，对于财力有限的地方政府而言，义务教育实际上并非是"有利可图"的事业。正如前文所分析的那样,地方政府更为关注与其政绩相挂钩的任务,而对于诸如学校布局调整问题实际上是处于地方政府有意无意后置的"软目标"之中。对于地方政府而言,农村地区学校的撤并给予其"解套"的"机遇"。通过运用自由裁量权,地方政府可以借"促进资源合理配置,提高教育质量"之名,进行大规模的撤并校,既落实了中央的政策要求,又能够减少对偏远地区的教育投入,还方便了地方政府对学校及师资的管理。再者,这种学校数量的增减、经费节约总量、政策落实进度等都是便于上级观测和考核地方政绩的依据,正所谓一举多得,何乐而不为?因此,中央政府所出台的一系相关政策所标示的"效率与公平"的有效结合,在经过地方政府运用自由裁量权的置换,转而变为"效率优先"甚至是"效率至上"的执行导向。正是在这种导向下,一些地区的行政部门盲目撤并农村教学点或学校,甚至强制性限期定额地撤并农村学校,导致一些偏远地区的适龄儿童陷入求学困境,农村教育的良性发展受到了严重影响。

农村教育布局调整政策涉及的范围广,目标群体众多,政策调适量浩大,因此,这一政策并非一蹴而就,而是持续反复在"中央出台政策,地方出台对策","中央校正地方偏离政策,地方出台新的应对方案"之间拉锯。由于地方政府的自由裁量受限于上级政府所确定的政策规则,政策规则与自由裁量权之间常出现此消彼长的关系。对于中央政府而言,当察觉到地方政府运用自由裁量权操作化解决和落实布局调整政策时,为防止政策执行"走偏",必然要出台针对性的政策规则对地方政府行为进行规制。因此,在农村教育布局调整政策执行过程中,一部分地区出现"一哄而上"、"一刀切"的现象,引发偏远地区学生上学难、辍学率上升,安全隐患增多、干群矛盾紧张等突出问题时,中央政府在 2006 年连续出台了针对性的《关于切实解决农村边远山区交通不便地区中小学生上学远问题有关事项的通知》、《关于实事求是地做好农村中小学布局调整工作的通知》,明确要求:"农村小学和教学点的调整要在保证学生就近入学的前提下进行,在交通不便的地区仍须保留必要的小学和教学点,防止因过度调整造成学生失学、辍学和上学难问题……对确因布局调整造成学生入学难、群众反映强烈,而寄宿制学校建设不能满足需求的,要采取切实措施予以解决……条件不具备的地方可暂不调整。要严格防止以布局调整为名减少教育投入。"这实际上表明,中央对于地方政府选择性落实布局调整政策的裁量行为加以否定和纠正。中央政府借助高位的权威优势,希冀通过措词严厉的政策条文,构成对地方政府的"程序制约",压缩地方政府自由裁量的空间,确保布局调整政策正确执行。但是，这一政策文本本身并不具备实质性约束力。政策的本质在于，其是对政策资源分配的一种表征，政策的价值在于蕴藏于政策文本背后所代表的政策资源。政策资源对于地方政府的制约，才是真正具有强性约束力的实质制约。在农村教育布局调整政策过程中，对于寄宿制建设、校车配置、新建学校运营投入、师资配备以及偏远地区学生补助、教学点维持等，都需要大量的资金投入。虽然中央政府对寄宿制学校的建设、中西部地区困难学生的补助、农村校舍的改造等方面安排了专项资金，但这些专项资金往往要求地方政府给予相应比例的配套投入。对于中西部地区财力薄弱的地方政府而言，追加更多的资金投入至学校布局调整之中困难重重，只能将有限的资金保障在重点建设项目之中。在这种投入资源配置与政策实际需要矛盾突出的情况下，单纯依靠"止令性"的政策条文对地方政府的行为加以制约，无疑效果甚微。在撤并校的"效益"刺激和推动"学校进城"所带来经济效益的多重激励下，在2006年以后，农村撤并校的短暂降热后，又不可遏制地以更为迅猛的速度在全国范围内展开，2011年全国农村中小学撤并校的速度更是达到了最高峰。

在农村教育布局调整政策落实过程中，中央政府实际上是根据不同阶段的政策环境、教育发展的定位与需求，以及在与地方政府博弈互动的过程中，在多个可行性方案中确立各阶段应落实的行动准则。一旦方案确定，地方政府作为政策执行者，就必须要根据本辖区情况落实这一政策方案。然而，地方政府及其工作人员的角色并非是被动和消极的，而恰恰相反，通过借助自由裁量权，他们可以根据当时具体的政策环境及自身利益的诉求，对具体方案加以选择。因此，中央政府在布局调整政策上所确定的目标意图能不能达成，与地方政府及其工作人员的权力、利益、意愿及能力密切相关。由于地方利益的相对独立性，在落实农村教育布局调整政策过程中，地方政府将节省教育成本，便于学校管理，推动城镇化发展，拉动农村居民的内需，彰显政绩以利于晋升等多重利益诉求内嵌于"促进教育资源合理配置，提高农村教育质量"这一总体利益诉求之中。这使得地方政府落实布局调整政策执行方案，并不完全落于中央政策所规限的意图范围之内。在政策执行过程中，由于地方利益的存在和不断扩张，致使地方政府谋求更多的执行裁量权。借助中央政策的模糊性、上下级信息不对称及监管乏力等策略空间，地方政府通过充分利用自由裁量权的过程，进一步推动地方政府利益在执行过程中的不断扩张。部分地区政府通过借助钻政策的空子或打擦边球，过度撤并学校，私自变卖闲置校产及挪用专项资金等，致使政策无法完整落实。面对这种情况，中央从全局和整体利益出发，为确保政策执行效果，又不得不继续"升级"条文规则，针对地方政府出于利益扩张而造成的自由裁量权滥用加以约束，而地方政府则"见招拆招"，继续寻觅新的政策规则中存在的漏洞。双方在"魔高一尺，道高一丈"的反复拉锯与博弈中，推动着政策利益的博弈达至双方均能接受的平衡状态。

○ **第四节**
● **地方政府与中央政府在教育布局调整政策执行中的博弈表现**

相对于政府外部的成员来讲，政府往往被视为利益统一的共同体。但当把视角推移到政府集团内部加以分析时，政府内部又可分为多个不同利益诉求的次级共同体。不同层级之间，同一层级的不同成员之间，出于不同利益的追求，围绕着特定利益展开争夺与博弈。在农村教育布局调整政策执行过程中，宏观上来看，实际上面临着中央与地方政府的博弈互动。正如前文所述，由于利益需求的差异，双方在同一政策目标上往往难以保持绝对的一致。就义务教育发展而言，中央政府立足于整体和长远的发展需要，更倾向于促进义务教育公平和均衡化发展。但是，如何落实这一发展战略，地方政府与中央政府存在分歧。就农村教育布局调整政策而言，中央与地方政府对教育效率虽然都有不同程度的追求，但出于不同的动机考虑和利益需要，双方又存在利益的差异与博弈，具体体现在以下几方面。

一、"适当合并"与"大规模撤校"之间的博弈

对于中央政府而言，它所要解决的一个难题，即是如何在促进教育效率提高与保障社会效益，增加教育机会与提升教育质量之间，保持最有利的平衡。这是连经济学者都要为之困扰的问题。公共选择理论所给出的回答是取决于制度安排。这实际上是要求政府自己来解决这一难题。由于中央政府代表全体国民的利益，因此其对公平的需求显然比地方政府更为迫切。特别是在当前我国农村受教育人口仍占总人口大多数的情况下，农村教育公平不仅是教育公平问题，更是中央政府需要认真对待和解决的一个重大政治问题。在农村教育布局

调整政策之中，即蕴含着中央政府通过提升教育效率来促进教育公平的"良苦用心"。其遵循这样的政策逻辑：通过对大量的小、弱、贫学校的撤销，合并成规模较大的学校，为农村学生提供更加舒适的教学条件、更为安全的生活环境、更高水平的设备条件及师资的配置，从而促进农村教育质量的提高；同时，在农村地区建设寄宿制学校及对经济困难的学生补贴，使因撤并校而受到影响的偏远地区学生也有机会接受更高质量的教育。通过扩大农村学校规模，聚拢农村地区分散的公共教育资源，使有限的资源惠及更多农村学生，弥补农村教育资源短缺的不足，是中央政府对农村教育布局调整政策所寄予的厚望所在。这一利益诉求在中央多个文件中反映出来。《关于基础教育改革与发展的决定》（2001）所要求的"全面推进素质教育"，《关于进一步加强农村教育工作的决定》（2003）进一步提出的"巩固成果，提高质量"，《2004～2010年西部地区教育事业发展规划》（2004）、《关于进一步推进义务教育均衡发展的若干意见（2005）所要求的"办学条件标准化和办学规范化建设，均衡配置教育资源"等，明确表达出了中央政府对布局调整政策的利益诉求，即在保障农村地区学生入学公平的前提下，提高农村地区的教育水平，确保农村学生可以与城镇学生享有同等的受教育条件。这反映在效率与公平的权衡上，就是中央政府虽对效率有一定诉求，但更着眼于促进教育公平，适当合并学校的终极目的在于，保障教育公平，而非仅仅是提高教育效率。

而对于地方政府而言，农村中小学布局调整同样符合其利益。税费改革后，对义务教育管理的责任由原来的乡镇上移至县一级政府。有研究显示，在我国，县级政府直接要向70%的人口提供约70%的公共服务，但从全国平均水平来看，县级政府的财政自给能力却仅仅为50%，是各级政府中最低的（王雍群等，2002）。特别是相对于中西部诸多基本上是"吃饭财政"的地方政府而言，财政压力更为沉重。在原有"普九"所积累的欠债、税费改后收入减少，以及农村地区学校学杂费减免等多重因素的影响下，地方政府在承担义务教育支出上实在"捉襟见肘"，迫切需要采取有效的措施缓解财政压力。撤并校究竟能在多大程度上缓解基层政府的财政压力，2009年一项关于对陕西汉中市西乡县政府所做的调研有所佐证（孙强等，2009）。

"以30年投入资金为单位进行比较，调整后教育经费投入随之降低，总计投入213 744万元。也就是说，今后30年平均每年节约1670万元。这其中还尚未包括国家的专项补贴。这一数字显然对大多数吃财政饭的基础政府而言，具有强烈的吸引力。"西乡县对农村教育布局调整政策的评估思路，实际上是我国地方政府特别是基层政府衡量布局调整政策收益的一个缩影。诚然，地方政府也希望通过布局调整缩小教育差距，促进社会公平，提高教育质量等，但这种收益见效慢，又难以衡量，而通过布局调整节约教育投入，减轻财政负担是实实在在的看得见、易被衡量的"硬指标"。同样，布局调整作为地方政府所承担的重要政治任务，学校撤并的数量和速度、教育经费节约量等也是彰显其政绩的重要依据。公共选择理论用"怪兽模型"来描述地方政府在竞争中不受约束的自利行为：在缺乏制度约束或是受利益诱惑的情况下，地方政府往往倾向于扩张自由裁量权，对上级政策进行"逆向选择"，曲解政策以利于自身利益的扩张，故意在制度创新行为上偏离既定轨道，以促进地方利益的不断膨胀与扩张。在农村教育布局调整政策执行过程中，一些地方政府及教育主管部门将布局调整视为"甩包袱"的"救命稻草"，借助中央政策所要求的"适当撤并以提高教育资源利用效率"的名义，在短期内将一大批农村学校裁撤掉。实际上是将布局调整具体工作简化为"减学校、减教师、减投入"的"三减"行动，简单化、形式化、一刀切的问题突出。更有甚者，一些地方政府将布局调整工作视为"政绩作程"，一味强调撤并的速度与数量，过度追求彰显政绩的"速度"、"数量"和"效率"。

某中部地区省份自2002年起，开始布局和筹划本省的农村中小学布局调整工作。5年内全省农村小学由2000年的33 336所调整到26 336所，减少7000所，校均规模由144人增加到180人以上；初中由2000年的2020所调整到1844所，减少176所，校均规模由930人增加到1000人以上。[1]

某西部地中小学总数由2007年的3222所调整为2009年的2496所。省政府还明确规定：全省9个未'普九'县到2010年小学调整到100所以内，初中调整为10所。（陈俊，2010）

从上述地方政府所推动的布局调整政策实施策略可以看出，布局调整中对规模及速度的"偏爱"成为地方政府之间彼此心照不宣的"公共选择"。学校规模、服务半径、人口总量等可操作化的因素多被视为布局调整的重要依据，而对目标群体的承受能力、学生的身心健康、学校与农村社区的互动、文化传承等方面的考虑却有所欠缺。在这种背景下，农村学校的大规模缩减成为布局调整过程中的主要"特色"。2001～2009年，农村小学数量由原来的416 198所

[1]　陕西省人民政府关于加快中小学布局调整和优化教职工队伍确保农村义务教育投入的意见.陕政发〔2002〕45号.http://www.shaanxi.gov.cn/0/103/1369.htm.

下降至 234 157 所，减少比例为 43.7%，农村中学数量由原来的 41 038 所下降到 31 484 所，减少比例为 23.3%。而据 21 世纪教育研究院于 2012 年发布的《农村农村教育布局调整政策的评价与反思》报告显示，2001 ～ 2011 年全国小学"撤并系数"（指同时期小学数量减幅超过在校生数减幅的倍数）平均值为 5.63，即小学数量的平均减幅超过同期小学在校生平均减幅的 3 倍以上。而小学撤并系数在 2011 年达到 41.57 的最高点。教学点的减幅也是惊人的，十年间，全国 21 个省份教学点减幅达到 50% 以上（21 世纪教育研究院，2012）。由此可见，在农村地区学校布局调整实际工作中，学校数量的缩减数量和速度都是极为惊人的，与中央所要求的"适当撤并"早已渐行渐远。在地方政府所给出的工作总结与汇报中，充斥于其间的是学校数量减少的数字。

中部某省这样总结布局调整工作："在税费配套改革中，本省各地加快了农村教育网点的布局调整，农村中小学校减少了近 5000 所，调减率为 19%，农村教师精简 32 199 人，精简率为 10.3%。仅乡镇机构改革、撤乡并村、教育布局调整和精简优化教师队伍这几项，就节约经费近 5.44 亿元，实现了'三年任务，一年完成'的目标。"（光明，2004）

这种文字背后所隐藏的衡量标准即是学校撤并的数量越多，表明政策落实的程度越大，所完成的撤并任务绩效就越好。这也反映出在政策实际操作过程中，地方政府将关注的重心偏向学校规模与数量的变化，将学校布局调整工作简化为教育支出变化或是学校数量变化的数学游戏。在布局调整政策实际中，地方政府所制订的方案，重点考虑的是学校的规模、服务范围、服务人口等客观可量化操作的因素。中央政府所期望的通过学校布局调整保障农村教育公平，促进城乡教育均衡化发展，提高农村学校教育质量的目标，经过地方政府在执行过程有意无意地"忽视"和"选择性操作"，最终趋于偏离。

二、"就近入学"与"集中办学"之间的博弈

"就近入学"作为义务教育办学的基本准则，是确保适龄儿童平等、便利接受教育的重要途径。早期国务院《关于基础教育改革与发展的决定》，近年的《国家中长期教育发展与改革纲要》，以及最新所出台的《国务院办公厅关于规范农村义务教育学校布局调整的意见》等一系列文件，始终明确强调的一点是：小学的学生，特别是低年龄段的学生要能够就近入学。学校布局调整的前提是确保农村适龄学生"就近入学"。然而，地方政府的实际做法却与中央意图相去

甚远。以笔者所调查的内蒙古自治区准格尔旗为例，该旗的教育局主要负责人这样介绍该旗学校布局调整的思路①：

访谈者：咱们旗学校布局调整的主要思路是什么？

受访者：我们旗出台的方案是这样规定的（取出一份文件念道）：坚持小学向乡镇集中，中学向旗政府所在地区集中的思路，在有效统筹旗内教育资源的基础上，推进规模化办学。根据国家标准建设6～10所寄宿制学校，力争将本旗偏远地区学生全部集中到旗政府所规划的发展新区之中，实现集中办学规模效益。

访谈者：那这个意思是偏远地区的学生都要往新区里搬吗？

受访者：是的，在一些农牧区，学校实际上没多少学生，旗的主导思路就是把分散的学校合在一块，拢成拳头，这样才能更好地发挥效益。

　　这位教育局领导所描述的布局调整思路微缩了当前地方政府进行学校撤并的主导思维，即将偏远地区的学校并入到城镇学校之中，将这些学校的学生聚拢到城区之中。由于中央所出台的政策文件并未对就近入学作出明确规定，基于各地区环境的复杂性，如何明确一个可操作性的标准是地方政府面临的一个棘手问题。而"集中"则相对明确，操作性强，往往以本区乡镇中心、市县政府所在地为中心，按照周边人口规模进行划片以确定合并校标准。因此，在具体的实践中，"就近"往往被地方政府置换为"集中"。实际上，这种片面强调"相对集中"的思路明显与中央政策意图不完全相符。这种集中化的直接结果是大量低龄学生在学校寄宿，这与中央政策所规定的小学低年级学生不寄宿的要求相背离。对于这种机械、一刀切的做法，中央亦有所觉察，并出台多个针对性的政策条文，试图对这一问题加以改变。教育部在2006年曾多次发文，明确要求学校在调整过程中，要确保学生就近入学。对于交通不便的地区，需要改、扩建一批条件较好的教学点或学校，为低年级的学生就近入学创造良好的保障条件。然而，正如前文所提到的，由于中央与地方利益的差异性，"经济理性"的地方政府通过自由裁量权的扩张，借助"上有政策，下有对策"的多种策略，消解中央的政策意图与要求。由于地方政府对"集中"的过度追求，引发了一系列不良效应。据教育部相关统计数据显示，农村学校撤并后，农村学生上学路程总体上有所增加，难以就近入学。有数据显示，学校布局调整后，"全国农

①　2011年9月24日准格尔旗教育行政部门领导访谈整理稿内容。

村小学和初中的平均服务半径分别为 7.2 里和 15.9 里。家校平均距离由布局调整前的 1.6 里变为布局调整后的 4.6 里，增幅为 187%"（国家审计署，2013）。另据 2013 年国家审计署发布的审计结果显示，我国部分地区学校撤并后，多数中小学服务半径大幅增加，学生上学困难程度大幅增加（王定华，2012）。为解决因为集中办学所带来的上学路途遥远、学生安全问题增多的问题，建设寄宿制学校成为布局调整过程中采用的普遍做法。但限于人力、财力、物力资源的不足，中西部经济欠发达地区的寄宿制学校离标准化、规范化水平仍有较大距离，在保障寄宿学生基本需求上甚为吃力，引发了一系列令人担忧的问题。袁桂林（2012）在广西某地寄宿制学校的调查，反映出了寄宿制学校一些普遍存在的问题："全校 166 名学生，110 人住校。每个床铺至少睡 2 人，有的甚至是 4 人一张床。厕所离宿舍大约 80 米远……。"这一个案代表和微缩了布局调整过程中，我国中西部地区所兴建的寄宿制学校所面临的窘境和困难。由于资金投入的匮乏，诸多地区的寄宿制学校面临着生活教师不足、床铺紧张、食堂简陋、取暖及防暑条件无法跟进等一些共性问题。教育部的相关数据显示，"2010 年全国有 302 个县生均学生宿舍面积小于 1 平方米，741 个县小于两平方米"（王定华，2012）。通过兴建寄宿制学校，从形式上来看，能够缓解农村学生入学偏远的问题。这一举措也多被地方政府视为扩大学校规模、集中师资与生源、提高规模效益的有效手段，但实际上如此所谓的"集中力量办大事"，过快过大地兴建一大批条件难以达标、后续保障乏力的寄宿制学校，寄宿学生的生活质量和受教育水平提高又从何谈起呢？在对赤峰市喀喇沁旗某中学副校长进行访谈时，关于寄宿问题，这位副校长这样说：

　　对于撤点并校中推行的寄宿制学校，我个人是有些看法的。因为我个人有这样一个经历：我孩子还小的时候，因为我当时工作特别忙，所以就在小学的时候就让她住宿。平常也很少见得了面，也就是到了周末的时候能见会……等到初中时，我突然发现孩子根本不听我的话，说什么都要和你顶嘴。有一次，我们吵架吵急了，她上来就说，我小的时候一个人住校，你都没有关心过我，现在我凭什么听你的？这句话让我难过了很久。你说这么小的孩子刚进小学就开始寄宿，没有家里人关心，有时候可能还会受其他同学欺负。心里不高兴的时候也没有办法找父母或是老师说，总是憋在心里，能不出问题吗？所以撤点并校建了这么多寄宿学校，看起来是方便了学校，方便了孩子，实际上这种环

境造成的亲情缺失是用什么都弥补不回来的……①

　　这位校长对于自身及寄宿学校的反思，实际上折射出了大规模并校对学生身心发展及亲子关系带来的消极影响。事实上，一些调查已揭示了寄宿制学校学生在生活、情感、身心健康等方面存在的严峻问题。2008年，由中国科学院农村政策研究中心、西北大学及斯坦福大学国际问题研究中心联合组成的农村教育行动计划（Rural Education Action Project）项目组对陕西4157名农村寄宿校的学生进行检测后发现："贫血的有938名，贫血率达22.56%，并且寄宿生的贫血率高于非寄宿生4个百分点。在心理健康方面，项目组对2000多名1至5年级学生心理测试结果显示，9.3%的学生存在不同程度的心理问题，2.7%的学生较为严重。与走读生相比，寄宿生心理健康问题更加突出。"（陈薇，2012）实际上，中央政府一再强调要根据适龄儿童总量与分布情况、身心发展需要为前提进行布局调整。而上述案例和一些调查结果却表明，政策实践的结果与中央的政策意图并不相吻合。义务教育作为面向全体公民的基础性教育，不仅要求所有适龄儿童必须接受教育，同时也要确保其能够真正地接受到优质教育。其最大程度、最广范围的公共性要求相关教育政策应慎之又慎。从这个意义上讲，农村教育布局调整政策必须最大程度地兼顾到最大多数适龄儿童的入学需求，同时对利益受损的弱势群体及其子女提供必要的支持与补偿。而上述案例所提到的农村寄宿生生活及受教育的不利地位，实际上表明了片面追求集中入学的行为，是以损伤农村学生入学权、生命安全与健康权利这些最底线和基础性权利为代价的。在落实学校布局调整过程中，如果一些农村学生因布局调整而辍学或学习成绩下降，甚至是生命安全和身心健康受到影响，将明显违背义务教育的公益性特征，事实上也违背和偏离了中央政府的政策意图。

　　需要进一步反思与分析的是，在"就近"与"集中"之间的博弈过程中，即使中央三令五申，为何地方政府仍热衷于推动农村学校集中上移至县镇中心？其出发点是否真正地落脚于其所宣称的"通过集中以提高教育规模效益"这样的目标之中呢？学者周飞舟关于"土地财政与地方政府施政行为"两者关系的研究或许能给予一定的启发。由于分税制的推动，使得地方政府早期大力鼓励乡镇企业建设，推进工业建设所获得的收益日益降低，土地的征用与转让开始成为地方政府生财的新门路。周飞舟（2010）将这一现象称为"从经营企业到经营城市"。1990年末兴起的"城镇化"热潮以及"圈地"所带来的可观

①　2013年12月16日赤峰市喀喇沁旗某中学副校长访谈整理稿内容。

效益，逐渐成为地方政府财政收入增长和 GDP 增长新的引擎。事实上，学校布局调整同样能给地方政府带来可观的土地收益（包括直接收益与间接收益）。教育资源的集中往往打包于城市土地开发的总体规划之中，成为活跃土地市场的重要引子。这种教育资源集中过程中所包括的土地征用与转让、建设行业、房地产业甚至金融业的介入，蕴含着较为可观的利益诱惑。在这种思路下，撤点并校作为新的政绩运动纳入地方政府"城市化率"竞争与攀比，教育园区争先恐后设立的运动之中。中央对于布局调整所规划的"集中"要求，在地方政府这里转化为拉动县镇地区土地升值、推进房地产业发展、聚拢人口以"撤县建市"、刺激农民消费等一系列教育之外需求的有力工具。基于这样的思考路径，我们就不难理解为什么无论是经济发达的东部地区，抑或是经济欠发达的中西部地区，都不约而同地将推动学校进城作为主导选择。在这种复杂化的动机下，过度追求学校集中化发展，甚至片面地试图以城市教育取代农村教育成为一种新的潮流。例如，2010 年，某地区提出建设 100 个教育新园区，教育新园区建设要与新型城镇化建设目标同步推进。正是在诸如上述此类地方利益的诉求中，地方政府在落实农村教育布局调整政策过程中，忽略或无视中央政策对于就近入学的细节关照，未能充分考虑到受教育者的实际需求与能力，适龄人口分布情况等多种因素，基于自身利益的指针盲目地扩并校，以"方便学生入学"之名行"方便政府办学及获得实利"之实，直接或间接地损害了部分地区农村适龄儿童和少年的受教育权。

三、"优化资源配置"与"资源低利用率"之间的博弈

中央政府在学校布局调整上的直接目标在于，通过集中和重组分散化的资源，提高教育资源的利用效率，促进农村教育资源的优化配置。经过多年的政策实践，农村地区教育资源配置条件得到明显改善。据教育部的相关数据显示，"与 2001 年相比，2010 年全国农村小学生均教学及辅助用房面积从 2.8 平方米提高到 3.5 平方米，体育器械、器材、美术器材达标率分别从原有的 41.4%、35.2%、46.3% 分别提高到 50.4%、46.6%、58.9%"（王定华，2012）。总体成就固然令人鼓舞，但也证明了布局调整工作的必要性和有效性。但对地方政府在促进教育资源配置的具体执行行为进行分析时，会发现受不同利益诉求的影响，中央与地方政府在教育资源配置优化的着眼点及策略选择上存在明显的差异和博弈。

陕西某市近年通过优化学校布局，集中资源建设了一所由政府直接投资，教育局直属管辖的高级中学。学校建有行政办公楼 1 栋、教学楼 3 栋、实验大楼 1 栋、学生公寓 4 栋、图文信息中心大楼 1 栋，规划建设体育馆、游泳池、标准体育场等服务设施，总建筑面积约 77 000 平方米，总投资超过了 1.5 亿元。最重要的是，学校汇集了当地所有的优质师资。校长自豪地介绍："学校招收的硕士研究生必须要来自名牌院校，本科毕业生基本上不予考虑。"（范铭等，2011）

这个案例集中反映了地方政府在布局调整政策落实"集中资源，提高规模效益"目标上的惯性选择。中央政策的意图在于，通过资源的适当集中，使农村学生可以在方便入学的前提下，更好地享受本应平等获得的优质教育资源。而在地方政府的具体行为策略中，更习惯于通过集中资源建设若干重点"样板学校"来凸显政策执行效果。这使得本应通过布局调整实现义务教育校际、区域、城乡间的均衡化发展，又踏入既往的少数示范性学校（重点学校）、普通学校、薄弱学校依次梯度的"雁阵"型发展的"路径依赖"之中。同一区域内重点校或示范校，与普通校或薄弱校之间在经费保障、教学条件、师资力量、生源质量等方面仍然存在明显差距。这种构建教育"托拉斯"的行为虽然有利于地方政府集中管理学校和学生，以及便于上级观测到地方政府的"政绩"，但是对那些本就薄弱的农村学校而言，在这种巨大的教育垄断面前，根本无力参与竞争，进而丧失持续发展的可能性，最终由于教育水平的低下和生源的流失，无可奈何地走向衰败或是撤并。这种周而复始的恶性循环迫使更多的农村学生卷入择校的竞争之中，城乡教育的两极分化仍然难以得到有效化解。同时，由于资源的过度向若干重点地区、重点学校集中，造成布局调整中"巨型"学校和巨型班级不断出现。例如，甘肃某县经过 5 年的布局调整，城区中的小学总人数占全县小学生总数的 58%，初中总人数占全县初中生总数的 64%。该县第一小学本限定是每班最多不超过 50 人，而实际上已突破了 80 余人（孙强等，2009）。如此规模庞大的班级，无论是学生管理、文化构建、校风营造，还是课程教学、资源合理分配方面都面临着突出问题。如此这般的教育资源优化配置又如何提升教育质量和实现教育的均衡发展？

此外，由于学校布局调整过程缺乏科学规划，部分地方政府投以巨资建设的学校由于生源不足或是保障不力，存在教育资源闲置和浪费的问题。学校布局调整所实现的优化教育资源配置，地方政府常用的衡量方法即是计算通过学校的撤并所节约的人力、财力与物力。在布局调整过程中看似减少了教育投入，但实际上各种追加性的投资抵消着投入减少的效果，最直接的财政支出即是校舍的扩建和寄宿制学校的建设。2004～2007年的三年间，中央政府在中西部寄宿制学校专项上投入近100亿元。地方政府为获得中央政府的专项资金，也纷纷从本已吃紧的财政收入中拨出专款，用于新学校的建设和原有学校的扩充。例如，陕西某市在这一轮学校布局调整过程中兴建了一所新的中心校。这所学校占地80多亩①，有着标准的400米跑道、宽阔的体育场地、设备齐全的微机室、语音教室、物理化学实验室。然而由于规划不合理，随着当地生源的减少，学校的16间大教室仅用6间，学校的仪器设备多束之高阁，任由闲置甚至报废（孙强等，2009）。而在中部某县，在2005～2008年三年的布局调整政策实行期间，投入近5000万元完善寄宿学校配套设施，装备了多媒体教室、电子备课室、远程教育系统等现代化装备。然而据调研人员考察发现，新配置设备分配至学校后，或由于缺乏专业人才，或是运营经费不足，很多昂贵的设备使用次数过低，甚至一些电器设备因长期搁置不用而导致损坏。只有当上级来检查时，才匆忙组织学校教师整理这些设备资源，甚至临时雇用专人来操作这些仪器来"充点门面"。此外，教育资源利用率低和严重浪费的情况，还突出表现在闲置校产的处理问题上。一些地区的农村学校撤并之后，原有校舍放任破败，资产流失严重。西北师范大学白亮等人对甘肃省某县的田野调查发现，该县11所学校大都由"希望工程款"投资所建，资金为25万～70万元不等，总经费近320万元。到2009年时，大部分学校校舍一直闲置（刘斌，2012）。

实际上，当进一步观察与分析地方政府所宣称的促进优化资源配置的种种举措时，会发现许多地方政府将资源优化配置与推动"农村学生入城"、"农村教育向城市教育并齐"相等同起来。在这种"城市中心"的偏好下，农村学校要么复制城市学校的办学模式，要么干脆通过并校将农村学生转移到城市中接受教育，仿佛通过如此途径，义务教育的发展就实现了均衡化。实际上，义务教育作为培养人的教育活动，关注受教育者的生活与生命状态，尊重人、关心人、服务人并最终发展人才是"以人为本"的教育理念的展现。农村义务教育所要培养的学生，不是与所处的乡土社会"离心离德"，"渐行渐远"的"边缘人"，而是培养本土文化和城市文明有机融合，适应社会主义新农村建设的复合型、适用型人才。这种义务教育并非城市教育的"山寨品"，而是植根于农村生活、乡土传承的独特文化，涵盖生命、人性、价值诸层面的特色教育。而当前

① 1亩≈666.7平方米。

地方政府在布局调整政策所推动的"优化资源配置"策略，实际上使转移至城市或是寄宿制学校的学生从早年即开始过着与农村社会割裂、相对封闭、充满着"规训"的集体化生活，承受着远离家园、亲情缺失的精神代价。与此同时，随着传统代表着乡村文明集散地和传承载体的乡村学校逐渐消失，进一步加速了现代化进程中更为边缘化的乡村走向衰落。例如，山西黄河某个村子的小学撤销后，学生全部进入乡中心校住读。仅仅两年时间，原来的100多户人家中，就有30多户家长随孩子读书而搬离故土。随着村民远离故土，乡村的人烟稀疏了，土地荒废了，村子凋敝了，乡土文化衰弱了。如此这样的教育资源优化配置，实质上是以事实上放弃农村为代价的虚伪化的"城市中心主义"。在以"优化资源配置，促进教育均衡发展"宣传的遮掩之下，以提升效率来保障教育公平的学校布局调整工作，不仅难以使农村教育更加公平发展，反而导致原本已极为脆弱的农村教育公平受到进一步损伤。

四、"适当保留"与"几乎毫无保留"之间的博弈

教学点在"村村设学校"的时代下曾长期广泛存在。在当时的背景下，教学点在快速扫除农村文盲，提高农村人口受教育水平，方便农村学生就近入学等方面发挥了积极作用。随着国家经济发展、计划生育政策的影响、城镇化加速，我国中西部的教学点普遍面临着生源不足、教师流失的情况，多人校、二人校甚至一人校普遍存在。为此，教学点是布局调整过程撤并的重点。但对于教学点撤掉或是保留，中央政府持慎重的态度。在相关政策文件中，中央政府一再强调要根据当地的实际情况撤并教学点。合并教学点的前提是保障农村学生就近入学。对于具备一定办学条件和稳定生源的农村教学点，要给予保留。对于偏远地区的教学点，要根据一定的政策支持，以确保其生存与发展。然而在政策实际操作中，地方政府对教学点实际上奉行着"放任消亡，加速撤并"的策略行为。在对包头市土默特右旗的某撤并教学点的原校长（现在某中学任副校长）进行访谈时，关于教学点生存和发展，这位副校长这说：

虽然按照国家的规定，像我以前在的那个教学点是应该给予保留的。但当时旗里规划的时候，把教学点当成了重点撤并的对象。你也应该看了我们旗的撤并学校数量，里面撤掉的，大部分都是偏远的教学点。有些地方的教学点不愿撤，那好，你要求进新教师，申请一些经费什么的，旗里面就会给你拖着。而且这种大环境下，你要顶着不撤，也是要承担很大的压力的，所以最后我们

这的教学点基本上都撤掉了，教学点的学生也都转到寄宿学校或是旗里的学校了……①

　　这位校长对于教学点的反思，实际上折射出了大规模并校下教学点所面临的尴尬和生存危机。为了能够尽快摆脱多而散、投入又大的教学点这一"包袱"，地方政府将工作重点放在中心校、寄宿制学校以及重点学校的兴建或是改造上面。这造成教学点与中心校在办学条件、师资配置、经费投入等方面的差距进一步扩大。2010 年，教育部对 11 个省份的教学点与中心校抽样调查发现："危房比例，教学点为 31.1%，中心小学为 14.3%；高中及以下学历教师的比例，教学点为 31.1%，中心小学为 14.2%"（范先佐等，2011）。除了教育投入偏向中心校外，交通不便的偏远地区教学点成为率先撤销的对象。为顺利地撤销偏远地区教学点，部分地区采取强制性手段，突击性撤销这些学校。而对于那些群众反应强烈、撤并阻力较大的教学点，则有意采取减少投入、放任衰亡的手段，然而贯之以"学生自然选择"的名义而将其撤销。中部某县在《"十二五"教育发展规划》中明确提到，"力争在五年之内完成本县学校布局战略调整"，实现"撤并 34 个教学点，保留 38 所小学"的总体目标。该县的教学点即将退出历史舞台。西部某市对于教学点的调整力度更大，"十一五"期间全部取消了复式班和单人校。在这种背景下，中西部教学的数量在短期内急剧减少。有调查显示，"全国农村教学点由 2000 年的 178 060 个急剧缩减至 2010 年的 66 941 个，减少幅度达到 62.4%"（21 世纪教育研究院，2012）。

　　实际上，由于农村地区人口分布较为分散，部分地区交通极为不便，教学点的存在是偏远地区弱势群体教育底线公平的最基本保障。而这种"一刀切"的撤并教学点，实质上损害了偏远地区农村适龄儿童就近入学的机会与权利，变相增加了农村学生的经济和时间成本。面对着经济支出增加、上学路途过于遥远的问题，偏远地区学生被迫辍学的可能性也明显增加。这无疑不仅无助于改善城乡学校之间发展差距过大的问题，反而进一步加剧了教育发展不公平，引发了更为严重的社会不公问题。实际上，教育作为培养人的一种活动，衡量学校教育价值高低的关键在于，是否能促进儿童身心发展，最大可能地保障和促进教育公平。规模大小与学校质量之间并不存在必然的关联。在国外相关研究综述中可发现，国外发达国家在城市化过程中，也长期追求过"大而全"的学校配置。然而经过具体实践后发现，大规模学校的教育质量并不一定比小规

_____

① 　2011 年 9 月 24 日土默特右旗某中学副校长访谈整理稿内容。

模学校质量高。小规模学校在促进学生个性化发展，保障社会公平方面，能够发挥更大作用。因此，这些国家又开始发起"小规模学校"运动，将原有的大规模学校进行再拆分。从国外发达国家的实践经验可知，小规模学校同样存在自身的优势，其既可以"小而精"，又可以"小而特"。特别是对于那些处于偏远地区的教学点而言，保障学生就近入学应当是置于第一位的衡量标准，应优先于对效率的考虑。

第五节
政策执行过程中地方政府与中央政府博弈的建模分析

当对学校布局调整过程中地方政府基于自身利益需求，运用裁量权与中央进行多方位的博弈表现加以分析后，需要进一步分析和探讨的是这种博弈何以能够展开？双方博弈的内在机理和主导因素又是什么？决定着博弈结果的关键因素又有哪些？总的来看，纵向府际之间的关系为"中央主导型"。在推动制度变迁的过程中，中央政府一般掌握着制度创新与规则确定的主导权，而地方政府则在"制度缝隙"之间寻找可乘之机。因此，在布局调整过程中，虽然作为委托方的中央政府处于博弈高位，看似通过行政、人事及财权等方面的控制，掌控着地方政府的政策执行行为。然而地方政府并不会"束手就擒"，而是通过寻找规则之中的漏洞进行政策的地方性实践，在政策执行过程中进行"议价"或"劝服"等活动，甚至对政策进行曲解或再创造，导致"上有政策，下有对策"现象的出现。从博弈论的角度来看，这种现象实际反映的是政策委托方与政策代理方基于各自利益诉求而进行的一种博弈过程。布局调整政策执行过程是典型的"委托（中央政府）-代理（地方政府）"关系。中央与地方政府的策略互动构成了农村教育布局调整政策执行的博弈过程。根据前文所构建的总体博弈框架，对中央与地方政府之间的博弈过程与结果进行分析，以探析双方所进行的利益互动及博弈何以可能的原因、过程以及关键影响因素。根据前面构建的博弈互动分析模型，对中央与地方政府博弈互动进行逐次分析。

1. 设定双方的成本-收益代码

为便于分析，我们假设在政策执行过程中，地方政府主要有两种可能的博弈行为：忠实执行和变通执行，而中央政府也主要有两种可能的博弈行为：惩处和默许。在进行具体的策略选择时，双方并不完全掌握各自实际可能采取的博弈策略，但对不同策略出现的概率及相应支付具有一定的认识与评估。因此，双方之间的博弈是完全信息前提条件下的动态化博弈。假设参与主体一为中央政府（简称 C），参与主体二为地方政府（简称 L），中央与地方政府之间均理性追求各自利益最大化。R_L 是地方政府忠实落实农村教育布局调整政策所能得到的净收益；R_C 是地方政府忠实落实农村教育布局调整政策能够给予中央政府的净收益；S_L 是地方政府变通落实农村教育布局调整政策所能收获的净收益；S_C 是地方政府变通落实农村教育布局调整政策中央政府所能得到的净收益（该收益有可能为负值）；G 是中央政府对地方政府偏差执行政策加以惩处时，所需要支付的总成本；H 为地方政府偏差落实政策，被中央政府加以惩处而遭受的净损失；P（$0<P<1$）是地方政府偏差落实政策时，遭到中央政府惩处的概率；Q 是中央政府通过惩处地方政府偏差执行政策，所能挽回的损失；W 是地方政府为获得中央政府谅解，而间接支付的各类成本。在学校布局调整政策执行中，完全信息动态博弈过程表达式如图 4-1 所示。

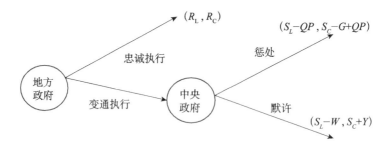

图 4-1　农村教育布局调整政策执行博弈图

2. 计算双方的成本－收益情况

在这一动态博弈过程中，假设地方政府率先采取一系列博弈活动，而中央政府则根据地方政府的行为而采取针对性的应对策略。如果地方政府能够忠诚落实农村教育布局调整政策，那么其与中央政府之间的博弈活动就宣告结束。然而，在具体落实农村教育布局调整政策过程中，出于自身利益需求，一些地方政府会选择偏离布局调整政策的"变通执行"策略。面对这一情况，中央政府需要在是否惩处或是加以默许两者中进行选择。根据反向归纳成本与收益，中央政府将在比较不同策略所导致的利益损益情况后再进行具体行动，即比较 S_C-G+QP 与 S_C+W 的大小。若 $S_C-G+QP<S_C+W$，即 $QP-G<W$，则中央政府最适宜的选择应为"默许"。如果 $S_C-G+QP>S_C+W$，即 $QP-G>W$，则中央政府最适宜的应对策略则为"惩处"。在"默许"这一情况下，中央政府的预期支付为 S_C+W，要大于进行惩处而获取的支付 S_C-G+QP。因而根据这一次博弈互动结果分析可知，中央政府的理性选择应为"默许"策略。然而，中央政府与地方政府之间的博弈活动是长期、持续的，并非一次性博弈即结束。从政策的长期影响来看，地方政府偏差执行政策带来的消极影响不容忽视。如山区地区学生上学安全问题，政策目标群体对政府的不满意，以及资源的浪费等一系列问题。这些问题如不能及时加以解决，不仅会导致政策目标偏离，政策效果落实，而且中央政府的权威性也将受到一定程度的削弱。因此，中央政府在权衡现实利弊情况之后，会选择惩处性策略。这实际上也符合学校布局调整推进的现实情况，即当中央政府发现农村教育布局调整政策执行过程中的一系列问题之后，连续多次发文，试图对地方政府的偏差行为加以校正。

为确保地方政府能够遵循中央政府的政策指令，中央政府会预先提出落实政策不力的一系列惩治策略。这种"惩治宣示"的可信程度对地方政府落实政策具有重要影响。如果中央政府的惩治策略是一种可置信性威胁，那么地方政府在偏差执行农村教育布局调整政策时，将会慎重权衡可能受到惩处的概率及支付成本。在成本－收益衡量之下，地方政府则可能选择有利于中央政府的忠诚执行布局调整政策策略。与此同时，地方政府能否慑于中央政府的惩治威胁，忠诚落实布局调整政策，还与其他潜在的可能性选择所带来的收益有关。如果 $S_L-HP<R_L$，即在中央政府对地方政府偏差执行农村教育布局调整政策的行为进行惩处的情况下，如果地方政府的收益低于忠实执行农村教育布局调整政策所获得的收益，那么地方政府将忠实落实农村教育布局调整政策。反之，如果 $S_L-HP>R_L$，即便受到中央政府的惩处，地方政府偏差执行政策的收益仍然高于忠实落实布局调整的收益，那么理性的地方政府将选择偏差执行农村教育布局调整政策。而基于以上博弈分析可知，为确保政策目标落实，中央政府对地方政府偏差执行布局调整政策的行为将会采取一定的惩治策略。

3. 对中央与地方政府之间各自所可能采取的策略加以比较与分析

根据前面的分析可发现，地方政府是忠诚落实还是偏差执行农村教育布局调整政策，与不同行为所带来的具体收益以及被中央政府惩处的概率有着密切关系。我们进一步加以分析：

1）就中央政府而言，如果地方政府遵循政策目标，忠诚落实布局调整政策，那么应选择"不惩处"的策略。因为在这种情况下，中央政府无需支付惩处的成本即能够收获地方政府忠诚落实农村教育布局调整政策所带来的收益；

而如果地方政府未能遵循中央预设的政策目标，那么中央政府无论是加以惩治还是实际默许，都无法收获正收益（即 $S_c<0$）。如果中央政府对偏差落实政策的地方政府加以惩处（即 $P\sim1$），将被迫支付惩处成本 G。由于学校布局调整涉及的区域广泛，地方政府众多，如果对数量庞大的地方政府执行行为一一加以核查和给予相应的惩处，那么将付出巨大的成本。在这种情况下，中央政府最理性的选择应是选择默许或是低程度惩处策略。这实际意味着地方政府偏差执行农村教育布局调整政策，被中央惩处的概率 P 将趋近于 0。

2）对于地方政府而言，如果要严格落实中央的政策意图，完整地实施农村教育布局调整政策，就需要使忠诚落实政策的成本低于偏差执行政策的成本。然而，对于地方政府而言，无论是校车配置、教学点建设，还是寄宿制学校建设，以及困难学生补助等，均需要支付高额的成本。对于财力有限的地方政府而言，这无疑形成一种巨大的压力。在面对政策执行成本过于高昂，而偏差执行成本较低的情况时，地方政府与中央政府易出现"激励不相容问题"。③由于农村教育布局调整政策具有强制性特征，地方政府无法抗拒落实中央所部署的农村教育布局调整政策工作。因此，地方政府在面对受惩处概率较低的情况下，最为理性的选择则是偏差执行农村教育布局调整政策。根据以上分析可发现，中央与地方政府博弈互动所形成的均衡结果为中央政府默许（或表面惩处），地方政府变通执行政策。在这种博弈均衡情况中，中央与地方政府均各自选择了最适宜的策略，追求各自利益的最大化，然而却均落入集体非理性的"泥淖"之中。在地方政府偏差落实农村教育布局调整政策获取较高收益，而支付成本较低的情况下，其他地方政府将纷纷仿效，博弈结果将落入"囚徒困境"之中。农村教育布局调整政策执行问题便由此产生。

基于上述分析可知，在偏差执行农村教育布局调整政策收益较高，且受惩处概率低的情况下，地方政府机会主义行为易于产生。受这种机会主义动机的影响，地方政府在落实农村教育布局调整政策过程中与中央政府展开了非合作性博弈。中央政府与地方政府根据各自利益所展开的博弈策略所达到的博弈均衡形成了"囚徒困境"状态，催生了政策执行问题的产生。基于上述博弈过程的分解与求解，可得到以下几点启示：

1）中央政府的查处成本是决定地方政府策略行为的重要因素。为确保政策沿着中央设定的路径推进，对地方政府偏差的博弈行为加以查处是十分必要的。然而，地方政府执行政策方式的多样性、执行者的广泛性、目标任务的艰巨性以及执行过程的动态复杂性，使得中央政府进行监督与查处的难度高、成本大。

中央政府能否构建针对性的执行监督机制，提高监督效率，降低查处成本，是提高地方政府执行效率的关键。

2）对地方政府给予合理的补贴，有助于提高政策执行的效率。由于布局调整过程中关于校车建设、寄宿学校建设、学生补助等一系列政策保障措施需要投入巨额经费，如果中央相配套的专项资金远不能满足地方政府的需求，地方政府将缺乏动力完整地落实中央意图。因此，加大中央在基础教育的投入力度，特别是增加对地方政府落实布局调整政策的支持力度，将对地方政府忠诚落实政策发挥积极的效果。

3）提高可置信威胁的可信度，有助于提高地方政府落实政策的效率。落实布局调整政策，促进义务教育发展只是地方政府一系列代理任务之一。在不同利益的权衡下，地方政府会出现为维护地方利益而消极或歪曲布局调整政策的做法。这需要通过构建对布局调整政策执行不力的问责与追究制度，强化惩罚机制，提高地方政府风险成本的预期，降低其消极落实农村教育布局调整政策的收益，从而提高政策执行的效率与效益。

因此，从上述分析可以发现，中央与地方政府之间博弈过程的制度框架对最终的博弈均衡结果起到了根本性的引导与制约作用。制度不同，地方政府的利益偏好与博弈行为就有所不同，落实政策所获收益及支付成本也就会发生变化，进而形成不同的博弈均衡结果。在农村教育布局调整政策执行过程，中央政府可以借助制度的调整和重塑对地方政府不合理的博弈行为施以惩戒，以提高风险成本的形式对其行为进行约束和规范。从这种意义上说，根据农村地区义务教育发展具体情况及中央政府的战略部署，强化对地方政府执行布局调整政策的监督、问责及激励等制度体系的建设，优化政策执行机制，对提高农村教育布局调整政策的有效性极为重要。

农村教育布局调整政策执行主体
与目标群体的利益博弈

　　由于公共政策是对社会价值所进行的权威性分配，因而总要涉及对特定群体利益的调整与再分配。这些受到公共政策影响的对象或成员被称为目标群体或政策对象。一项公共政策能否实现预期的目标，目标群体的态度至关重要。如果目标群体认同、顺从和支持这项公共政策，那么政策的执行风险相对较小，容易获得成功，如果目标群体抗拒、排斥甚至抵制这项公共政策，那么这项公共政策执行的风险就会增大，失败的概率也就大大增加。政策执行经典模型——史密斯政策执行模型将影响政策有效执行的关键因素分为四类：理想化政策、政策执行机构、目标群体、政策环境因素。目标群体认可和接受政策是政策执行的关键因素。（Smith，1973）农村教育布局调整政策涉及的政策目标群体众多。然而，正如前文指出的那样，农民群体及其子女是受政策影响最深，也是政策直接作用的目标群体。因而，鉴于农民群体及其子女的这种重要性，同时也为便于分析，本书主要分析的目标群体侧重于农民群体及其子女。农村教育布局调整政策执行者最直接面对和影响的是目标群体，由于利益诉求的差异性，双方基于各自利益需求而产生一系列博弈行为和策略，引导和影响布局调整政策的走向和执行效果。

○ **第一节**
● **利益关系与利益集团**

公共政策源于社会问题的丛生，归宿于社会问题的解决。社会问题的本质是"利益分歧与矛盾"。利益作为人们行为的根本动力，"彼此共同存在的矛盾与冲突根源即在于利益"，"利益矛盾和冲突是一切社会矛盾和冲突的基始原因"（王伟光，2001）。而公共政策正是通过对社会利益关系的再分配及利益格局的变更来解决社会问题的。矛盾的冲突既来自个人之间的冲突，又有群体间的冲突。相对而言，群体间的利益冲突具有更大的影响力。大多数社会问题的解决过程，也是不同利益群体间相互展开激烈的博弈之后，所形成的一种利益均衡状态。关于利益群体与公共政策之间关系的研究，利益集团理论颇具解释力。作为西方政治学界的重要理论，利益集团理论认为，特定时间段的公共政策是经过代表不同利益群体的集团相互竞争而形成的一种公共选择结果。这种公共选择的结果实质上是由利益集团的相对影响决定，经由不同利益集团讨价还价、协商谈判达到妥协的结果。就利益集团理论发展过程而言，先后形成了三种不同的理论：

1）以鲁门与吉尔等人为代表的传统利益理论。该理论认为，利益集团（或组织）存在的价值在于促进集团内部成员的利益发展。对于那些具有共同利益追求的个人或是组织所形成的集团，出于共同利益的整合和目标的导引，集团内部成员可通过增进集团共同利益来提高其个人利益。这实际上是个人的理性行动在促进自身利益最大化的同时，也能够增进他人利益这一命题的推广。其直接推论即是利益集团的成员从自身利益出发，能够成功地采取相对一致的集体行为。

2）以 Olson 为代表的第二种利益集团理论对集团成员能够采取一致行动这一论点进行了质疑和批判。在其经典著作《集体行动的逻辑》一书中，Olson 指出，为寻找个人利益的最大化，理性个体并不会跟随集体的行动来实现集团成员共同的利益追求。由于集团利益的公共物品性质会催生内部成员不劳而获的"搭便车"行为，因此对大的集团难以给予足够的激励去承担实现潜在集团目标的成本支出，或是以其他任何方式去共同承担集体行动的成本。这一理论后来演变为非合作博弈的重要分支。此外，Olson 认为，在两个特定条件下，集体行动易于产生：一是集体成员的非对称性，即组织内部的成员从集体行动中所获得的收益是非对等的，获益较多的成员有意愿和动力去承担共同行动的成本；二是集团内部能够运用适当的正向激励和负面惩罚来引导或强制要求成员承担集体行动的成本。

3）撒利斯伯里等人提出的政治企业家理论，将利益集团的组织者视为政治企业家。在他们看来，集团主要向内部成员提供物质利益、观念利益和团结一致的利益。Olson 的理论模型过于强调物质利益的重要性，而忽略了后两种非物质性利益。撒利斯伯里认为，政治企业家之所以愿意主动成为集体行动的发起者与组织者，是因为其不但可以从集团行动中获得物质方面的收益，而且还可收获名声、成就感与满意度等非物质性利益。

相对于国外的利益集团，我国的利益集团在形成过程、组织特征以及对政策影响力方面具有明显差异。随着 20 世纪 80 年代国门的开放和市场经济的逐步确立，我国原本高度集中的社会结构开始趋于分化。以往所强调的集体利益、国家利益开始呈现"原子化"和"碎片化"特征（李强，2008）。在社会转型，国家－社会－个人关系重构的大背景下，新的利益群体不断涌现，利益群体之间的关系开始重整，进而形成利益主体多元化、贫富差距扩大、个人收入分层以及利益实现多样化的新型利益分配格局。为了能在激烈的利益角逐中攫取更多、更大的利益，各利益群体需要通过组织化增强竞争能力，由此而形成的利益组织加剧了社会结构的分化。我国的利益集团即在这种利益分化与组织化双向互动中发展起来。学者陆学艺等人根据组织、文化、经济等资源占有情况的差异，通过调查研究和理论分析，将我国社会阶层划分为 10 个层次，并根据地位高低进行排列：国家与社会管理者阶层、经理人员阶层、私营企业主阶层、专业技术人员阶层、办事人员阶层、个体工商户阶层、商业服务业员工阶层、产业工人阶层、农业劳动者阶层和城乡无业失业半失业者阶层（陆学艺，2002）。然而，与国外通过政策及法律指导和规范利益集团健康发展，理性参与民主活动所不同的是，我国利益集团缺乏国家正式制度的认可和支持，而是在社会转型、利益分化的背景下自然化、内生性生长而成。由于缺乏正式制度的规范和指导，这种内生化的自然发展与市场经济相结合，演变的一个结果即是利益集团发展的非均衡性。这种非均衡性突出表现在各利益集团谋求自身利益的能力高低之上，并鲜明地表现在强势利益集团与弱势利益群体之间。强势利益集团对社会生活的影响日益深入而广泛，无论是对政策制定与执行、公共舆论的影响和话语权，还是压缩弱势群体利益空间方面，都具有重要影响。这些强势集团通过资源优势强力介入利益竞争过程，在缺乏有效的约束机制下，会不断扩张其利益版图，较少顾及其他利益群体和公共利益的需要，吞噬和占据竞争能力薄弱的利益集团的发展空间和利益，加剧了中国社会阶层的断裂和利益博弈的失衡。中国利益集团发展和演变的具体过程及其独特性，是我们考察农村教育布局调整政策中所涉及的利益群体特征及利益博弈能力的客观背景。

　　在学校布局调整过程中，农民群体是政策目标的主要构成力量，也是受布局调整政策影响最为直接的利益群体。作为我国规模最为庞大的利益群体，农民群体的组织化特征和利益博弈能力深受历史发展和当前制度环境的影响。千百年来封闭、保守的自我循环与发展的小农经济使农民作为单个的生产单位，固守于与外界相隔绝的村落与土地之中。这种以脆弱、封闭、保守为基本特征的社会结构使得农民建立组织体系的成本过于高昂。中国农民对于统治与压迫的超强耐受力，经过儒家、道家、佛教等思想的熏陶，逐渐形成"乐天知命"的消极适应思维方式，难以积极主动地进行组织化建设来形成大的利益组织，以更好地获取利益。当前，农村土地按人口平均分配，每人所占的生产资源大致相当，分散而碎少。这使得规模庞大的农民群体犹如"一袋马铃薯由一个一个马铃薯所集成"那样，难以形成紧密、多样化的关系。正如 Olson 的集体行动理论所指出的那样，小集团反而比大集团更富有效率。在一个组织中，如果集体目标指向公共利益，那么在这个集体中不可避免地会存在不劳而获的成员。这些成员通过分享他人的努力成果而不用支付相应的成本。这种现象使得有效管理数量庞大的团体极为困难。在与其他富有效率的小集团竞争中，松散的大规模集团往往会处于下风。正是受制于这种集体行动中"搭便车"现象的困扰，我国农民群体难以形成组织化程度高、利益目标一致、行动高效的集团。相对于其他强有力的利益集团而言，农民利益群体在整个金字塔式的社会结构中，处于社会的最底端。正是在这种历史原因和现实困境之中，农民群体缺乏强有力维护自身权益的组织，也缺乏有力量、掷地有声的"代言人"，在布局调整政策推行过程中话语权极为匮乏，在利益分配与再分配中往往成为受损的一方。正如美国学者赫尔德（1998）所提出的残酷的"置换战略"，其中心思路即是"政府一般会将政治和经济问题导致的糟糕后果分散给最软弱无力的集团，另一方面安抚那些最有效调动公众呼声的集团"。农民群体面对一整套的国家机器及其他强势利益群团的时候，往往因应对乏力而易成为制度变迁和政策调整的成本承担者。而学校布局调整中所涉及的另一利益群体——地方政府，从其权力的来源与执行公共政策的属性上来看，称其为利益集团看似有些矛盾。因为我国政府的权力来源于人民，其存在的价值即为人民谋福利。然而，如果将政府视为公正的化身，就难以解释政府的管制失灵和政策的执行偏差。正如前文所分析的那样，随着公共选择理论、现代组织理论等研究的深入，充分论证了政府作为理性的"经济人"所具有的利益多重性。政府作为利益群体，参与政治或经济市场进行利益博弈活动已是不争的事实。特别是在当前我国特有的政治体制环境中，地方政府在某种程度上成为发展地方经济的直接行动者而非规则的制定与监督者，"与民争利"的现象也时有发生。政府里的官僚作为政策安排的执行与维护者，社会分工的优势使其天然地占据一定的垄断地位。作为政策的关键执行者，政府中的官僚群体借助信息不对称和监管缺失等漏洞，可根据自身意愿去利用权力，在政策供给过程中加入自利行为，或是针对不同政策对象提供不同的政策，或是采取不同的执行标准。正因为如此，在一些社会学家对中国当前的社会阶层及利益群体进行研究中，将以官员为代表的利益群体与国家垄断企业为代表的利益群体，以及以房地产、金融及资源行业为代表的利益群体并列为当前我国三大强势利益集团（孙永怡，2007）。在布局调整过程中，相对于中央政府而言，作为政策执行者的地方政府虽然相对弱势，然而，当面对政策目标群体——农民群体时，由于在信息来源控制、资源动员能力、组织化程度、政策解释与供给等方面占据优势，又处于相对强势的地位。但是需要指出的是，在学校布局调整过程中，虽然农民群体总体上是作为相对弱势的利益集体而存在，但这种强弱对比并非一成不变。实际上，围绕着自己村落中的学校撤并与否，村民会在短期内自发结成组织紧密的利益集体，推举着自身诉求的代表与地方政府进行谈判。特别是在当前"稳定压倒一切"的政治环境下，农民集体往往会通过一些大规模的抗议或是抵制活动，希冀引起上级政府的注意，进而借助更上一级的政府权威而对政策执行者进行制衡，最大程度地维护和争取自身的利益。这实际上也是在中国特有国情之下，作为弱势群体的农民群体为求生存而展现的一种无奈的智慧和政治天赋。

○ 第二节
● 政策执行过程中地方政府与目标群体的博弈表现

农村教育调整政策是调整既定的农村教育利益分配格局，重整各方利益关系的过程。虽然政策各利益主体在根本利益方面具有一致性特征，然而在政策具体演进的不同环节，各自的利益需求又存在着明显的差异。受利益需求差异的影响，双方在政策执行过程中会产生一系列的利益博弈与互动。因而，在布局调整政策执行中，政策主客体在经济利益、教育利益及政治利益上的冲突与交锋即构成了政策执行博弈的具体内容。

一、经济利益的冲突与博弈

农村教育布局调整政策的首要目标指向，是将分散低效的教育资源进行优化配置。通过这种资源的优化配置，实现教育资源的节约、教育效益的提高以及办学效率的提升。因此，经济效益的追求构成了地方政府大力推进布局调整政策落实的起始动力。正如前文所论述的那样，随着分税制与农村税费改进的推进，原有的"多级管理"的教育管理体制使地方政府在发展农村教育上遭遇诸多问题和与困难。许多地区的乡镇经济发展薄弱，财力有限，学校基本的办学经费都难以得到保证，教师工资问题久拖难解，农村校舍维修不及时，运转极其困难。在这种背景下，2001年义务育管理体制开始发生重大调整，"以县为主"的教育管理体制开始确立。这实际上将以往对教育投资与管理的责任由乡镇政府上移至县级政府。县级政府开始直接承受更多的责任和更多的压力，特别是对于中西部经济发展长期落后的地方政府而言，薄弱的财力与管理教育的职责不相匹配的矛盾越发突出。再加之劳动力转移、城镇化加速、农村适龄儿童数量下降等多重因素的影响，用集中办学替代以往乡村办学模式成为地方政府应对财政紧张局面的迫切需求。因此，大力缩减分散的教学点，减少学校投人资金和教师编制以缓解财政压力，成为地方政府在落实布局调整过程中的首要目标。为了能够在较短时间以较快速度撤销偏远地区的学校，地方政府通过设立一些强制性的硬性指标，如学校规模、班级人数、师生比等，对不符合标准的农村学校在短期内进行大量撤销。例如，一些地区规定凡是学校规模低于10人的教学点必须撤并，低于50～100人的农村小学要进行合并。还有地区规定，农村学校小学三年级及其以上学生必须进入附近中心校就读。通过这种强制性标准，一些地区地方政府实际上是将辖区小学集中于乡镇政府所在地，初中集中于县城所在地，实现了所谓的"农村学校城镇化"运动。由于这种刚性的撤并标准几乎成了地方政府实施布局调整的主导依据，布局调整的重心实际上逐渐偏向如何更好、更快、更多地完成撤并目标和节省教育经费支出上来，而对于人口分布差异、自然条件差异、经济发展情况、上学距离远近等因素缺乏周详的考虑。在这种缺乏统筹考虑规划的基础上，地方政府通过强制性的行政命令推进政策实施工作，致使各地区农村学校撤并数量层层加码，撤并速度过快过急。

　　布局调整过程中大量的农村学校被撤并，致使农民的直接和间接经济利益受到不同程度的损害，与地方政府产生利益冲突与博弈：①在"人民教育人民办"的时代背景下，许多村级小学是由农民集资举办，是农村集体经济的构成之一。农民为筹措经费、建设学校、招留教师饱受艰辛，甚至为此举债。学校所在地往往成为村子的标志性建筑和重要的文化活动场所。而学校被撤并后，原有校舍育人的功能丧失，由于难以找到合适的替代用途而被闲置甚至是废弃，直接造成了集体经济的损失。②由于"普九"过程中，村校大都欠有一定规模的债务，在学校撤销的同时，原来的农民办学演变为国家办学，原有债务随着村校的撤并而剥离给村集体，农民失去学校的同时还成为"自负盈亏"的责任分担者，因而也蒙受一定损失。③学校撤销后，偏远地区的学生上学距离增加。这使得这些学生不得不寄宿或乘车上学，生活成本和交通成本支出增加，农民的经济负担有所加重。在学校布局调整过程中，率先被撤销的学校是那些生源不足、师资匮乏、地处偏远、经济实力薄弱的村办学校。受客观条件的限制，这些地区的学校办学成本和入学成本一般高于条件便利、经济发展较快的地区，然而这些地区往往居住着大量的农村弱势群体。相对于使子女得到高质量的教育，这些深受经济困扰的群体更迫切得到符合自身实际情况，能够较好降低成本支出的"利好"政策。但是在布局调整过程中，由于偏远地区的学校多被撤并，这些地区的村民只能将子女送至中心校或是县城寄宿学校，有些家庭甚至举家迁徙至县城以便于照顾子女。由此带来的诸如伙食费、交通费、住宿费及零用钱等一系列支出多由村民自行承担，偏远地区的村民实际上成了政策成本的承担者之一。饶静等（2012）在江苏某农村地区进行的田野研究发现，在学校布局调整过程中，在镇中心校寄宿的学生仅每学期住宿费与伙食费支出，就比以前高出约1040元，如果加上交通费用，经济支出将更高。国家减免学费给农村学生带来的福利被上述费用所冲减。刘善槐（2011）在通过中西部八省847名寄宿生的问卷调查发现，在所调查的住宿生中，一年的交通费、伙食费和住宿费超过4000元的有21位，占全体学生的2.48%；2000～4000元的有82位，占全体学生的9.69%；1000～2000元的有289位，占全体学生的34.16%；1000元以下的有454位，占全体学生的53.66%；每位住宿生的平均年花费为1157.38元。而在内蒙古土默特右旗调研时发现，由于该旗采用"农村学校进城"的模式，农村学生纷纷进入旗政府所在地学校。由于寄宿条件没有及时跟上，许多学生只能住在校外的居民户家，缴纳住宿费和伙食费。经了解，学生每学期需开支出的费用为800～1000元，再加上来回的交通费，与布局调整前就近入学相比，家庭经济负担大大增加。对土默特右旗某小学的家长访谈中，对此亦有所佐证：

　　访谈者：和撤校前相比，家里的经济支出有着怎样的变化？
　　学生家长：刚撤校的时候，我们家长的意见是非常大的。你想想看，以前孩子就在家门口上学，上下学、吃饭什么的都很方便。这一撤校，就得往城里跑。说实在话，新建的学校条件是很好。但是为了让孩子去学校上学，我们专门跑到城里租了房子。这房租，还有他在学校的各种开销，加起来也是一笔很大的开销了。我们也就在城里给人家打个工，整天累死累活的，又能有多少钱呢……①

　　作为一个缩影，撤并带来的家庭经济支出增加反映了大规模撤校对于农村家庭及其学生的消极影响。再者，学校撤并导致农民家庭的间接成本增加。不同于城市学生，农村学生在上学之余，还要帮助父母承担诸如收割庄稼、施肥播种、照顾年龄小的弟弟妹妹、做饭等强度不大、适宜未成年人参与的生产劳动。这些活动看起来虽微不足道，但对于偏远地区的贫困家庭而言，这些间接成本却意义重大。舒尔茨在对经济欠发达地区的教育成本进行研究时曾提出，

————————————

① 2011年9月25日土默特右旗某小学家长访谈整理稿内容。

儿童的机会成本，在父母心中并非无足轻重。对于收入较低的农村家庭而言，劳动力的数量对于维持家庭正常运作具有重要意义。而学校撤并后，由于子女需要寄宿学校或是上学时间大大增加，这些子女在家劳动的时间相对减少，家庭生活的压力就转移至成年劳力身上。不仅如此，由于担心子女上学安全问题，部分家长每天还需要花费大量时间接送，或是出于食品安全和子女健康问题的考虑，一些家长还要不辞劳苦地为学生送饭。由于家长劳动时间被占用，再加之子女寄宿所减少的劳动时间，家庭间接成本大为增加。

实际上，为了化解和消除农民群体对于布局调整的疑虑，地方政府往往以"优化资源配置，提高教育效益"之名展开布局调整，试图使农民家长相信布局调整从长远上看是符合他们及其子女的利益的。然而，对于那些以农业生产和务工为主要收入来源的农民而言，成本损益对其生存和发展的影响更为直接和敏感。在这些农民群体看来，当免费义务教育政策实施多年后，却因布局调整工作需要再大幅度地增加教育支出，对于他们这些弱势的利益群体而言，显然有失公平。学校布局调整本应是国家与社会互动、互适的利益调整过程，然而在布局调整过程中，利益分配不够合理利益均衡难以实现时，地方政府与农民群体之间的冲突和对立就难以避免。例如，陕西省某县一村小学是 20 世纪 90 年代村民集资 2 万余元兴建而成，2003 年在布局调整过程中，县政府计划将三至五年级并入镇中心学校。而村民则认为本村孩子出去上学花费较大，如果孩子转移到镇中心校上学，每周仅生活支出就增多 50 元钱，再加之寄宿条件有限，有些学生需要在校外住宿，这又额外增加了 60 ~ 100 元的房租。作为一个经济来源单一的农村，全村人均纯收入仅为 700 ~ 800 元 / 年。陕西省"两免一补"政策的实施也仅仅减少了 70 元的支出，而且不能覆盖全体学生。基于经济方面的考虑，本地村民不同意撤销村小学而让学生转入中心校就学。为此，村民与政府之间发生了撤并学校的冲突（范先佐，2011）。

二、教育利益的冲突与博弈

地方政府与农民群体的教育利益冲突主要指两者在教育机会供需方面的差异和矛盾。从性质上讲，"人民教育人民办"和"人民教育国家办"的诉求都是为了解决教育供给不足的矛盾。因而从根本上看，地方政府和农民群体在教育利益上具有一致性。然而，具体到不同的发展阶段，地方政府提供公共教育服务与产品的能力与意愿并非总是与农民群体的需求一致。出于利益差异，两者之间会产生教育利益的冲突与矛盾。在推进农村教育布局调整政策落实过程中，地方政府希冀通过撤销和合并"星罗棋布"的村小学和教学点，以促进教育资源的优化配置。通过重点建设和发展一批校园环境好、教育设施完备、办学水平高的寄宿制和中心学校，改善农村地区教育发展长期滞后的问题，为农民子女提供更好的公共教育服务，确保教育公平、公正的发展。同时，通过收缩学校布点，集中管理学校，客观上便于政府部门的管理以及提高学校的管理效率。

　　然而，对于农民群体而言，虽然对高质量的教育服务具有强烈需求，但在利益多元化的今天，优质教育服务并非唯一选择或抉择因素。首先，对于农村家长而言，希望自己的子女能够享受到高质量的教育服务，但同时更企盼子女能够在保障安全的前提下，就近获得高水平的教学。特别是对于地处偏远、交通极为不便地区的农民群体而言，这一愿望更加强烈。然而，学校布局调整所引发的学生入学远、入学难问题，使得农民群体对于布局调整的实际效果有所疑虑。在对鄂尔多斯市准噶尔旗某中学的家长访谈中对此亦所佐证：

　　受访者：旗里进行的撤并校对您的孩子上学有什么影响？

　　学生家长：学校刚撤的那会（指2006年的撤并），我们那的和邻近村子的学校全都撤掉了。那段时间孩子可真是没少吃苦。因为你看这一撤学校，孩子就得到我们那的中心校上学，每天来回去学校，就得花一两个小时。那时路还不好，有时还提心吊胆的，怕孩子在路上出事。所以我们很多家长对这个政府撤校接受不了。好好的学校，又不是用不了。现在城里的学校是越盖越好了，可为什么政府就不能多花些钱，把我们这些农村地方的学校也弄好，孩子也不用受这个罪啊……①

　　作为一个缩影，这位家长的反馈意见反映了大规模撤校对农村学生的消极影响。经过布局调整，许多农村地区的学生离开原本便利的村校到镇中心校或是县城上学。家校距离大大增加，学生需要早出晚归。贾勇宏等（2012）等人通过对中西部地区7200名家长的问卷调查发现，近3成（29.6%）的家长认为学校撤并后，自己的孩子上学极为不便。4成以上（44.5%）的家长认为布局调整后最担心的问题是学生上学安全问题，居于家长担心的诸多问题之首位。在布局调整政策实践过程中，由于偏远地区的学校或教学点被撤并，这些地区的学生只能转向交通便利、经济条件较好的县城或是乡镇中心校。这些大至

---

① 2011年9月23日准噶尔旗某中学家长群体访谈整理稿内容。

十一二岁，小到仅六七岁的学生要去远离自己家庭的学校入学，很多学生需要步行或是乘坐交通工具往返于学校与家庭之间。由于距离远、路况差，低龄学生在往返学校路途中容易造成摔伤、碰伤甚至车祸等事故，或是遭遇山洪、泥石流等自然灾害带来的伤害。在获得优质教育服务和保障子女安全方面，农民群体更关注后者，因而对大规模撤并而引发的入学不便问题，易产生不理解情绪，甚至产生抵制地方政府撤并学校的集体行为。上学距离不仅对学生安全产生了不利影响，同时对于学生的入学成绩也有显著影响。吴宏超等（2013）2006 年 9 月对陕西省农村教育布局调整政策效果加以评价时发现，与 2006 年布局调整前相比，山区学生平均成绩有所下降，而且走读距离的增加与学习成绩的提高呈负相关关系。实际上，由于布局调整所引发的上学远问题，一方面压缩了学生学习的有效时间；另一方面也消耗了学生的体力与精力，加剧了学生求学的心理与生理辛苦程度，进而对学生学习产生了不利影响。这种学生安全问题与学生成绩问题的双重叠加，更加剧了农民群体对于布局调整的质疑和不认同，引发了农民群体与地方政府的冲突与矛盾。

　　另外，一些农民家长对于集中办学的效益认识与政府不尽相同。有别于地方政府一再突出和强调规模效益，一些农村家长认为自己村子的学校或是教学点规模虽然小，但能够充分适应教师因材施教的要求，更有助于每一个农村学生个性化、全面性的发展，因而撤并学校难以被称为进步。在布局调整过程中暴露出来的一些问题也佐证了农村家长的质疑与困惑。虽然布局调整整合了一大批分散的学校，一定程度上优化了师资，保障了课程的完备性和开启率，但是由于学校过度向城镇集中，导致城镇中的学校规模过大，班额远远超标的问题极为突出。班级人数过多，不仅分散了教师的精力和投入时间，也使得学生平均受关注度下降，对教育质量产生了负面效应。同时，学校布局调整虽改善了部分农村地区学校的办学条件，促进了农村教育均衡化发展，确保了地方政府有限投资的集中化使用，但这种集中办学模式也导致了优质资源过度集中于若干中心学校、寄宿制学校、县城重点学校等，致使适龄学龄人口大量涌向优质资源所在地区，加剧了各群体间对优质教育资源的争夺。对于农村学生家长而言，既然自己的孩子都得进入寄宿制学校或是中心校入学，那么在支付费用差不多的情况，为什么不多支付些费用，使学生进入质量较好的县城或是城市的寄宿学校？这造成的直接后果即是那些教育质量高、办学条件好的寄宿学校人数过多，而相对偏远地区的寄宿学校生源依然不足。为争取进入条件更好的寄宿学校，农村学生家生不得不支付更多的费用，这进一步加重了农民群体的负担。再者，部分农村地区的家长支持学生上学动力不足，认为子女通过上学认识字和进行简单运算就足够了，政府没有必要花费这么大的代价和精力进行撤校和并校。特别是随着近年来大学生就业困难问题的日益突出，农村地区新的"读书无用论"思想又开始有所抬头，对农村家长的教育观念和行为产生了消极影响。同时，由于布局调整过程中部分地方政府对优质资源的过度集中配置，导致家长教育支出增加，挫伤了家长投资子女教育的积极性，这可能导致越来越多的学生家长降低教育期望，对办学条件和教学质量期待标准有所降低，仅要求子女能够看书识字，尽早结束学业以便外出打工挣钱或是协助家庭劳动。这也致使部分家长对于政府的撤并校行为难以认同和支持。

三、政治利益的冲突与博弈

农村教育布局调整政策调整的利益范围广，涉及的利益群体量众多。这从客观上要求地方政府在推动布局调整工作中充分做到要因地制宜、慎重推进。在执行过程中要针对辖区特点做好宣传与示范工作，积极对农民群体的观念与认识进行有意识的引导，化解农民群体的疑虑、矛盾与不满，争取农民群体最大程度的理解与支持。然而，正如上述集团利益分析所示，农民群体在农村政治自治生活中相对弱势，政治权利常被漠视或侵害，利益诉求难以有效表达。在这种利益博弈实力不相当的环境下，农民群体更多扮演着制度变迁的成本承担者或是利益受损者的角色。基于这种路径依赖，地方政府更习惯将此作为行动的惯常逻辑。因而布局调整在实践中演变为由地方政府所主导的强制性制度变迁活动。地方政府运用行政手段对布局调整直接加以掌控与干预，以期在既定的时间内又好又快地完成任务。一些地方政府为了完成规定任务量和彰显政绩，即使明知道强制性的撤并校可能会引起农民群体的反对和抵制，却依然"我行我素"。在布局调整工作中没有按照程序，及时召开农村学校家长及社会代表情况通报会。或是仅仅召集少数农民家长走过场，导致学生家长、社会及一些被撤销学校对布局调整的依据、内容和必要性缺乏理解与认同。范先佐等（2009a）在中西部六省对在 6500 名农村学生家长的问卷调查结果显示，近一半（45.3%）的农村家长表示在学校撤并过程中，相关部门没有征求过他们的意见。由此可见农村群体在利益博弈中的弱势地位以及地方政府民主程序的欠缺。在实地调查中，对家长的访谈亦对此有所佐证：

访谈者：学校撤并时，政府征求过家长的意见吗？咱们家长能参与到学校

撤并方案的确定过程中来吗？

　　学生家长：学校要撤的时候，孩子带回来的有学校给的通知，算是知道有这回事了……学校如何撤这事哪能轮到咱这小老百姓说话呢？……其实当时撤校的时候我们这有些家长不是很愿意，你想这一撤校，咱孩子要到那么远的地儿上学，这接送、吃饭啥的都是问题，这些政府可是不管的……听说有些家长也想去教育局讨个说法，后来也没听说有啥动静，其实吧，咱们也就是普通老百姓，哪有这么多精力去上个访啥的，俗话不是说，民不与官斗吗……①

　　"小老百姓"、"民不与官斗"反映出了农民群体迫于弱势地位而无法有效参与到学校布局调整中的无奈。虽然从形式上看地方政府征询了农民群体的意见，但实质上农民群体的利益诉求无法有效地纳入到决策系统之内，对于涉及切身利益的撤校方案、经济补偿、信息公开等事宜，并无实质性的发言权和影响力。因而农民群体更多扮演着"被发展"的角色。实际上，公共教育政策程序民主和公正与否不仅是政策科学化的重要基础，同时对提升目标群体和社会公众对政策的认同有着重要意义。社会心理学的研究显示，除了政策结果是否符合目标群体的利益需求之外，政策程序对目标群体对政策可接受性同样有着重要影响。对于程序的认同程度影响着政策结果的可接受性。正义的程序能够强化目标群体对政策结果的认同和顺从程度，否则易产生抵制情绪，除非结果对其有利。在学校布局调整过程中，地方政府所主导的强制性推进方式，导致程序缺失和正义受损，造成农民群体对政策的反感和不认同。特别是随着城镇化速度加快，城乡之间的联系与沟通日益紧密，农村外出务工人员大量增加。伴随着信息时代各种思想的快速传播，新时期的农民群体民主意识开始不断觉醒，维权的意愿不断增强。在布局调整过程中，当地方政府强势分配教育利益而有损农民群体利益时，更易受到民主意识与维权意识日益增强的农民群体的抵制。一些农村群体为维护自身的利益，会通过联系其他农民群体结成短期利益联盟，推选"代言人"，以"为民请命"的形式组织农民群体与地方政府进行抗争，反对撤并校行为。部分农民群体甚至通过组织上访，要求学生罢课，借助网络和舆论媒体，以及向本区人大代表求助等方式与地方政府展开博弈，以引起社会公众的同情和上级政府部门的注意，直接引发农民群体与地方政府在政治利益上的冲突。例如，在陕西某县布局调整过程中，制订了本县学校总体布局调整

---

① 2011年9月24日土默特右旗农村学生家长访谈整理稿内容。

计划，计划通过 5 年时间将中小学减少 30% 左右。由于前期准备工作不充分，对可能出现的困难估计不足，在仓促推进的过程中，缺乏充分的宣传工作。由于被并校的学校是由村民集资而建，现在突然撤并使村民难以接受，于是便以上访和阻挡学校拆迁的形式抵制布局调整工作（范先佐，2009b）。

○ 第三节
● 政策执行过程中地方政府与目标群体博弈建模分析

基于前面的分析可知，地方政府与农民群体在农村教育布局调整政策执行过程中存在着明显的利益差异与冲突。作为"理性的经济人"，地方政府有着个人、部门机构及本地区的多重利益诉求。在这些多重利益的指引下，地方政府对农村教育布局调整政策进行操作化处理。在这一过程之中，作为政策目标群体的农民群体则根据地方政府所采取的具体行动策略，实施针对性的应对策略。双方之间的博弈互动形成了农村教育布局调整政策执行主体与客体的博弈过程。根据前面的博弈总体框架，本节则以博弈要素与博弈过程为切入口，分别从动态和静态两个方面对政策执行者与目标群体的博弈互动与结果展开分析，以探寻农村教育布局调整政策执行问题产生的深层次原因。

一、政策主客体博弈的静态分析——要素分析

1. 博弈主体

主要由政策执行者——地方政府和政策目标群体——农民群体构成。作为农村教育布局调整政策的实际执行力量，地方政府以公权力为凭借，是一个有层次分明、行动协同高效的官僚组织。这一官僚组织掌握着充足的经济、政治及文化等资源，组织能力强，影响大。农民群体虽然规模庞大，但所占有的各种资源相对有限，再加之受制于集体行动所常面临的"搭便车"问题困扰，难以对强有力的地方政府产生制约。

2. 博弈信息

博弈信息是各利益主体进行有效博弈的前提。博弈信息涉及博弈各方能否对博弈全局进行有效把握，何时采取适宜行动及掌握博弈进度等方面的问题。

具体到农村教育布局调整政策执行过程来看，作为政策执行主体力量的地方政府，是各类与布局调整政策相关信息的主要掌握者与宣传者。地方政府不仅在农村教育布局调整政策相关信息上占有绝对优势，同时对其他相关的国家政策法规信息具有垄断性地位。农民群体对这一政策信息的掌握多被动地来自于政府部门的宣传，对于地方政府有无偏差执行政府，是否规范使用权力进行布局调整等方面难以进行及时、准确的判断。因而，农民群体难以对地方政府进行抑制、监督或抗衡。

3. 博弈策略

地方政府由于在信息及其他资源上具有压倒性优势，因而在与目标群体——农民群体进行博弈互动时，能够综合运用法律、经济、政治甚至各种强制性手段等策略，而农民群体博弈策略选择相对单一。虽然法律赋予了农民群体信访、集会、选举、游行等一系列广泛权利。然而受制于现有法规的不完善以及维护自身权力所支付的高成本，农民群体难以运用多种策略和手段与地方政府展开博弈。

4. 博弈规则

博弈的具体规则是明确各方博弈行为的适切性，衡量博弈结果的根本性标准。博弈的具体规则不同，博弈的形式、过程及结果也就不尽相同。现有的各种行政法规、学校布局调整相关政策文件是双方博弈的主要依据。然而，由于我国法律体系尚不完善，有法难依，违法难究的问题仍普遍存在。如由于当前行政法规中关于程序法的缺失与不足，政策执行者缺乏有效的程序制约。但地方政府在布局调整之中，未能遵循中央规定而采取的一系列偏差执行行为损伤了农民群体利益的时候，农民群体难以借助行政法规加以制衡。

根据对地方政府与农民群体博弈互动的关键要素静态衡量可发现，作为政策执行主体力量的地方政府在组织力量、博弈信息、博弈策略及能力方面，都具有压倒性的优势。政策执行者与目标群体之间处于非对称博弈的地位。

二、政策主客体博弈的动态分析——战略抉择

在农村教育布局调整政策执行过程中，地方政府和农民群体是博弈活动的主要参与人；双方各自掌握的关于彼此和博弈规则的知识即为博弈信息；双方基于信息进行决策的策略组合构成了彼此的战略；在一定的战略组合下，双方获得了不同的效用。学校布局政策执行问题分析，关于政策执行主体与目标群

体之间的博弈主要指非合作博弈。这种博弈是指理性的地方政府与农民群体，基于特定的博弈规则框架，以自身利益最大化作为博弈策略选择的出发点与衡量标准，展开博弈的过程。地方政府负载中央及地方利益、政府组织及其官员利益，农民群体追求自身利益，以此为前提建立地方政府–农民群体利益博弈模型。

1. 设定双方的成本–收益代码

为便于分析，假定在政策执行过程中，地方政府主要有两种可能的博弈行为：忠实执行和变通执行。而农民群体相应的应对策略也主要包括两种选择：顺从和抵制。与此同时，农民群体与地方政府并不掌握各自具体的博弈策略选择，但对各种策略出现的概率和可能获得的效用具有一定的判断。在这里，设定参与主体之一为地方政府（简称 L），参与主体之二为农民群体（简称 M），双方都基于理性选择，寻求各自利益的最大化。L_1 为地方政府变通执行中央政策的收益；地方政府变通执行中央政策支出有三部分：落实政策时的一般性支出 PA，变通执行面临农民群体大规模抵制的支出成本 PB，变通执行政策时面临中央查处的惩罚成本 PC。C_1 是农民群体顺从地方政府变通执行政策时的收益；C_2 为农民群体顺从地方政府变通执行政策时支付的成本；C_3 为农民群体抵制地方政府变通执行政策时的收益；C_4 为农民群体抵制地方政府变通执行政策时需要支付的成本；L_2 为地方政府忠诚执行中央政策的收益；PE 为地方政府忠诚执行中央政策支付的成本；C_5 农民群体顺从地方政府忠诚执行政策时的收益；C_6 为农民群体顺从地方政府忠诚执行政策时支付的成本；C_7 为农民群体抵制地方政府忠诚执行政策时的收益；C_8 为农民群体顺从地方政府变通执行政策时需要支付的成本；P_1（$0 \leqslant P_1 \leqslant 1$）为发生农民群体大规模抵制的概率；$P_2$（$0 \leqslant P_2 \leqslant 1$）为地方政府变通执行政策时被中央查处的概率。此完全信息动态博弈模型如表 5-1 所示。

表 5-1 地方政府与农民群体博弈矩阵模型

地方政府＼农民群体	顺从	抵制
忠实执行	$L_1\text{-}PA$，$C_5\text{-}C_6$	$L_1\text{-}PA\text{-}PB\text{-}PC\times P_2$，$C_7\text{-}C_8$
变通执行	$L_1\text{-}PA\text{-}PC\times P_2$，$C_1\text{-}C_2$	$L_1\text{-}PA\text{-}PB\text{-}PC\times P_2$，$C_3\text{-}C_4$

2. 计算农民群体与地方政府各自的损益情况

假定地方政府变通执行布局调整过程中，农民群体相应的博弈策略为"顺从"。在这种情况下，地方政府的收益情况为为 $L_1\text{-}PA\text{-}PC\times P_2$，农民群体的收益

情况为 C_1-C_2；如果农民群体面对地方政府偏差执行布局调整政策而采取抵制策略时，地方政府的收益将变化为 L_1-PA-PB-$PC \times P_2$，农民群体收益情况则为 C_3-C_4。如果地方政府遵循中央设定的政策目标，忠诚执行农村教育布局调整政策，而农民群体则选择"顺从"的博弈策略，那么地方政府的实际收益情况则为 L_1-PE，农民群体的实际收益情况为 C_5-C_6；如果农民群体选择"抵制"，地方政府则需要支出应对农民可能性大规模群体抵制的成本 PB，以及可能被中央查处的惩罚成本 PC，但这种选择在实际中较少出现。

3. 对地方政府和农民群体策略选择与原因进行深入分析

按照"经济人"假设，作为政策执行主体的地方政府是遵循中央政策目标还是偏差目标，与不同行为所带来的具体收益及成本支出有着密切关系。我们做进一步分析：

1）对于中央政府而言，如果地方政府忠实执行中央政策，那么中央政府将选择不惩处（即 $P_2 \sim 0$），若中央政府选择惩处（即 $P_2 \sim 1$），将支付额外惩处成本。由于中央与地方政府属于委托-代理关系，信息不对称是中央政府面临的首要难题。由于学校布局调整涉及的区域广泛，地方政府众多，如果对数量庞大的地方政府执行行为一一加以核查和给予相应的惩处，那么将付出巨大的成本。在这种情况下，中央政府最理性的选择应是选择默许或是低程度惩处策略。这实际上意味着地方政府偏差执行农村教育布局调整政策，被中央惩处的概率 P_2 将趋近于 0。

2）对于政策目标群体而言，农民群体面临着尴尬的两难境地。学校布局调整在短期内导致了自己的子女求学成本上升，上学安全风险提升，亲子关系梳理等一系列问题。如果地方政府未遵循中央政府所设定的目标，偏离执行农村教育布局调整政策，那么农民群体将承担高昂的政策成本。因此，从农民群体的角度出发，其应该抵制地方政府变通执行农村教育布局调整政策行为，以力求自身收益的增加和支付成本的减少，但抵制同样意味着成本的支出。根据上述对地方政府与农民群体的博弈要素对比可知，双方处于非对称的博弈地位。这种非对称的地位加剧了农民群体抵制策略失败的风险，而预期收益可能遭受进一步的损失。因此，面对这种两难处境，较为理性的策略则是农民群体采取顺从或是表面化的抵制策略。在这种情况下，地方政府变通执行政策遭受农民群体抵制的概率 P_1 趋近于 0。

3）对于地方政府而言，其需要多方权衡不同的策略行为所带来的预期收益才能采取进一步的博弈策略。由上述对地方政府与中央政府博弈互动分析可知,如果要遵循中央的政府目标,忠诚落实农村教育布局调整政策,就需要使忠诚落实政策的成本低于偏差执行政策的成本。然而,如果要完成中央所设置的目标,地方政府将在配置达标的校车,加强教学点建设,提高农村学生补助以及建设寄宿制学校方面投入大量的资源。这无疑将对地方政府形成巨大的压力。这也即意味着地方政府为忠实执行农村教育布局调整政策所支付的成本将高于偏差执行政策所支付的成本,中央政府与地方政府出现"激励不相容"的问题。由于农村教育布局调整政策具有强制性特征,地方政府无法抗拒落实中央所部署的农村教育布局调整政策工作。因此,地方政府面对受中央政府惩处概率较低及农民群体抵制概率较低的双重背景下,理性的选择应为变通执行农村教育布局调整政策。

　　基于上述分析可知,地方政府与农民群体的博弈互动所形成的博弈均衡为农民群体顺从(或低强度抵制),地方政府变通执行。在这种博弈均衡情况下,农民群体与地方政府均各自选择了最适宜的策略,追求各自利益的最大化,然而却均落入集体非理性的"泥淖"之中。当地方政府偏差落实农村教育布局调整政策获取较高收益,而支付成本较低时,其他地方政府将纷纷仿效,博弈结果将落入"囚徒困境"之中。农村教育布局调整政策执行问题便由此产生。

　　那么,根据以上农民群体与地方政府非对称博弈过程的呈现与分析,可以得到以下几点启示:

　　1)在学校布局调整过程中,农民群体被动式的非均衡博弈首先源于农民的阶层地位与各类相关权利的保障问题。在农民群体与地方政府的博弈过程中,地方政府掌握着大量的经济、文化、政治、信息资源,而农民群体则相对分散,势单力薄,缺乏与地方政府进行反复博弈的资源和手段,因而在博弈过程中处于劣势地位。在布局调整过程中,由于农民群体经济、政治、教育权益缺乏有效的机制保障,容易受到地方政府变通政策执行的影响。

　　2)在布局调整过程中,地方政府所表现出的执行问题,与其职能定位与机构改革密切相关。对数字的偏好、对经济效率的追求是政府主导经济发展模式不可避免的结果。在这种模式下,地方政府犹如一个追求利益最大化的联合企业。然而,政府利益的最大化与公共利益的最大化并非完全等值。地方政府在落实布局调整政策过程中,通过对农村教育资源的再配置实现自身利益的最大化,但这种利益的最大化与公共教育利益最大化不相一致。在地方政府实现自身利益自大化的同时，农民群体的利益受到一定的损害，造成教育公平的进一步损伤。

3）布局调整中的地方政府与农民群体的利益冲突与博弈，实质上反映了政府之间、农民群体与政府之间权利分解与集中的矛盾，是各利益群体间利益与权益的纵横交织。虽然中央政府一再强调减轻农民负担，大力发展现代农业，建构社会主义新农村，近些年在教育领域加强了对农村地区的教育资源投入和政策的倾斜，但是人口总量庞大的农村地区作为国家发展和稳定的基础，依然是国家政权控制与管理的重点。除了保证基础社会制度体系的稳固之外，还要大力发展农村经济，管理好土地、水利，巩固好计划生育基本国策等。这一系列任务又必须经由地方政府来落实。在当前行政体制改革滞后于经济体制改革的时代大背景下，中央与地方政府的利益划分和职能确立界限依然不够清晰，事权与财权不相对称的问题，使得地方政府在推进布局调整政策时，难以与中央与农民的利益诉求相一致。

4）通过农民群体与地方政府博弈的策略选择与收益预期分析可发现，布局调整政策的执行效果不仅仅与政策本身的完备性相关，更与政府职能体制、监督体制的健康与完善密切相关。由于布局调整政策执行过程及实际效果的考核与评估，主要通过自上而下的行政执行链展开，农民群体对于布局调整政策的推进过程缺乏有效的监督和约束。这一缺陷使得地方政府变通执行布局调整的预期被惩处概率降低，"上有政策，下有对策"的政策空间得以拓展，进而加剧了布局调整政策执行问题的产生。

总而言之，农村教育布局调整政策的推进是一个极为复杂的系统性工程，涉及多方利益群体的利益关系的协调与重塑，就农村教育布局调整政策本身而谈布局调整具有明显的局限性。基于地方政府与农民群体的非对称博弈过程与结果分析可知，要保障布局调整政策的完整落实和目标意图的实现，与政府职能转变、社会治理结构的调整、监督与约束机制的强化等密不可分。

农村教育布局调整政策执行主体
之间的利益博弈

地方政府作为农村教育布局调整政策的主体执行力量，在政策执行过程中发挥着承上启下的关键作用。作为理性的"经济人"，在落实农村教育布局调整政策过程中，地方政府不仅与政策制定与监督主体——中央政府，以及政策目标对象——农民群体展开利益博弈互动，地方政府内部之间也同样会展开各种各样的利益博弈，以实现自身效用的最大化。地方政府内部在农村教育布局调整政策执行过程中的博弈包括纵向间上下级地方政府之间的利益博弈、横向性地方政府以及政府内部各职能部门之间的博弈。本章主要对地方政府之间在农村教育布局调整政策执行过程中的博弈表现、过程与产生机制进行分析，试图从地方政府间博弈互动及影响的分析角度，诠释政策执行问题产生的机理。

○ 第一节
● **政策执行主体非合作博弈分析的基础模型**

对于地方政府在公共政策执行中的竞争与博弈，国内学者多有论及。观点多集中于制度变迁对地方政府之间博弈的各类影响。在原来的计划经济体制下，由于资源与权力多掌握在中央政府手中，地方政府不具备剩余索取权与支配权，因而地方政府之间的博弈实际上是一种"兄弟之争"（宋林霖等，2011）。而随着市场体制的确立与政府职能的转变，地方政府逐渐成为独立的经济实体。为争取有限的资源以及扩大自身收益，地方政府之间围绕着有形与无形资源的竞争与博弈日趋激烈。由于中央政府事实上采取的是以经济绩效为核心的相对绩效考核标准对地方官员加以考评，这导致地方政府在执行政策过程中，为追求比其他地方政府更好的绩效而互不配合甚至相互拆台，或是跟风性地重复建设。对于有利可图，能够促进经济发展与职位晋升的各类经济性政策，地方政府之间趋之若鹜，而对于诸如教育、医疗、卫生等公共福利性政策，则普遍显示出动力不足、相互推诿的现象。从博弈论的角度来看，地方政府之间在公共政策执行过程中的利益博弈符合群体间"非合作博弈"的特征。对于群体间的非合作博弈，主要有三种常见的分析模式：

1.Hardin 的"公地悲剧"模型

由于公地是无偿提供给牧民使用，每个牧民都可在上面放牧，对于单个牧民而言，放牧牲畜越多，获利越大。畜牧增多所导致的牧地草场退化等负面效应，则由在公地上进行放牧的牧民们共同承担。对于单个牧民而言，如果别人都扩大放牧牲口的数量而自己不效仿的话，将意味着自己收益减少的同时，还要承担别人产生的负面效应。因此，每一个理性的牧民为追求自身利益的最大化而不断地增加牲畜的数量，最终导致公共牧场不堪重负而彻底退化，即出现所谓的"公地悲剧"。在一个类似于"公地放牧"的博弈赛局中，制度设计的缺失使所有行动者难以达到集体理性。最终形成的博弈结果引发公共资源的过度利用，不仅损害了整个群体的利益，个体利益也难以幸免。"公地悲剧"这一经典意义的现象并非局限于经济领域，在所有与公共资源利用相关的领域均可能产生类似的情况。在义务教育领域，由于义务教育的公共属性，教育资源与利益同样是一块"公地"。不仅仅是受教育者，从利益角度来看，作为管理者的地方政府也同样可从中谋求经济、政治以及教育效用。如果没有有力的制度规范对强势利益群体过度攫取"公地利益"行为加以约束，那么损害整个义务教育长远发展的"公地悲剧"就有可能出现。这也是我们观察和分析地方政府在学校布局调整过程中集体博弈行为的重要切入点。

2. "囚徒困境"模型

为分析博弈各方不合作所造成的"负和"博弈。研究者们精心设计了一个看似简单却蕴含着深刻含义的故事，以说明行动者彼此间的博弈互动。警察在某一次仓库纵火案的现场抓到 A 与 B 两个嫌犯，由于证据不足，警察只能将他们进行隔离监禁，分头审讯。此时，A 与 B 两个嫌犯面临以下几个选择：一是承认放火，每个人都将判处入狱 3 年；二是两个人都拒绝坦白，那么每个人将被判处入狱 1 年；三是如果一个人坚决不承认而另一个人坦白并转为证人，那么抵赖者将被判入狱 5 年，坦白者则有立功表现而被释放。那么，很显然 A 与 B 的最优决策是两人都不坦白。然后，A 与 B 从自己的私利出发，根据收益与风险的衡量会不约而同地选择坦白，最终结果则是 A 与 B 均被判处入狱 3 年。在这个博弈过程中，A 与 B 看似都选择了对自己最有利的博弈行动策略，然而最终却都无法获得最优结果。"囚徒困境"形象地提示了个体理性与集体非理性两者之间矛盾冲突的困境。虽然"囚徒困境"是研究者所假设的一个虚拟案例，但在现实生活中并非找不到类似现象。相反，这一博弈困境在现实社会中是无所不在的。当然，虽然在具体的现实生活中，参与博弈的可能是多个行动者组成的组织、利益集团，而非单个的行动者，但由于这种"囚徒困境"的存在，博弈结果往往并非是"帕累托最优状态"。当观察学校布局调整过程中利益群体的博弈决策时可发现,在资源有限性的制约下,各利益相关者基于个体理性而各自进行"最优决策",以期获得个体效用的最大化,然而由于各方缺乏合作,使得个体理性难以确保各自达到预期目标。不仅仅是中央与地方政府之间,地方政府与目标群体之间,纵向地方政府、横向地方政府以及政府部门内部之间由于各自利益需要的存在,使得这种囚徒困境在布局调整过程之中屡见不鲜。

3.Olson 的"集体行动逻辑"模型

在 Olson 看来,每一个利益群团都是由具有共同利益追求的个体行动者组成,而这种共同利益近似或是等同于一种公共物品,具有消费的非竞争性与受益的非排他性。在这种情况下,集团内部的任一行动成员为集团共同利益而付出牺牲所获得的收益,最终都将由集团内所有行动者共同分享。然而,由于个体理性的存在,集团内部的每一个成员都会从个人利益出发,衡量自己参与集团共同行动所要付出的经济、时间以及信息成本。在"成本 - 收益"的衡量下,每一成员都有坐享他人带来的收益而避免支付过多成本的"搭便车"的倾向。这种个体理性往往会导致集团的整体活动陷入"囚徒困境"之中。"集体行动的逻辑"实际上诠释的是集体行为的根本困境,即理性的行动个体不愿为集体的共同利益牺牲时间、精力或自身利益,个体理性作用的结果往往是集体的非理性。

以上三个非合作博弈分析模型各有侧重,"公地悲剧"模型强调个体理性导致集体非理性,"囚徒困境"则重点分析限定博弈次数中个体理性与集体理性的矛盾,而"集体行动的逻辑"则意在揭示在多次博弈下,多个博弈主体博弈行为所导致的集体非理性结果。这三个模型本质上都蕴涵着这样真实存在的逻辑:集体行为存在困境。对于学校布局调政策而言,这一政策执行过程周期长,涉及面广,影响力大,需要纵向间地方政府、横向间地方政府以及地方政府内部多个部门及执行者参与到这一政策落实过程中。而正是这种广泛的覆盖性,执行组织规模的庞大性,政策有效执行更有赖于集体协作,属于典型的"集体行动"。而上述三种博弈模型论证了"集体行动困境"的客观性与必然性。在布局调整政策执行的这一场域中,作为政策执行者的地方政府也不可避免地面临着"集体行动困境"的困扰。从十余年来农村教育布局调整政策所引发的一系列问题在大范围内的存在可知,基于各自的利益诉求,作为理性的地方政府在学校布局政策执行博弈中微观抉择,催生了非理性的宏观消极效应。从这一点出发,这种执行的集体行动困境与布局调整政策执行问题就存在有机的联系。正是出于这样的考虑,分析政策执行主体间的集体行动博弈困境表现与产生机制,是本章需要重点关注的问题。

○　第二节
●　地方政府在政策执行中的"集体行动困境"

一、中央政府的政策调适

作为一种公共选择，农村教育布局调整实质体现的是对农村教育资源与利益所进行的非市场决策。决策的主体力量是各级政府部门。作为决策的主导力量，中央政府先行颁布一系列布局调整相关政策文件，"吹响"学校布局调工作的序曲，主要的相关政策文件如表 6-1 所示。

表 6-1　中央政府关于农村教育布局调整的主要政策文件

机构	时间	文件名称	主要内容
国务院	2001 年 3 月	《国务院关于进一步做好农村税费改革试点工作的通知》	合理调整中小学布局，适当撤并规模小的学校与教学点
国务院	2001 年 5 月	《关于基础教育改革与发展的决定》	按照小学就近入学、初中相对集中、优化教育资源配置的原则，合理规划和调整学校布局
财政部	2003 年 6 月	《中小学布局调整专项资金管理办法》	推进、支持和鼓励中小学布局调整，加快中小学规范化、标准化建设
国务院	2003 年 9 月	《关于进一步加强农村地区教育工作的决定》	继续推进中小学布局调整结构，努力改善办学条件，重点加强农村初中和边远山区，少数民族地区寄宿制学校建设
教育部、财政部	2003 年 9 月	《关于进一步加强农村地区"两基"巩固提高工作的意见》	稳步推进农村布局调整工作，提高办学规模与效益，中央财政将根据各地布局调整工作的开展情况，给予适当的奖励与支持
国务院	2004 年 2 月	《国家西部地区"两基"攻坚计划（2004—2007 年）》	中央重点补助"两基"攻坚县农村寄宿制学校建设，帮助新建和改扩建寄宿制初中和小学

从政策文件内容的分析来看，中央政府所推出的政策条文，由起初实际上强调"效率优先，兼顾公平"，到后来越来越明确和坚定的"在坚持公平的基础上，注意效率的提高"价值选择，其意图在于在效率与公平之间寻找一个最佳的契合点。

二、地方政府的政策偏离

地方政府作为具有"经济理性"的行动主体，在农村教育布局调整政策落实的过程中，同样有着自己的行为逻辑与价值追求。表6-2选取了部分省份的农村教育布局调整政策相关文件加以比较。

表6-2　部分省份农村教育布局调整政策文件及主要目标

省份	时间	文件名称	主要目标
山西省	2002年	《关于全省中小学布局调整结构调整的意见》	"十五"期间使农村中小学总数减少15%～20%
山西省	2003年	《关于进一步加强农村教育工作的决定》	到2007年，基本取消7人以下的教学点和四级复式教学，取消双轨制以下的初中学校
辽宁省	2001年	《"十五"期间农村中小学结构布局调整工作实施方案》	到2003年初中减少10%，小学减少22%，教学点减少50%以上
辽宁省	2004年	《辽宁省农村教育跨越式发展计划》	到2007年全省规划撤并布局不合理的学校3326所
宁夏回族自治区	2001年	《关于调整农村中小学布局优化教职工队伍的意见》	川区用3年、山区用5年，农村小学减少10%～15%，农村中学减少15%～20%
陕西省	2002年	《关于加快中小学布局调整和优化教职工队伍确保农村教育投入的意见》	5年内全省农村小学减少7000所，初中减少1760所
江西省	2002年	《江西省调整农村中小学布局精简和优化教职工队伍的意见》	用3年时间将农村义务教育阶段中小学减少10%左右
贵州省	2002年	《关于农村中小学布局结构调整和优化农村中小学教师队伍的意见》	2002年基本取消复式班，2003年基本取消教学点，2004年"村小"在1999年的基础上减少50%以上

各省布局调整工作由省级相关政府部门自上而下制定。从上述文件内容看，对于数字的强调成为全国诸多省份布局调整工作的典型特征。撤并学校的总数量、撤并学校占全省学校总数的比例、学校在校生总体规模、师生比、学校覆盖区域及服务半径、服务人口数量，这些无不与特定的数字相挂钩。规模在这里成了各省份推进布局调整政策所关照的首要目标，如果某所学校的总体规模或是年招生数达不到相关要求，那么学校就可能面临被撤销或是被合并的命运。而中央政策文件里所强调的实事求是、因地制宜、便于就近入学以及以方便和满足的学生及家长需求为出发点，则被地方政府言语不详地略过。在对鄂尔多斯市准噶尔旗教育部门的某领导进行访谈时，这位领导这样说：

中央政策（指布局调整）刚出台时，我们对其他省份和一些市县的布局调整文件也做了详细研究，发现这些文件的一个主要导向就是按学校规模和学校覆盖范围来撤并学校。虽然这个做法看起来有些武断，但你想想还是有些道理的。因为只有这样，才能有一个操作化的标准。我们做事和你们搞研究还不太一样，我们必须得把事情给落实了。后来，我们这里出台具体的撤并方案时，也参考了这一思路，当然对中央提的其他方面肯定也有顾及……

当初撤点并校时，客观上讲，是有一些攀比心态的。你想，邻近的旗县人家都按照上面的要求，撤了一大批学校，我们要是按兵不动，撤的比人家少，那到时汇报工作时，是很被动的……①

这位领导对于撤并的反思实际上折射出了地方政府落实中央政府的一种个体"理性"选择。对于地方政府而言，学校布局调整既可以节省财政支出，减轻财政压力，符合自身的利益，同时，作为一项中央重视的政治任务，执行此项政策亦可以提升政绩。虽然从教育的角度来看，地方政府可以通过布局调整缩小教育差距，提升质量，促进教育公平，但这种收益获得往往耗时耗力，且难以测量和考评。而教育效率的提升更容易量化考核，比如，学校撤并数量、师生比、学校建筑面积、经费节约量以及布局调整政策完成时间等。因此，地方政府以"优化教育资源配置"和"规模效益"作为布局调整工作的指导原则，"村不办小学，乡不办中学"等规模化、集中化和城镇化的调整方案作为规划路线，而"就近就学"以及"交通不便的地区仍需保留必要的教学点"等中央政府所提的调整前提则相对搁置。地方政府更热衷于大规模的撤并学校，建设高标准的示范性学校和寄宿制学校，追求显而易见的"政绩"，而对教育公平则相对忽视。在这种追求效率的背景下，微观理性的地方政府在推进布局调整工作时出现了明显的集体非理性撤并行为。之所以称为集体非理性，是因为这种行为并非在某个省份地区产生，而是具有广泛的普遍性。这种集体非理性行为首先表现为过度追求学校的撤并数量，导致学校总量特别是小学数量急剧下降。2000～2009年，全国小学由55.36万所下降至28.02万所，下降幅度将近一半，年均减少约2.7万所。全国初中学校由6.39万所下降至5.63万所，共计减少约7600所，年均减少约760所（教育部，2006）。再者，过度追求学校规模与在校生规模的扩大。根据教育部的相关规定，小学正常班额应为40～45人，中学应为45～50人。而有研究者在西部6省的高中抽样调查中发现，大班额占32%，超大班额占35.8%。在甘肃、陕西等地区万人以上的巨型学校已屡见不鲜；另外，追求学校过度向乡镇中心及县城中心集中。

① 2011年9月24日准噶尔旗教育行政部门领导访谈整理稿内容。

三、集体非理性行为的消极效应

诚然，地方政府通过撤点并校提升了教育资源的利用效率，节省了教育经费，学生的学习环境和教师工作条件有所改善，为进一步促进区域内的教育均衡化发展，提高农村教育质量奠定了基础。然而，由于布局调整被撤掉的学校多位于经济发展落后、交通位置不便的地区，这些地区的学生上学距离普遍增加，求学时间与经济成本相应增加。为此，这些地区的家长被迫额外支出一笔交通、食宿及其他隐性费用。而这些地区的农民组织化程度低，博弈能力薄弱，对于成本转嫁于自身的非均衡博弈现状难以从根本上进行改变。从某种意义上讲，这些偏远地区的农民家庭实际承担着本不应或部分由其承担的政策执行成本。那么，从这一点出发，这种地方政府之间大规模的集体非理行为不仅未能降低成本，反而加重了偏远地区农村家庭的教育负担，由此衍生的一系列问题可能将抵消学校规模扩大带来的积极效应。因此，对于地方政府之间这种集体非理性行为，从博弈论角度来看，实质也是一种地方政府之间所达成的一种博弈均衡状态。那么，面对中央政府明确的政策目标路径，单个地方政府选择了理性行为，而在地方政府之间却形成了上述非理性的集体行动。这种微观理性、宏观非理性的博弈互动机制又是怎样产生的，是接下来所要探讨的主要内容。

○　第三节
● **"紧跟"与"效仿"：横向地方政府之间的博弈分析**

一、制度 – 行为分析框架

对于学校布局调整过程中地方政府之间的博弈互动过程与产生机制，有诸多生成原因，也可从多个角度加以分析。本节尝试通过构建"制度 – 行为"分析框架对布局调整过程中地方政府之间的博弈过程与产生机理进行剖析。正如科尔曼（2008）所指出的那样，任何行动理论都必然包括关于基本行动者的理论。无论行为的结构有多么复杂，基本行动者均是行动产生的源泉。地方政府并非抽象概念，而是由行动者构成的科层组织。管理和组成政府的行动者具有目标函数和利益导向。置于研究视野之中的政府博弈行为实际上正是这些行动者在政策执行活动中的博弈集合。因此，在微观层面上，地方政府之间的博弈互动可以转换为地方政府官员之间的博弈竞争。制度作为社会的博弈规则，在约束和引导人们预期行为中扮演着重要角色。理性的行动者在某一时空之中，在特定的制度框架之下追求自身效用的最大化。从当前地方政府落实政策的操作性层面来看，其政策执行受到经济导向的考核制度、政府间利益分配制度、任期与干部交流制度、监督与预算制度的激励与制约，地方政府执行政策结果实际上是地方官员的行为偏好与制度框架相互作用的产物。

1）经济政绩考评制度和政府间利益分配制度构成了基本的激励空间。这两项制度构成了地方政府官员特别是党政首长的主要制度激励。自 1980 年以后，对地方政府官员的考核与提拔由以往的"政治挂帅"逐渐向"经济绩效指标"为重过渡（尚虎平，2007）。《党政领导干部选拔任用工作条例》《公务员法》等相关规章制度与法律法规的出台与完善，也进一步明确了"绩效"是地方行政官员得以晋升的主要依据。这就促使地方行政官员不得不加强对辖区内绩效的关注，各地行政官员实际上均要围绕着关键指标展开竞争。由于缺乏"用脚投票"的选民监督机制，地方政府考核压力并非来自地方议会或广大公众的选票，而是来自于上级所指定的经济、社会各项事务的硬性指标。上级政府根据下级政府完成规定指标的情况给予奖励或惩处，并将这种奖惩结果与地方行政官员的职务晋升直接挂钩。由此这种绩效考核制度成为指导和约束地方政府官员的指挥棒。在利益分配制度方面，以分税制为主轴的财政收支分配制度构成了不同政府之间利益分配的基础。分税制的推行，实际上赋予了地方政府相对独立的利益主体地位，同时为谋取组织及个人收益的空间与可能性也有所增加。在这一制度的约束与激励下，上下级政府之间、同级政府之间，为争取更多的财政利益而催生了各种竞争行为。地方政府官员既努力实现开源节流，专注于促进经济的持续发展，同时也引发了不同政府间为争取更多利益而相互卸责、重复建设。

2）任期经济政绩构成了地方政府官员的主导行为偏好。从委代－代理的角度来看，通过政绩选拔和晋升地方政府官员，是作为委托人的中央政府与作为代理人的地方政府之间所构成的一项隐形合同。作为执政党，自改革开放以来在巩固历史所赋予合法性的基础上，中国共产党越来越强调经济建设与执政合法两者之间的联系，试图通过促进经济发展，不断提高人民生活水平来换取人民的支持与信任。即使近些年来所提出来的新型发展观，实际上也是一种政绩合法性建设途经，只不过更注意综合性发展。在这种战略定位中，中央政府必然强调地方政府围绕着经济发展这一核心，全力推进社会的发展与繁荣，因此长期以来对地方政府的考评也是紧紧围绕着经济指标展开。地方经济绩效构成了上一级政府衡量下一级政府以及高层官员的最重要指标（马骏等，2005）。在这种情况下，地方政府官员特别是党政首长更加关注地方的经济发展，大力发展地方经济，以此作为主要政绩换得中央政府的认可与晋升。但不能忽视的是，地方政府官员任期具有届别性，任何官员都不能终身在某一地区任职。同时，一些地方为了促进干部年轻化，对于不同级别的领导干部年龄上限均有明确规定。如35岁以上不再进入乡镇党政领导班子，40岁以上基本不再进入县级党政领导干部，50岁以上则不再提拔进入省级党政领导班子等（何显明，2007）。此外，为规避地方官员"派系繁衍"而产生的地方保护主义，中央会借助调动职位的方式促进地方官员之间的流动，这也相对缩短了官员在特定职位的年限（容志，2008）。在这种绩效考核的拉力与任期限制的推力作用下，地方政府官员不得不在有限任期内交纳经济绩效成绩单，这就迫使他们在有限任期内尽量关注于经济领域的发展，大干快上，以期在短期内获得更多的经济、政治效用。

3）追求政治晋升构成了地方政府官员的主要政治偏好。对于地方政府官员而言，政治晋升既代表着掌握更多的资源和更大的权力，也意味着享有更高的政治声誉。然而，政府组织内部的职位，特别是高级职位是一种稀缺资源。在政府组织内部的晋升博弈中，既定职位仅能由少数人获得，一人所得构成了另一个所失。因此，对于参与激烈的政治晋升的地方政府官员而言，他们所面临的是一种"零和博弈"。周黎安（2007）将同级政府官员之间、上下级政府官员之间的晋升角逐形象地喻为"政治晋升锦标赛"。在这场锦标赛中，决定胜负的规定与标准是由上级政府决定的。然而由于衡量地方政府的真实绩效是一件困难的事情，对于负有考评责任的上级领导而言，对下一级政府官员进行考核、监督、奖惩及管理时需支付大量成本，同时由于公共服务收益可能是长期的、潜在的，以及非物质表现的，难以简单地从成本与收益对比上加以衡量。因此，政绩排序考核集中在便于检测与观察的GDP总量、外资投资量、上缴利税、财政收入等指标上。因此，在这种晋升锦标赛中，地方政府官员围绕着本区经济发展与财政收入增加，展开了激烈的博弈竞争。为了在政治晋升锦标赛中获得成功，地方行政官员必须竭尽全力在任期内提升本区政绩排名。这一方面将地方政府官员置于显性激励之中，但另一方面也导致地方政府之间为争取晋升名额，将大部分精力用于与考核指标相关的各类事务，对公共服务缺乏足够动机，以及地方政府之间相互模仿、重复建设等问题。

4）追求经济增长，财政收入增加构成了地方政府官员的主导经济偏好。除追求政治晋升外，增加本区财政收入也是地方政府官员的行为指向目标。一方面，财政收入的增长不仅可以增加基础建设投资，改善投资环境，吸引更多项目投资与资本注入，进一步彰显任期内所取得的成效；另一方面，财政收入的增加，也意味着地方政府官员个人效用的增加，包括货币收入增加以及非货币收入的延展。同时，政府机构内部成员对薪酬福利的增长预期对党政主要干部也构成了一定压力。因而，出于自身效用的考虑以及政府内部成员对收益增长需求的隐形压力，增加财政收入构成了地方政府官员的主导经济偏好。要实现任期内财政收入增加这一任务，地方政府的工作重心更倾向于投资基础建设，吸引资本注入，发展支柱产业等，以促进地方经济的增长。

　　5）作为制度框架与地方政府偏好相互作用下的产物，地方政府政策执行的行动策略表现为机会主义。就政策执行而言，如果中央的政策利益导向与地方政府官员的需求偏好完全一致的话，就不会产生所谓的"代理人困境"问题。而如果两者之间利益存在分歧与差异，那么利益冲突就可能产生。在上述的制度框架内，地方政府官员试图在有限的任期内追求经济与政治效用的最大化，以求获得政治晋升与经济收益增长。这意味着地方政府官员必须在尽可能短的时间内获得最大程度的经济成就。由于地方政府官员均有一定任期，并且能否获得晋升取决于其辖区内的经济绩效。为确保能够获得晋升锦标赛的胜利，地方政府官员就必须在任期内全力促进经济增长。为突出任期内的政绩，追求政治晋升与满足经济发展的偏好，地方政府在落实中央政策中表现出机会主义的策略导向，即对于中央政府的各项政策而言，凡是有助于提高本区经济绩效、短期内能够拉动经济增长，增加财政收入的政策，以及中央政府严格督办的地方政府更易选择积极执行；反之，对于那些短期内不能促进地方经济发展、不易突出政绩、中央监督偏弱的政策，地方政府官员则缺乏执行的动力。在具体的实践中，这种机会主义的策略行为突出表现在地方政府官员对经济性政策与社会性政策所采取的执行策略中。所谓的经济性政策概指投资性政策，能够为地方政府带来直接的经济效益，而社会性政策多属于消耗资源型政策，难以为地方政府带来立竿见影的成效。在当前既有的制度体系之内，地方政府官员的执行偏好普遍表现为"好"经济性政策而"恶"社会性政策，将关注的重心集中于经济发展领域，投入大量时间与精力改善基础设施条件，以试图在激烈的竞争中占据优势地位。其结果则是诸如医疗、教育、卫生、社会保障等社会性政策被边缘化或淡化处理。因此，通过上述分析可知，地方政府政策执行实际上是基于"制度－行为"博弈下的机会主义策略组合，是地方政府官员偏好与制度框架互动下的产物，而并非简单"自上而下"的贯彻实施或是"自下而上"自主实践的线性过程。

二、横向政府之间政策执行"囚徒困境"博弈分析

学校布局调整政策作为公共政策的组成部分，经由中央到基层多个层次的政策执行链条后，最终依赖于地方政府的执行落实。因而在具体的落实过程中，同样不可避免地要受到既有制度框架的约束。换言之，对于农村教育布局调整政策执行的考虑，同样要考虑地方政府官员政治晋升、财政增长的偏好与政绩考核制度、政府间利益分配制度、任期制度、预算制度以监督制度所构成的"行为－制度"之间互动的影响。作为调整农村教育利益格局与教育关系的布局调整政策，从性质上看属于社会性政策。在这一政策的具体落实过程中，与其他社会性政策相类似，不可避免地要受到地方政府官员基于"成本－收益"衡量下的机会主义策略行为惯性的影响。再回顾上述所分析的地方政府所共同呈现的集体非理性选择表现，根据"行为－制度"这一分析框架的解释，实质上可被视作地方政府官员依据经济、政治效用函数，运用各种操作化策略对布局调整政策所作出的机会主义选择。这种非理性选择从机会主义策略的特征来看，表现出以下几点特征。

1）在农村教育布局调整政策所涉及的一系列目标中，选择较为容易完成，易被上级衡量的目标加以完成。委托代理理论认为，代理人面对委托人交付的一系列任务，在时间与精力有限的情况下，一般会选择容易被委托人观测到、易于凸显的任务绩效目标，着重加以完成，对于其他一般性目标则相对忽略（Holmstrom, et al., 1991）。学校布局调整首先作为对分散的农村教育资源优化配置的过程中，这种优化配置意味着教育资源的节省、教育效益的提升以及管理效率的提高。在体现这一目标诉求过程中，地方政府将大规模撤并学校的数量与速度作为重点实施手段。这实际上是地方政府通过为上级主动提供易被考核和观测到的"政绩数字"而完成所承担的代理任务。在这种策略的指引下，地方政府将布局调整一系列任务转换为快速大规模撤并学校这一任务上来，以"提前"、"超额"完成布局调整任务作为指导方向。这实际上也反映出了地方政府在制度约束框架下，根据成本－收益衡量所作出的偏好选择。因为在地方政府看来，完整落实布局调整政策的成本可能比机会主义行为的成本要高。义务教育作为公共产品，其投入多，见效慢。要想通过布局调整实现农村教育资源的合理配置，促进城乡均衡发展，就要从经济、制度与文化等多重因素入手，投入大量的时

间、精力、财力与物力，这种工作所付出的成本可想而知。在这种情况下，对于理性的代理方——地方政府而言，选择易于观察、易于量化的政策目标，相对于其他难以量化、需付出巨大成本的目标而言，符合经济与政治效用的需要。

2）在执行方式上，选择最为便捷、简单、见效的形式。对于布局调整而言，地方政府间的普遍选择是撤销偏远地区的学校，在乡镇或是县城中心建设大规模的寄宿学校。通过这种明确易行的方式，可以在短期内实现集中分散的农村教育资源，获取学校规模效益。同时，通过这种学校、学生进城的方式，可以带动县城区域内的基础设施建设、房地产、居民消费、租房等一系列经济效益的增加。对于地方政府而言，既能够满足上级政府所偏好的"数字需求"，又能够减轻教育支出负担，同时也能够通过教育的发展带动经济的增长。虽然这种方式可能对教育公平造成损伤，同时从长远看过度规模化也将导致教育效益的下降，然而短期内对于地方政府而言，符合其在制度框架内的理性策略选择。

3）追求短期利益，忽视长远利益。从教育均衡发展层面上讲，学校布局调整所获得的长远绩效应是城乡教育资源配置均衡、新建学校规模适当、偏远地区教育公平得到兼顾、校车等配套系统完善，新农村建设与农村教育协调持续发展等，然而这些工作难以在短期内完成。虽然通过撤并学校的形式在短期内实现规模效应，但要确保这种规模效益的可持续性，仍需要大量后续工作，其效果也要在较长的时间后才可能充分发挥出来。对于任期有限的地方政府官员而言，其最优的决策是专注能够强化其经济政绩，提升在晋升锦标赛中的竞争力以及增加财政收入等目标之上，而不是在离任后才能够产生效应的项目。因此，在学校布局调整过程中，地方政府一系列机会主义行为实际上是一种卸责的体现：推卸农村教育布局调整政策中促进农村教育长远发展的工作，重点关注能够获得经济绩效的工作内容。

4）对学校布局调整过程中产生的外部性问题关心不够，转嫁执行成本。在任期制以及交流制度的约束下，不论官员晋升、平级调任或是调换岗位，地方政府官员都必须在任期结束后离开现有位置。这在激励规则上，实际上是暗示地方政府官员无须对任期内机会主义行为造成的不良后果承担相应责任。在学校布局调整过程中，地方政府集体非理性的过度追求经济效益，实际上了违背了布局调整所追求的优化教育资源，促进教育均衡发展，实现教育公平发展这一初衷。特别是教育领域内部，一味追求经济效益而罔顾教育公益性特征，实际上是违背了"育人"的根本属性。地方政府机会主义所带来的偏远地学生入学困难，农民教育负担增加，贫困家庭子女辍学等问题，会影响一个人甚至一代人的发展，这是难以用金钱衡量或是弥补的伤害。然而，由于政府部门之间的职责交叉与模糊性，以及公共责任认定的复杂性，难以对地方政府在布局调整过程中的机会主义策略行为进行追究。

　　根据行为－制度分析框架对布局调整过程中地方政府之间集体非理性博弈行为的产生机制与实质表现加以分析后，接下来需要分析的是，为什么这种非理性广泛存在于地方政府之间？这种集体非理性背后的博弈机理又是如何？在这里，通过构建博弈简化模型来分析理性的地方政府，在执行布局调整政策过程中，普遍性的集体非理性行为是如何产生的。为便于分析，假设在布局调整过程中，具有横向府际关系的地方政府 A 与地方政府 B 构成了博弈的双方。对于同级政府而言，在落实农村教育布局调整政策过程中，均具有一定的独立自主性与利益需求，是追求自身效用最大化的理性人。在政策执行过程中，A 与B 根据各自的目标函数，以自身利益需要选择具体的执行行为。在这里，假设双方在采取博弈策略前，对对方潜在策略行为以及预期收益结果很清楚，双方属于完全信息动态博弈。对于地方政府 A 与地方政府 B 来说，有两种基本选择：一是忠诚地执行布局调整政策；二是采取机会主义策略行为。那么，在学校布局调整过程中，双方的政策执行博弈过程可以描述为表 6-3 所示，具体分析过程如下。

表 6-3　横向政府间布局调整政策执行"囚徒困境"博弈模型

地方政府 A	忠实执行	变通执行
	协作－积极执行	非协作－消极执行
协作－积极执行	Ⅰ（4，4）	Ⅱ（3，7）
非协作－消极执行	Ⅲ（7，3）	Ⅳ（9，9）

　　1）假定地方政府 A、B 双方能够充分考虑教育的长远利益，切实尊重和保护农民群体的实际利益，忠诚落实上级政府预设的政策目标，审慎地进行学校的撤销与调整。与此同时，双方均能投入足够的经费以确保校车配置、寄宿制学校标准化建设以及农村学生资助等工作的顺利开展。这些行为所带来的效果，从长远上来看对中央政府及广大农村地区有效，但是短期时间内，地方政府将面临决策烦琐、工作量大、投入资源多等一系列困难，进而影响其他领域的投入配置。因此双方均只能获得 4 个单位的收益。如表 6-3 中的 Ⅰ 部分所示。

　　2）如果地方政府 A 选择充分考虑农民群体的利益，严格执行布局调整政策，并期望地方政府 B 能够协同执行，然而地方政府 B 基于自身利益的考虑采取机会主义策略行为，并且不与地方政府 B 协作，大规模地撤销或合并学校。

在撤并学校的过程中，未遵循中央政府的相关规定，较少甚至不征询农民群众的意见。同时，在确保校车配置、寄宿制学校标准化建设以及农村学生资助等工作方面故意拖延，较少投入必要的资源。积极落实政策的地方政府 A 可能需消耗大量的人力、物力以及财力等执行成本，因此仅能收获 3 个单位的收益；而对于地方政府 B 来说，至少从短期结果看，这种博弈结果对其较为有利。因为一方面其通过这些途经，既节约了教育投入，同时也较快、较多地撤并了农村中小学校，完成了上级委托的任务，绩效较好，对其自身的绩效考核和政治晋升具有积极的促进作用。而由于布局调整的消极效应在短期内并不能立即显现，而且这种负面的效应由于公共教育责任认定的模糊性与复杂性，使得地方政府 B 的机会主义行为受到惩处的概率较低，而由此产生的负面效应则可能由于政府这个庞大的组织共同承担，因此可以获得 7 个单位的收益，如表 6-3 中的 Ⅱ 部分所示。

3）对于理性的地方政府 A 而言，它显然并不甘于为他人作嫁衣裳。如果政府 A 效仿政府 B 采取机会主义策略行为，也大规模地撤销和合并学校，在学校布局调整过程中会较少征询或尊重农民群体的意见。同时，也选择在校车配置、寄宿制学校标准化建设以及农村学生资助等工作方面故意加以拖延或选择式执行。这里所存在的博弈风险在于地方政府之间的这种机会主义策略行为所支付的成本，以及可能被中央政府彻查时需要付出的惩罚成本大小。但根据第四章中关于中央与地方政府的非合作过程博弈分析可知，地方政府之间的这种集体非理性的博弈行为被彻查的概率是非常小的。在这种情况下，理性的地方在政治、经济与教育收益的推力与被惩处概率较小拉力的双重作用下，双方均理性选择机会主义策略行为，此时，双方均能获得9个单位的收益。虽然从长远利益看，这种机会主义策略行为可能导致布局调整政策目标的落实，公共利益受到损失，引起民众与社会舆论的谴责，导致政府公信力的下降，由此造成的连锁反应可能招致上级政府的关注，而对其批评甚至是惩罚，但从短期来看，对于任期有限的地方政府官员而言，这种机会主义的策略行为选择适合自身效用的追求。

4）通过上述分析可知，横向地方政府之间博弈所得到的纳什均衡解即变通执行，变通执行。布局调整政策执行过程中的这种纳什均衡的突出表现，即是上述所分析所呈现的地方政府之间集体非理性行为的效仿与攀比，全国大范围内的学校快速撤并，短期内"巨型学校"的大量涌现，以及屡消难除的布局调整衍生问题等。

通过上述简化博弈模型的分析过程，并结合前文的"制度－行为"分析框架，可发现在学校布局调整过程中，横向地方政府之间集体非理性博弈行为的机制如下：基于当前"经济绩效作为晋升标准"激励机制的影响，出于绩效结果相对排序的考虑，在非对称信息条件与规避风险的条件下，地方政府之间会采取"模仿型"的博弈战略决策。这一战略决策旨在政策执行过程中，通过机会主义策略行为在短期内获得政治、经济以及教育绩效，从而为其绩效排序发挥积极效应。这种战略决策表现为政策执行过程，横向地方政府之间的行为相互作用，相互影响，决策表现为"跟从战略"，即某一地方政府通过操作化处理农村教育布局调整政策而获得效用时，其他地方政府也群起而效仿。这种"模仿战略"导致学校布局调整过程中重复性的地方政府执行行为层出不穷，屡禁难止。

○ 第四节
● "竞争"与"合谋"：纵向地方政府之间的利益博弈

一、央地非均衡利益分配格局及其后果

从组织学与委托代理理论的角度来看，我国纵向间地方政府的结构关系主要是一种自上而下、单向垂直性的委托代理博弈关系。从省级政府这一起点出发，直至基层乡镇政府，逐级授权，层层委托。中央政府所部署的政策任务，经由省级政府转承，基于本地区总体情况，将中央的任务与指标进行层层分解，下派至各层级的相关政府部门，并要求其在规定的时间内加以完成，然后根据任务完成的进度与具体成果给予适宜的奖励或惩处。从传统单一理论的视角来看，地方政府的权力来自于中央政府的授权，地方政府作为中央政府的代理或下属机构，是中央政府的微缩或翻版。纵向间地方政府的利益博弈互动，在很大程度上要受到这种中央与地方之间集权与分权调节的影响。从学校布局调整事权分割来看，学校布局调整的事权先由中央政府向省级政府部门放权，经由省级政府的目标与任务分解后，再向市县级政府分解，然后逐级下放权力，布局调整任务完成进度与取得成果则由基层政府部门逐级向上反馈。然而正如前文所分析的那样，作为理性的"经济人"，政府部门同样具有自利性，在纵向地方政府之间亦概莫能外。这种自利性突出表现为纵向各级地方政府努力扩大本级的财政能力，减轻本级财政支出压力，对需要付出较大成本的公共事业服务

等责任则逐级下放。围绕着事权与财权，纵向地方之间同样会展开博弈与竞争。在分税制这一财政体制框架内，纵向地方政府的支出各有侧重。几乎在所有省份中，省级政府按照传统省、市次级观念，确定彼此的收入分配模式。相应地，市级政府将自主安排与其他一级政府之间的收入分配模式。税源较好的，便于征取的项目往上逐级上收，而收税较为麻烦且总量偏少的项目，以及需要财政大力支持的公共事业等，则逐级下放。在这种情况下，出现了财力集中于省市，而县乡财政较为困难的局面。这造成的后果突出表现为：按现行财政分配情况，省级财政基本满意，地级财政基本过得去，而县级财政则较为困难。最突出的纵向间地方政府财政不足问题集中于县一级政府。

基于这种利益非均衡的分配格局，纵向间地方政府在地方公共产品与服务供给的博弈过程中，相互推诿的卸责行为较为普遍。就农村义务教育而言，世界银行在一份报告中指出，中国大约70%的公共教育支出发生在地方（省、市、县和乡镇），其中一半以上的支出由省级以下政府承担（庞娟，2010）。相对于其他国家，特别是发达国家而言，中国实际上是将公共服务的主要责任下放至基层政府。就农村教育布局调整政策所涉及的义务教育事业而言，农村义务教育所获得的经常性财政支出均大大低于城市。虽然从2006年开始的义务教育新机制对纵向间政府义务教育投入比例作出了新的划分，强化了中央与省级政府的责任，但由于义务教育的长期欠债，教育经费总投入量仍偏小。中西部许多地区的农村学校校舍维护、办公支出以及寄宿制学校后期投入、学生的补助等支出责任，实际上仍主要由基层地方政府承担（范先佐等，2009c）。伴随社会公共服务支出规模的日益增大，地方政府面临的财政压力在逐渐加大。然而，对基层地方政府而言，虽然财力有限，但承担的义务教育管理责任最为繁复，财政支出比例较大，从中获得直接受益的份额却最少。这使得基层政府在供给义务教育产品与服务时动力不足，易借助信息非对称优势以及监管缺失，与上级政府展开博弈。

二、纵向间地方政府的"竞争型"博弈互动

上述纵向地方政府间的竞争环境与制度空间，是观察与分析农村教育布局调整政策执行中纵向地方政府博弈互动的具体背景。在促进义务教育发展的过程中，纵向地方政府之间基于事权与财权的博弈之间存在着微妙关系：当上一级财政预算扩大时，下一级政府与上级政府讨价还价，试图在争取更多财政支持的同时，尽量将责任与负担推诿给上一级政府。而当下一级政府财力有所扩

大的时候，上一级政府也会将相应的义务教育办学责任下放至下一级政府部门。这反映了纵向间地方政府基于利益需求的差异与效用的追求各自所展开的博弈互动。同时，值得注意的是，由于教育作为社会性政策，在纵向地方政府的代理任务系列中常处于边缘地位，这导致各级政府的财政预算能力与教育实际支出之间的关系并非呈现正向关系，而是被视为投资多、见效慢的事业而被下放和推诿。在"省级统筹，以县为主"的教育管理体制框架内，农村教育布局调整政策实质上是一种典型的"中央请客，地方埋单"的下卸教育事权政策模式。虽然中央在布局调整过程中拨出专项资金，用于标准化寄宿制学校建设以及对学生的补助等，但对于广大的中西部农村地区而言，专项资金的比例仍极为有限。为确保布局调整政策的顺利推行，纵向间地方政府均要支付大量直接与间接成本。从理论上讲，为确保中央政策意图顺利落实，省级政府需要根据中央政策精神，确定本区布局调整政策的总体原则、目标、进度以及职责的划分，明确各级地方政府具体负责的范围与撤并的本地标准，激励本区各区县遵循实际情况，切实有效地推进学校布局调整工作。然而，正如有学者所指出的那样，相较上级政府而言，下级政府的决策权更易于被上级政府所侵占（吴理财，2003）。借助这种优势，在农村教育布局调整政策过程中，纵向地方政府通过管理责任的逐级下放，布局调整政策落实的重任实际上压到了基层政府特别是县级政府的肩上。对于基层地方政府而言，它们并不会"束手就擒"。在面对无法推卸上级政府所下放的责任和难以扩大本级财政能力的双重困境下，一些地方政府借助学校布局调整这一途径，一方面大量撤并原有分散的偏远地区农村教学点？另一方面为争取上级政府的财政支持，大搞突击建设，加大寄宿制学校的建设规模，导致撤校与建校反复"折腾"。一些地区即使学生规模达不到要求，也要强行"上马"大型的寄宿学校，导致有限的教育经费被侵占与浪费。由于山区学校办学成本相对高，财政薄弱的政府承受的压力更大，对于通过布局调整减轻财政压力的渴求更为强烈，因而上述情况在中西部经济较为落后、交通不便的山区更为突出。

三、纵向间地方政府的"合作型"博弈互动

值得注意的是，纵向地方政府在农村教育布局调整政策执行过程中，并非是简单的相互竞争，同时也存在某种程度的"共谋型"博弈互动。在前文对地方政府集体非理性的表现进行分析时可发现，不仅横向地方政府之间存在着"紧跟型"的模仿策略，纵向地方政府之间对大规模撤点并校也表现出某种程度

上的"默契"。实际上，对于纵向间地方政府而言，它们不仅是追求各自利益的"竞争者"，在面对外部环境时，它们作为一个集体性的有机组织也存在不同程度的协作。分税制实施以后，地方政府作为中央的代理人，要负责完成各种任务与职责：一方面，地方政府要确保完成上级政府所规定的发展任务及绩效指标；另一方面，还要推进辖区内经济发展，确保本区稳定大局以及完成社会福利、保障事业等多项任务。在面临多重责任的压力下，纵向间地方政府为确保有效率地运转，在整个内部组织中存在着维护和发展本区利益的共同目标，彼此形成一种休戚相关的利益关系。在促进本区经济发展，扩大本区财政收入等方面，纵向间地方政府存在共容利益。以此为基础，纵向间地方政府实际上面临着相类似的制度空间与绩效考评制度，在绩效目标与职能任务上具有一定的同构性。换言之，在压力型体制下，纵向间地方政府围绕着绩效考核目标构成了一个利益的共同体结构。彼此之间的行为呈现出相互联系，共同促进的特性。在纵向政府内部，下一级政府取得的实际政绩自然要归因于上级政府的有效领导，彼此在政治晋升方面构成了共容性利益。有学者在对我国地方政府间这种利益的同构性分析时指出："求生存与谋发展构成各级地方政府的共同目标。其结果即是彼此的共同利益将纵向间上下级政府紧密地维系在一起。"（刘泰洪，2007）在农村教育布局调整政策执行过程中，基层地方政府通过各种机会主义策略，快速推进布局调整政策，能够在短期内获得政治、经济以及教育绩效，从而为其绩效排序发挥积极效应。而这种绩效工程不仅仅对基层政府有利，对于上一级政府而言，同样能对其政绩排序发挥效用。这种共容利益使得在农村教育布局调整政策推行过程中，上一级的地方政府默许或是变相鼓励下一级政府为完成上级所布局的撤并任务所采取的各种策略行为。从这一点来看，基层地方政府在落实农村教育布局调整政策过程中的一系列机会主义行为，在某种意义上讲，是与上一级政府共同协作和"积极行动"的结果。在当前政府内部依照科层制而规限的"向上负责"官僚体制下，纵向间地方政府落实学校布局调整过程的一系列微观行为与上级政府相类似的激励模式相融合，就会形成稳定而强大的协调机制。在这种协调机制的作用下，纵向间各级地方政府在学校布局调整过程中，表现出相似的目标诉求与行动方式。纵向政府间的这种"协作共谋式"的博弈行为相互强化，从而产生"共振"效果。这即是在布局调整政策过程中，纵向间地方政府在执行布局调整策略上出现趋同性行为的根源之所在。

○ **第五节**

● **"竞争"与"协同"：地方政府内部各部门之间的博弈**

部门概指政府组织内部对某一特定领域或是某一方面各项行政事务进行管理的机构，又可称为行政部门。在我国政府内部机构整合、职能转变的转型过程中，由于历史和现实多重原因的影响，存在着不同部门间的职责界定不够科学，政府部门政策执行监督体系不够健全，公共财政体制尚不完善，部门决策、执行、监督等职能重叠化等一系列突出问题。这导致政府部门内部权力利益化、利益政策化的问题十分突出。这实际上意味着政府部门不仅仅扮演着政策执行主体这一角色，同样也是具备相对独立的经济利益主体，在政策执行过程中试图谋求有利于本部门的特殊利益。这种利益多重性对公共政策执行的实际效果产生了消极影响，主要表现在：对政策缺乏整体概念，更倾向于从部门角度，而非从政府层面来理解和执行政策；落实政策具体措施以本部门为中心，自成一体，各自为战，部门间的协调性差，全局意识淡薄；在行政权力与公共政策的认识上，将政策视为权力的辅助，落实政策中表现出明显的"功利主义"；在执行公共政策过程中，以部门利益为先导，利益产生冲突时，易将政府部门间的利益置于公共利益之上。

就学校布局调整而言，其主要涉及的是对农村教育资源的再分配。由于我国长期存在"条块分割"的管理体制问题，农村教育资源是由多个政府部门按照不同的职责而分块管理。由于部分职能的重叠与缺乏协调，农村教育资源呈现出分布散、管理重叠、重复建设等问题。总的来看，当前农村教育资源的分布主要沿着以下几条途经展开。

1）教育部基础教育一司、二司—各省、市厅基础教育处—县局基础教育科。

2）教育部职成司—省、市厅职成处—县局职成科及各地职业学校。

3）人力资源和社会保障部—技工学校、职业技能培训与鉴定中心。

4）科技部—省科技厅—市县科技局—星火学校。

5）文化部—省文化厅—县文化局—乡镇综合文化站。

6）各级扶贫开发办公室—农民工转移培训—阳光工程。

7）各级党建系统—农村党员活动场所。

8）其他，如共青团活动等。

农村教育布局调整政策大力推进的时期，也正是建设新农村的关键时期。在这一背景下，如果借助布局调整这一政策的推进契机，协调与合理重整各部门所掌握的教育资源，那么就有利于提高农村的资源利用效率，促进农村教育资源的优化与新农村建设的有机整合，同时也减少了各部门重复建设所导致的资源浪费。然而，正如上述提及的那样，政府部门之间出于利益的诉求，存在着扩张权力，提升本部门权威，确保并拓展部门利益的强烈动机。在学校布局调整过程中，一方面，农村学校被大量撤并，原本保存较好的校舍及教学设备由于长期闲置而逐渐破败，而另一方面各政府部门各自推广和建设自身的教育机构。农村教育资源的总体性短缺与局部性浪费形成了鲜明对比。正是由于部门之间存在利益差异与冲突，在布局调整过程中更多表现为争取本部门利益的最大化。这一情况在学校布局调整过程中屡见不鲜。例如，2005年宁夏某地区持续加强村级党支部及党员活动建设力度，新建各种活动场地共计13个，并配备了一系列办公设备及电教设施，并按统一标准对场地进行了装修与美化，各种配套措施一应俱全。与此同时，当地开展了大规模的布局调整工作，全区近半的学校被撤销。2004～2008年短短的四年时间里，全区学校由61所缩减到29所。高中集中于城区，中学集中于乡镇政府所在地，村小则全部撤并（袁桂林，2012）。这一案例实际上反映了布局调整过程中各部门之间协调缺失的突出问题。因此，能不能充分盘活农村现有的各类教育资源，充分利用闲置资源，能不能改变部门之间各自为战的状况，优化部门间的利益关系，是布局调整过程所要解决的突出问题。

同时，除了涉及不同部门在农村教育资源的博弈竞争之外，学校布局调整具体执行部门之间也存在协调与竞争的双重博弈关系。由于学校布局调整协调的利益关系繁多，要确保政策顺利执行，仅靠基层教育行政部门一己之力是远远不够的。从实践情况来看，学校布局调整工作涉及教育、人事、财政、计划生育、发改委、公安等一系列职能部门，即便是教育行政部门内部也需要分工与协作。因此，在学校布局调整工作推进的过程中，需要关注不同部门之间职责的明确及职能的互补，构成保障农村教育布局调整政策执行网络体系。然而，由于在特定的职能范围内，存在职能交叉的部门在任务划分、责任归属上存在此消彼长的竞争关系，彼此之间不可避免地存在博弈竞争。政府作为供给农村义务教育产品的主体力量，是一个纵横交错的有机关联系统。政府部门之间的协调与配合是确保农村教育产品与服务有效供给的基本保障。化解部门之间的非合作博弈，促进部门之间的协调并进，对于落实农村教育布局调整政策具有重要意义。因此，在应对农村教育布局调整政策执行问题的过程中，政府部门需要构建协作配合关系，调整行政执行方式，根据整体和全局的利益诉求，协调并进以提高执行效率。如果政府部门之间囿于部门利益的藩篱，相互隔绝，协调不力，诸多事务被迫拆解开来，进而催生政出多门，各部门缺乏合理分工协作等一系列问题，这就不可避免地会对积极落实农村教育布局调整政策产生消极影响。政府存在的核心价值在于促进和维护公共利益，确保公共目标的实现，提供优质的公共服务。如果政府内部各机构名义上要求"公共目标、公共利益"为先，实际上却是为本部门谋取私利，就会导致公共职能的碎片化与公共利益的部门化，在落实具体政策过程中也容易产生"九龙治水"的问题。"有利可图"的事情各部门争相负责，"费力难讨好，无利可图"的事情能避则避，能拖则拖，或是相互推诿，各不负责。"抢着负责"，"互相推诿"这些行为均会导致政策执行协调难以完成，跨政府部门之间的联动难以实现。在对赤峰市喀喇沁旗教育部门某领导的访谈中，关于政府部门内部协作问题，如下：

　　访谈者：对于旗里所开展的撤点并校，咱们政府内部各部门是如何协调的？

　　受访者：学校布局调整是一个很复杂的事情。需要多个部门的协作与配合。最直接就是关于校车管理的问题，对于我们教育部门还有学校来说，是没有执法权的。校车一旦上了路，就是交警的责任范围。学校更多发挥的是协作与配合的作用。还有就是要建设新学校，涉及用地问题。那就涉及更多部门的协同问题了。还有像寄宿制学校的食品安全问题，教育部门虽然负有监督责任，但这种对食品的抽检，就需要质检部门来协作了。所以你看学校布局调整看似是教育部门的事情，但实际上涉及了很多部门的协调问题。这个尺度是不好拿捏的……①

　　这位领导对于撤并的反思实际上是折射出了政府内部各部门的协作问题。面对这种情况，负责农村教育布局调整政策执行的基层政府组织可建立专门的领导工作小组，以确保和强化对布局调整落实工作的管理。各个部门在统一协调下，相互配合，齐抓共管，将学校布局调整涉及的各方面工作纳入到综合管理系统之中。各部门唯有各尽其职，各显所能，形成协调一致的向心力与合力，

---

① 2013年12月15日赤峰市喀喇沁旗教育行政部门访谈整理稿内容。

才能确保布局调整所涉及的复杂工作有条不紊地实施。人口计生部门、统计部门需及时向教育相关部门提供农村适龄人口总量与结构的现状及变动情况，发改委等部门要将撤点并校后城乡教育发展纳入到城市各项事业总体发展规划之中，将增、改、扩建学校用地，新建寄宿制学校用地等纳入到城市总体用地规划之中。财政部门安排布局调整配套资金的拨付。机构编制部门要根据撤并后的学校分布与规模大小等具体情况，合理核定学校各类教职工的编制。物价部门及教育相关部门制订相关收费标准，并检查新建学校各项收费情况。公安及交通部门要强化对校车安全的检查与处理，确保学生人身安全。

农村教育布局调整政策执行
博弈困境的制度归因

通过前几章对各利益主体博弈建模分析可知，博弈规则与参数条件共同决定着政策执行的最终均衡结果。事实上，农村教育布局调整政策执行作为一种具有较大影响的政治行为，受制于既有的具体制度安排，即制度因素对政策执行博弈结果有着直接或间接的影响。就农村教育布局调整政策执行中的博弈活动而言，制度本质上是对博弈参与者的行为具有决定性功能约束的规则体系。作为博弈参与者进行博弈的前提条件，制度界定了博弈各方博弈策略的选择范围，制约了博弈活动发展的环境条件，并通过惩罚和增大成本等形式对博弈参与者的违规行为进行校正和约束。制度约束不同，博弈活动的外部环境就不同，博弈参与者的策略选择也会发生变化，导致收益与成本也发生相应的变化，进而影响着最终的博弈均衡结果。因此，从这一意义上来看，正是由于保障政策执行过程的制度体系存在一定的问题与不足，才催生了不利于政策执行博弈行为的产生，进而影响政策执行效果。因而，只有沿着制度保障体系这一"博弈规则"和"参数条件"的改进与创新，才能从根本上解决政策执行博弈困境的问题，最终提升政策执行的实效性。

○ **第一节**

● **制度供给与政策执行博弈**

任何公共政策并非在真空中运行，而是在具体的制度环境中酝酿、制定、执行、监控、评估。在公共政策的运行整个周期内，制度的影响与制约作用贯穿其中。作为一种社会行动，政策执行博弈的产生与发展也与宏观和微观制度环境密不可分，制度既限定了政策执行博弈活动的参数条件，又充当着政策执行的重要资源，是一种"调整公共政策执行关系的行为规范"（宁骚，2003）。那么对于制度究竟如何理解呢？新制度经济学家一般认为，制度是对人和组织行为的规范，是人和组织为适应环境、合理配置资源、实现目标最大化的重要手段。诺斯认为制度是一个社会的游戏规则，形式上是人为设计的构造人类行为历史互动的约束。虽然对于制度有着多种理解，但化繁为简理解的话，制度实际上就是一种行动规则。制度与政策的密切关系早为一些制度理论所关注。由于制度理论源于传统政治学，而政治活动又通常围绕着某些特定制度而展开，因此，传统政治学相关理论一直对制度与政策关系给予较多关注。制度理论认为，公共政策与制度之间的关系紧密，制度作为公共政策的母体，在公共政策的整个发展周期中都起到了至关重要的决定作用。换句话讲，不同的制度会导致不同的政策输出。也正是对制度与政策之间关系的深刻认识，后续发展的新制度主义更是将制度视为确保政策运行的规则框架与资源基础。在新制度主义学者看来，政策在本质上是制度的产物，好的制度有助于产生好的政策，无效的制度常与无效甚至失败的政策相关联（周健，2006）。从利益的角度来看，政策执行问题源于执行过程中相关利益主体博弈的无效均衡，而博弈的环境与规则均为特定制度所限定。因此，从这一点出发，政策执行问题的产生，直接源于各利益主体的非合作博弈导致的无效均衡，深层原因则在于制度供给的不足。具体来看，可从以下几方面加以分析。

1. 制度供给影响到博弈参与者的类型特征

制度供给中的博弈参与人所拥有的行动能力与资源支持在很大程度上受制于制度设定的影响。例如，对于政策制定方与执行者来说，如果关于彼此的职责权限及利益关系没有从制度上加以明确规定，或是制度仅就某些方面对各利益主体权限与利益加以界定，但同时缺乏与之密切相关的配套性界定，或是同一内容各个方面，有的界定清楚，有的却指代模糊，这容易导致利益各方进行博弈时，难以对某些利益分配达成共识，进而引发利益冲突。此外，关于政策目标群体权利地位、参与途经、资源支持的相关制度供给不足时，政策目标群体的博弈能力将受到极大制约，这就导致政策目标群体在政策执行过程中，难以以平等的地位与其他利益相关者展开公平博弈。

2. 制度供给影响到政策执行博弈的信息基础

准确、完整的信息是确保政策执行有效博弈的前提条件，如果关于信息配置的制度供给不足，导致信息沟通渠道单一，信息传递机制不顺，容易引发博弈参与者的信息不对称问题。如果这种信息不对称产生于政策目标群体，既违背了政务公开透明的原则，损伤政策目标群体的知情权，同时也导致政策目标群体因缺乏有效信息而无法进行有效判断，影响其在博弈过程中充分争取自身的合理利益。如果这种信息不对称发生于政策制定方和政策执行者之中，那就容易导致处于信息不对称劣势地位的一方无法充分掌握博弈的主动权，难以对对方产生有效的制衡作用，导致政策执行偏向于信息优势方，进而使博弈产生失衡，最终对政策有效执行同样会产生不利影响。

3. 制度供给影响到博弈参与者的策略选择

前面已论及，制度是社会博弈的规则，制度界定了博弈各方采取行动的具体范围，制约着博弈活动发展的环境条件，并通过实施奖惩等形式对博弈参与者的违规行为进行规范与约束。制度约束的力度不同，博弈活动的外部环境条件也就不同。如果制度约束性不强，无法给予博弈参与者可置信的威胁，那么占据优势地位的博弈参与者在预期受惩处概率低，支付成本低于违规收益的时候，就有可能违背规则约束，通过不合理占有其他博弈者利益的形式，增加自己的博弈效用；再如，如果利益整合的制度供给不足，无法对处于劣势地位博弈主体的受损利益进行合理补偿，那就难以有效消减这些群体因利益被损害而产生的不满心理，导致其对政策执行产生不满、抵制甚至是刻意阻碍等行为，进而催生无序化、对抗化的零和博弈或负和博弈均衡。这同样将对政策有效执行产生不利影响。

上述分析给予农村教育布局调整政策执行过程非合作博弈归因的启发是，学校布局调整过程中需要从影响博弈结果的关键性制度供给入手，通过对影响政策执行的责任制度问题、政策执行约束和激励制度问题、政策执行沟通机制问题以及利益整合制度问题等进行分析，对政策执行问题产生的深层原因进行探究。

○ 第二节
● 农村教育布局调整政策执行博弈困境的制度归因

如前所述，在农村教育布局调整政策执行过程中，制度供给构成了博弈活动的"游戏规则"和约束条件，对博弈的发展与结果具有决定性作用。制度供给不足是引发政策执行博弈无效均衡的重要原因。结合实地调查和理论分析，农村教育布局调整政策执行过程的制度保障体系主要存在以下不足：

一、政策执行责权分配制度安排不合理

关于责权的关系是观察中央与地方政府博弈互动的重要窗口。通过前文中央与地方的利益博弈分析可发现，地方政府决定忠实执行或是变通执行农村教育布局调整政策，以及变通执行的概率有多大，程度如何，与其相应支付的各类成本密切相关，而这种成本的大小与其所承担的责任与权力密不可分。这就必然涉及中央与地方在教育领域中管理与投入责任关系的划分问题。

义务教育权责划分历经多个发展阶段，双方的权责关系也几经变动。具体来看，新中国成立初期，为尽快恢复百废待举的各项经济、社会事业，确保新生政权的稳定性，我国在效仿"苏联模式"的基础上，选择了对国家政治、经济事业"一元化"的计划管理改革路径，形成了严密的一元化政治、经济空间。

这种政治生态对包括农村义务教育管理在内的整个农村治理机制的影响巨大。从农村公共物品的供给与管理体系来看，新中国成立后较长的一段时间内形成了以政治权力为轴心，通过政治动员的形式供给公共物品的制度体系。而作为农村公共物品的重要组成部分，农村义务教育的供给与管理不可避地也被纳入这一总体治理框架结构之内，形成了行政集权供给模式。这种供给模式的主要特征表现为农村义务教育的管理权限下放于基层人民公社及其所管辖的生产大队、生产小队。教育支出则事实上由农村基层政权通过公粮附加、工分摊派、学杂费等形式分摊到农民身上。通过这种基层政权的政治动员及资源统筹规划，农村义务教育在新中国成立后得到较快的恢复与发展。然而由于后来"大跃进"及"文化大革命"的干扰，农村义务教育长期处于管理混乱、粗放式发展的低水平阶段。

"文化大革命"结束之后，随着一系列"拨乱反正"措施的推进，我国再次启动了现代化进程。家庭联产承包责任制的确立以及"以乡代社"的推行，为改变以往"集权式动员"的教育管理体制奠定了制度框架。分权化财政体制的实施，在确立中央与地方财权关系，调动地方政府积极性的同时，更是为建立乡镇财权，变革农村义务教育投入体制提供了坚实的物质基础。在外部制度体系与环境发生剧变的情况下，原有的义务教育制度体系瓦解与新的供给模式确立成为必然。作为这种新形势的序曲，1984年12月，中央政府颁布《关于筹措农村学校办学经费的通知》，首次提出地方政府向农民征收"教育费附加"的概念。1985年5月，中共中央出台《中共中央关于教育体制改革的决定》，其中明确规定了"实行九年义务教育，将义务教育的发展与管理责任下放至地方"，确立了"地方负责，分级管理"的原则。1986年出台的《中华人民共和国义务教育法》从法律层面上确认了新阶段"分级办学"的制度体系。1992年出台的《〈中华人民共和国义务教育法〉实施细则》进一步明确了各级政府的管理与投入责任。通过上述一系列政策体制与法规的构建与落实，新的农村义务教育供给与管理体制逐渐形成。这实质上对农村教育治理主体权利与关系进行了再调整与重塑。在这一制度框架体系下，不同层级政府在农村教育供给与管理方面形成如下权责关系：处于高端位置的中央与省级政府掌握政策的话语权，基层乡镇则负责落实政策方针；在事务管理上，中央及省政府负责标准确定、检查及监督的权力，而具体中小学设置、管理及人事权则集中于县一级政府手中，乡级政府则仅具有一定的建议权；在最为重要的财政投入责任上，中央政府主要负责贫困地区义务教育的帮扶责任，省级政府除明确经费标准外，主要承担部分贫困地区的经费配套及补助责任。县级政府主要负责辖区内学校投入及乡镇学校建设的补助，而乡级财政则负责乡中心校及中学经费投入，行政村则担负起村办小学经费筹措的部分工作。由于各级政府责任的划分并不明确，导致越是基层的地方政府，越要承担更多的责任。现实的数据资源对此也有所佐证。在 1988 年我国中小学教育经费来源中，中央预算内经费比例仅为 9.15%，而地方预算则高达 90.85%，以后在较长一段时间维持着这一比例（赵全军，2006）。当基层政府无法用预算内经费完成"小马拉大车"任务的时候，只能被迫从预算外经费入手，通过征取教育费附加、学杂费、教育集资等多种手段，艰难地完成义务教育管理与投入任务。特别是 1994 年以后的分税制改革之后，地方政府税收收入锐减，再加之乡镇企业衰败以及分权让利的"制度红利"减少等影响，使得基层政府的"攫取之手"再一次伸向农村村民，造成农民群体负担加重，农村的稳定与发展受到一定程度的影响。

为减轻农民负担，确保农村和农业稳定，中央政府先在安徽省试点，并逐渐向全国范围推行"农村税费改革"。其实质上是对农村地区利益结构关系所进行的重大调整与重组（葛新斌，2005）。这一改革在减轻了农民负担的同时，对农村义务教育管理与供给制度也产生了重大影响，这也是引发大规模的农村中小学布局调整的重要原因。因为在既往的以乡级与行政村为主的义务教育管理与供给体系格局下，乡镇财政是决定农村义务教育供给的重要基础。特别是税费改革所取消的乡镇财政预算外收入，更是农村义务教育投入的主要来源。为应对税费改革后所引发的农村义务教育经费来源单一、学校危房改造投入不足、教师工资拖欠以及巨额债务等衍生问题，中央政府不得不作出应对之策。2001年，中共中央出台的《关于基础教育改革与发展的决定》中首次提出"分级管理，地方负责，以县为主"的概念，明确了县一级政府在农村义务教育管理中的责任主体地位，2003 年 5 月，国务院办公厅出台《关于完善农村义务教育管理体制的通知》，在明确省、市、县、乡、行政村等各方教育管理与投入责任的同时，明确"豁免"乡镇政府的教育投入主体责任，"以县为主"的管理体制正式确立。这一制度设计在一定程度上缓解了税费改革对农村义务教育发展的冲击及不利影响，确保了农村义务教育的可持续发展。在"以县为主"的制度范畴内，层级更高、统筹地位更强的县级政府居中统筹安排，而中央、省级、市级政府再通过加大转移支付力度来弥补财政缺口。与以前相比，实力更强的高端政府承担起更多的责任。这无疑对确保农村义务教育的稳定与发展有着积极效应。但同样不可避免地存在一些弊端：一方面，受制于经济与历史原因，中西部地区县级财政自给能力薄弱，"以县为主"难以"主"起来；另一方面，由于税费改革仍没有对四级政府间的权责进行明确与清晰的划分，这就为中央、省级以及基层政府在财政投入与管理责任上留下了很大的博弈空间，这一空间的存在对义务教育的投入与管理具有明显的影响作用。因为各级政府间的责任划分随着它们之间的博弈演变而产生，从而使义务教育中各级政府责任落实的可操作性大大降低。此外，"以县为主"的体制还面临着"挤出效应"的问题，即在各级政府责任缺乏制度性的刚性约束之下，在中央及省级转移支付增加的同时，县级政府为减轻自己的财政压力，谋得上级更多的转移支付，在财政预算内则可能尽量减少本级农村义务教育投入，构成了所谓的"挤出效应"（张欢等，2004）。

2006年以后，从大的制度环境来看，中共中央确立了全面建设小康社会，构建和谐社会，促进社会更加公平与公正的战略发展思路。根据这一整体规划，农村发展定位于全面建设社会主义新农村的这一基点之上。农村教育作为构建社会主义新农村的重要组成部分，面临着新的机遇与挑战。为解决以往"以县为主"体制中县级财政无法支撑义务教育高质量发展的问题，中央政府改变以往转移支付的固有模式，推出更为细致和复杂的中央、省、县三级政府教育投入分担新机制，中央以及省级的投入与管理责任得以大大加强。2006年新修订的《中华人民共和国义务教育法》再次重申了义务教育的强制性与公平性特征，规定了义务教育由"省级统筹"的管理体制，形成了更为完善的经费保障体制。这种省级统筹的管理体制实质上是对中央、省级及基层政府的财权与事权关系的再调整，试图通过上移农村义务教育供给责任，强化高位政府的投入责任，以解决以往低重心的管理体制难以促进农村义务教育均衡发展的弊端。从实际效果来看，在这种新机制框架内，农村义务教育经费投入得到明显增加。据不完全统计，2006～2011年中央政府在完善农村教育保障机制方面，累计投入3369亿元。在新机制实施前的2005年，农村小学生生均经费为1471元，而到了2009年生均经费增加至3213元，年均增长率达到22%。农村初中生均经费则从1702元增长到2009年的4201元，年均增长率为25%。这一增长速度远高于我国同期年均11%的经济增长率（陈静漪等，2012）。从积极的效应来看，通过建立"省级统筹"强化了高位政府的责任，改变了农村义务教育发展与县财政实力、农民经济收入捆绑发展的困境，为农村教育发展打下了坚实的保障基础。但从本次制度设计内容来看，以新机制为核心的变革实质上是一种增量式的改革而非根本性的变革（孙志军等，2010）。一方面，这种增量改革更多依赖于中央政府对于农村义务教育发展的定位与重视程度，当不同时期的战略重点发生变动时，这种增量式改革易受到波动式影响，从而导致教育投入增加的非稳定性？另一方面，这种增量式改革的重点在于强化中央、省政府对农村义务教育投入的财政责任，但缺乏财政体制及其宏观体制改革的配合，难以从根本上触动各级政府之间的教育事权与财权的固有结构体系。基层政府仍需担负着教职工管理、基础建设、硬件条件配置等一系列繁杂的具体责任。

　　通过上述对义务教育管理与投入制度的演变分析不难发现，无论以前的以"乡镇为主"还是到后来的"以县为主"，其制度变迁的动因并非直接源于义务教育发展的需要，而是在农村公共物品供给与治理机制发生重大变革后，为适应新的基层政权管理与投入体制而发生的。随后国家将"以县为主"提升到"省级统筹"，更多的是对既往管理与投入体制"漏洞"所打的"补丁"，以及适应于国家新的战略安排与保障农村稳定的需要。由于这种制度变迁是源于外部制度变化而导致的被动式连锁效应，义务教育管理与投入制度变迁更多是一种替代关系的变革，而非质的变化。因而，中央与地方的教育管理与投入责任始终缺乏明晰的界定。对于这种分权化的管理体制，思考的着眼点在于：地方政府作为一个包括省、市、县、乡多个层级的概念，上述的这种管理与供给制度体系对每一层级政府的管理责任与投入权限的划分是笼统的，细节上是模糊的。在这种情况下，惯常的一个趋势即是谁处于高位，谁的行政权力大，谁就在资源占有与分配上占据更有利的地位，拥有更强的调控与分配资源的话语权。因此，在四个层级的地方政府博弈互动中，处于最末端的基层政府权力主张能力最为薄弱，难以在资源重置过程中影响制度博弈的走向。在这种制度路径形成之后，农村义务教育的筹资与管理责任实际上通过层层下卸，沉降至层级较低的政府组织身上。面对这种财权与事权不相对称的困境，基层政府在考虑公共教育服务供给的时候，不得不考虑通过制度框架外的方式完成上级规定的责任。在实地调查中，鄂尔多斯土默特右旗教育行政部门领导这样讲：

　　　　现在基层的任务又多又重，上级拨的那些钱肯定是不够的……就像学校布局调整，大家为什么都使劲地撤学校，这样可以多节省经费吗……

　　　　中央这几年开始重视校车安全的事儿，社会也关注……但是按照国家定的标准，你买车、雇人、维修、保养这么多费用算下来，夸张一点说，就算把现在旗里这些教育经费都投进去，也不见得能维持几年……①

---

① 2011年9月23日土默特右旗教育行政部门领导访谈整理稿内容。

在这种制度背景下，就不难理解为什么在学校布局调整过程中，中央对于布局调整的预期是在确保学生方便入学的前提下，提高资源配置效率，并注意通过在偏远地区设置必要的教学点以确保学生不因布局调整而导致辍学。然而在实践过程中，地方政府却将目标有所置换，"因地制宜、适度合并"的原则被有意或无意地淡化。基层政府的行动远超过基于人口变动的考虑。由于义务教育投入的长期性及收益的外溢性，义务教育在中央政府目标函数中的比例高于地方政府在目标函数的权重。借助于布局调整这一良机，基层政府可以通过大规模地撤并学校来应对来自财政投入、教育发展方面的挑战。同时，通过大量的推进撤并学校，能够争取来自上级更多的专项资金支持。通过这种置换方式，可以一定程度上改变原有的财权与事权不相匹配所带来的责任压力。

二、政策执行激励机制存在"激励不相容"

在博弈过程中，个体的目的和需求偏好限定于制度框架之内。作为博弈活动的前提，制度体系可通过"利益促进和阻断"机制对博弈执行主体行为加以引导和约束。这也就意味着，公共政策本身与制度体系的激励机制契合程度，决定着政策执行的实际效果（吴小建等，2011）。因此，在行政体制结构中，除了赋予各级政府相适应的事权与财权之外，还需给予各级政府及其成员足够的工作激励，使政府追求自身利益的行为能够与公共利益目标达到一定程度的契合。因此，相关设计需要尽可能符合激励相容的标准，使政策执行者能够在追求组织和个人利益的同时，也能最大限度地落实其承担的各项任务与职能。就学校布局调整而言，除财权与事权配置不合理之外，还存在着地方政府对学校布局调整执行意愿与策略选择的问题。农村教育布局调整政策能否被执行，能够执行到何种程度，显然与现行体制内的激励与约束机制密切相关。在当前对于地方政府的考核和评价框架内，单纯的管理责任分担与教育投入分权无法确保地方政府，特别是基层政府对于诸如学校布局调整这样的教育发展事业投入过多的人力、物力、财力资源。

在当前事实上仍以"发展作为硬道理"的思路下，地方的经济发展水平、GDP及财政收入增长速度等是上级政府考核的核心指标。在这种导向下，地方行政官员的政绩导向十分突出，其对于某项政策的具体决策依据常以能否带来经济发展、财政收入增加等为目标与行动标准。一些学者（周黎安，2007；葛燕，2009；蔡芸等，2011；金太军等，2012）关于政府绩效与官员晋升的研究也从侧面佐证了这一点。他们发现，地方官员特别是能够进入政府或党委决策层的官员行为，在很大程度上围绕着晋升提拔而行动。而省、市、县三级官员的政治晋升路径的实证研究也表明，经济绩效特别是财政收入对官员晋升发挥着决定性作用（江依妮，2010）。由于义务教育周期长、投入大、外溢性明显，在短期内难以观察到实际绩效，考核的具体指标也较为模糊。更为重要的是，在现行行政体制内，无论是从主管教育的官员在地方政府内部的地位来看，还是从地方政府官员的考核指标内容来看，教育实际上均处于尴尬的边缘地位。而经济增长、财政收入增加数量等属于更易于观测的绩效指标，能够在短期内通过"大干快上"增加客观政绩，因而备受地方政府的青睐。作为理性的利益主体，在当前这种考核标准和激励导向下，在促进经济增长和发展教育方面，地方政府的理性选择必然是优先发展经济，而发展教育也要围绕着经济发展这一"大局"。因此，这就不难理解为什么地方政府在执行农村教育布局调整政策过程中，将经济逻辑优先于教育逻辑，片面追求学校大规模合并，以求降低经济支出。同时，将学校布局调整视为推进农民进城、加速城镇化进程的有效途径，以及通过各类大型教育园区的兴建以拉动县市房地产事业，扩大城市内需消费，增加财政投入。在实地调查中，对鄂尔多斯市准格尔旗教育行政部门领导访谈亦对此有所佐证：

> 虽然在外面讲学校布局调整的好处时，都大谈对教育的发展和学生促进作用，其实根本就不是这回事。有些地方领导实际上就是把它当成拉动城镇化发展的一个手段，学校都并到旗里去了，学生也都走了，村子也空了，农村发展就更受限制了……
>
> 一些地方为啥这么大张旗鼓地撤学校，搞寄宿校，说白了，就是想多争取些上面的专项资金，而这些钱下来了，也并不是全用在建学校和搞教育上面。[1]

除了经济发展、政治晋升考核的影响，对于教育内部的考核和评价机制同样是影响地方政府行为的重要因素。学校布局调整的政策是立足于效率与公平的有机统一，在提高规模效益的基础上，促进义务教育高质量地均衡发展。然而，在实际操作过程中，受长期所形成的经济效益偏好、效率偏好的制度路径依赖的影响，在评价地方政府对义务教育各类政策的执行效果时，更容易以可观测到的诸如义务教育普及率、辍学率、学校硬件建设、学生升学率、机构编

---

[1]　2011年9月26日准格尔旗教育行政部门领导访谈整理稿内容。

制、生均占有资源等量化型指标为主要参考依据。这些考核标准能够较为直观地反映教育政策的执行效果，便于上级政府评估和考核政策执行效益。作为基础教育政策的重要组织部分，农村教育布局调整政策的考核标准不可避免地受上述因素的影响。这在实地调查中，亦有所反映。在对农村教育布局调整政策效果的评价方面，土默特右旗教育行政部门某位领导这样讲：

　　对于学校布局调整，当初是上面按地区情况，给各旗分配了具体的数量指标，最后领导看的就是你这个地方学校减少数量有没有达到这个比例……如果没完成工作量，挨领导批评不说，到时对考核也会有影响，而且这还不算完，下一年你还得接着整改，直到完成规定的数量为止……①

　　作为一个缩影，该旗行政部门所描述的这种现象实际上反映了在既有的激励机制框架内，学校布局政策所预期的目标与实际激励机制契合程度并不一致的问题。在绩效考评"数字偏好"的激励机制下，大规模撤并校的数字更易被上级感知，有助于凸显地方政府政绩。对于是否因地制宜、是否很好地保障学生就近入学的权利，是否在诸如校车安全、寄宿制建设、小规模学校维持以及困难学生资助方面投入落实到位等方面，地方政府则有意忽略、推诿或是拖延式执行，即使这些也是政策预期目标的重要组成部分。

　　实际上，在这种偏好经济效益、偏好数量的考核体制背后，发挥主导作用的是上级政府独具特色和高明的机制设计：政绩压力机制。在更高位的政府借助行政权力优势将各种责任"包袱"下卸至下一级政府后，下一级政府往往面临财权与事权不相符的困境。在这种情况下，如何给予地方政府及其官员足够的激励必然更加困难。面对这种情况，为确保政策意图的实现，上级政府通过将一整套行政命令（任务指标）与政治、经济及精神激励结合起来，形成一种压力型的供给体制。在这种体制下，通过将政策目标任务量化分解，并纳入至对下级政府及其官员的考核范围之内，规定在一定期限完成，对于那些能够完成任务的组织或个人给予晋升、奖金及荣誉称号等激励。对于未能完成任务的组织或个人，实现"一票否决制"。这种以行政权力为中心的压力型考核机制，对于教育政策的影响是极为深刻的。一方面，在这一体制下，由于规则话语权掌握在上级政府手中，凭借自身的权力优势，上级政府可根据自身需要确定彼此的相关事务管理范围；另一方面，能够迫使下一级政府在激励不足的情况下，

①　2011年9月23日土默特右旗教育行政部门领导访谈整理稿内容。

动员各种资源以完成上级所要求的各项教育任务。农村教育布局调整政策同样要受到这种压力型机制的制约。在赤峰市喀喇沁旗的实地调查中，教育行政部门领导这样讲：

　　当时学校布局调整任务下来时，我们各旗的主要领导干部都要到市里开会，会上给你分配好具体撤并任务……都是要求你在一两年之内必须完成，到时省、市都会过来检查和考核你完成任务的情况……如果你完不成任务，领导就会把你叫过来谈话……①

　　然而，这种压力型体制所带来的悖论困境是，一方面，必须要依靠强制性要求和政绩考核才能保证像学校布局调整此类教育发展任务的落实，但另一方面，在当前的国家发展定位中，经济建设和保持社会稳定大局仍是整个国家的重中之重，对地方政府及其官员的考评同样需要集中促进经济发展的水平与速度方面的内容。因而一些地方政府更热衷于扮演"建设型"政府角色，而非"服务型"政府的角色。尽管在特定时间内，特别是政策刚刚出台的一段时间内，在上级政府的关注与高压下，地方政府会将其作为政府的主抓工作，但一旦有新的重大任务出现，或是上级注意力有所转移，这一政策任务可能会被搁置或是拖延。从制度后果来看，在资源相对不足的条件下，通过以行政权力为核心的压力型供给体制，能够有效调动地方政府积极投入到农村教育布局调整政策的各项责任落实之中，确保布局调整相对有序进行。但与此同时，这种供给体制所存在的内在激励缺失这一缺陷，导致基层政府财政压力加大，甩包袱的卸责冲动加剧，学校布局配套措施不能及时跟进，进而导致教育公平受到忽视，农民的教育利益有所损害等一系列问题产生。

三、政策执行监督机制不完善

　　通过前文对各利益相关者的博弈建模分析可知，农村教育布局调整政策执行主体抵制或是遵循政策预期目标，与其抵制政策行为的受惩处概率及处罚成本相关。由此不难解释，政策执行过程中的监督机制完善与否，是影响学校布局调整执行过程中利益博弈走向与结果的重要因素。就实际情况来看，农村教育布局调整政策执行监督机制尚存在一些不足，具体可从静态和动态两方面分析。

---

① 2013年12月17日赤峰市喀喇沁旗教育行政部门领导访谈整理稿内容。

1）从静态来看，农村教育布局调整政策包括一系列与布局调整工作相关的各项条例、措施、办法、纲要、法律法规等政策文本。其实效性发挥依赖于政策本身在整个公共教育政策体系中的地位及层级。由于政策体系中的法律法规级别最高、权威性最强、强制性最大，对政策的执行发挥着重要的约束和引导作用，因此政策效用的高低在很大程度上取决于其法制化水平。然而，反观现实，虽然自 2001 年起中央政府及各级政府出台了一系列指导和促进学校布局调整工作开展的政策文件，但这一政策体系内尚没有一部具体针对学校布局调整作出详细规定的法律条文，而是由各种"决定"、"纲要"、"通知"、"意见"等行政条例组成。由于布局调整相关政策多属于行政条文，法律约束性不强，对地方政府的强制性不足。同时这些条文主要涉及定义、纲领、方针等原则性规定，诸如"因地制宜"、"就近"、"相对集中"等概括性表述多有出现。虽然借助这种表述，有利于各地区依据本区实际，出台适宜的布局调整实施方案。但是，这也为地方政府借助自由裁量权，"因地制宜"地对布局调整政策作出解读提供了可操作空间。再者，虽然中央陆续出台一系列文件，对布局调整政策进一步加以明晰。但总的来看，这些文件是针对布局调整出现的一系列问题而出台的应急性方案。政策文件之间的系统性和协调性不强，缺乏对各方责任的明晰确认和划分。政策系统作为协调有序的整体，要求政策之间具有良好的协调性，否则将会破坏政策的内部结构。布局调整政策所涉及的社会事务繁杂且密切关联，政策协调性不强对后续政策执行会产生不利影响。在实地调查中，赤峰市喀喇沁旗的教育行政部门领导这样讲：

我们基层在做布局调整这事的时候，最头疼的就是上面政策条文的前后打架……你看最早中央所出台的布局调整标准和去年刚出来的标准一致吗？这样导致我们的工作很被动……为什么当初出台政策的时候就不能考虑周密些呢……

现在中央算是把布局调整这事暂时叫停了，我们本来已经做好了整个旗的布局方案，还打算要配合着校安工程……但现在中央这政策一出台，眼看校安工程投入这么多钱，但是学校既不能撤，又不能合，眼看着那么好的学校没多少学生用，心里很是着急。但没办法，只能眼看着教育资源就这样浪费掉了……①

---

① 2013 年 12 月 17 日赤峰市喀喇沁旗教育行政部门领导访谈整理稿内容。

　　学校布局调整的推进，不仅需要政策文件作指导，更需要完善的法律法规作为强制性保障。当前与义务教育相关的法律中主要有《中华人民共和国宪法》（2004）、《中华人民共和国教育法》（1995）、《中华人民共和国义务教育法》（2006）、《中华人民共和国教师法》（1993）。虽然在《中华人民共和国义务教育法》、《中华人民共和国教育法》中规定了地方政府在学校布局调整中应承担起主要责任，对各级政府的管理责任、投入体制给出规定，并明确了保障适龄儿童平等接受教育以及就近入学的权利，这些法律法规虽然对学校布局执行具有一定的指导和约束作用，但对于农村教育布局调整政策所急需的，针对保障教育资源投入、管理责任、学校撤并标准与程序、寄宿制学校办学标准、校车安全、对困难学生的资助与补偿等一列问题的相关法律法规仍处于缺失状态，这使得现有关于学校布局调整的各类行政法规及文件缺乏强有力的保障与支撑，难以形成完整性高、协调性强的监督制度体系。而且，即使在有限的教育法律条文中，也存在着在整个法律体系中地位较低、实用性不高、部分内容缺失、实用性较差的问题。例如，《中华人民共和国义务教育法》突出了各级政府的教育投入责任，但对各级政府责任的具体划分不够明确。再如，《中华人民共和国教师法》中针对教师绩效考核、聘任、培训及奖惩方面的内容相对缺失，而且对学校布局调整后新出现的大批寄宿制学校缺乏生活教师配置标准、教师经费保障、教师工作量考核等问题的针对性规定，尚未得到及时出台。同时，在现有的教育法律条文中，类似于"应当"、"鼓励"、"应该"等措词的频繁使用，也加剧了其操作性不强的问题。更为重要的是，不管是现有关于学校布局调整的各类政策文件，还是各类教育法律，均缺少针对各类不履行或是违反规定的具体惩罚措施，这大大降低了现有学校布局调整相关政策以及教育法律法规的权威性和约束力。正是缺乏强有力的约束机制，使部分地方政府能够在没有明确法律规定的模糊空间内，对农村教育布局调整政策进行"利己化"操作，同时对于那些不符合自身利益的政策内容进行有意的推诿、拖延或歪曲落实。正是基于上述原因，才催生了地方政府对农村教育布局调整政策的偏差式执行，而且在监督弱化的背景下逐渐形成一种累积性效应，越发加剧了执行问题的解决难度。

　　2）从动态方面来看，我国政策执行监督体制是一个由权力机关、行政机构、同级党委、新闻舆论及社会公众等多元主体所形成的网络体系。农村教育布局调整政策执行过程同样也要受到这一监督网络的制约。然而，从政策执行监督系统现况来看，还存在一系列问题：①从政策执行过程来看，对其监督发挥主要作用的党政监督机构实行双重领导体制。由于监督机构实质上是作为当地党政机构的组成部分，其人事编制、财政支出及福利待遇均掌握在当地党政首脑手中，监督机关与同级的政策执行部门形成了密切的利益关系。在这种情况下，上级监督机构实际上被削弱，导致出现"同级监督不了，上级监督不到"的监督真空状态（丁煌，2002b）。在这种情况下，各执行监督主体的监督作用发挥受到一定程度的限制，影响了政策执行监督的效果。②针对政策执行问题的问责制度不够完善。问责的核心在于明确奖励和惩戒，督促政策执行主体在规定时间内整改相应问题，以提升政策执行的质量。然而从现实情况来看，针对政策执行问题的问责制度无论是责任确定机制、问题程序机制，还是惩戒机制方面均存在一系列突出问题。就农村教育布局调整政策而言，在出台的一系列政策文件中，对于政策执行环节中各级政府应履行的具体职责划分过于笼统，对布局调整政策出现的一系列问题，究竟"问谁的责，谁来问责，责任如何确定"等一系列问题缺乏明确的指导标准。在这种情况下，在布局调整过程中，当部分地方政府未能按照上级政府要求达到目标时，或是对政策执行偏差性操作时，就难以追究相关负责人的责任。同时，虽然学校布局调整各类政策文件中，一再强调要严格制止地方政府"一刀切"、"大干快上"等偏差行为，然而对这种偏差行为的问责如何认定、何时启动等基本环节并未有所提及，对问责中所涉及的回避、抗辩、听证、申诉等程序问题也缺乏明确的规定。这导致农村教育布局调整政策约束效果大打折扣。虽然在教育法律中涉及问责条款能够对农村教育布局调整政策这一缺失有所弥补。然而从内容上来看，现有的相关教育法律条文无论是对问责的具体程序、问责事由与结果，还是惩戒的程度、方式等方面，同样缺乏清晰的标准与规定。比如，在《中华人民共和国义务教育法》中，针对惩戒方式，规定必须"发生违反本法的重大事件"，"导致重大社会影响"时才要求"引咎辞职"。然而如何界定重大事件或是重大影响方面，并未有明晰的规定。这导致约束力本就不足的教育法律规定更难以为学校布局调整提供参照依据。③社会监督的权威性和地位缺乏保障，难以对政策执行主体发挥有效的制约作用。农民群体、新闻舆论、公益组织等是学校布局调整过程中的重要社会监督力量。特别是农民群体作为农村教育布局调整政策的主要目标对象，是重要的政策利益主体，对这一政策执行中出现的问题有着更为直接、全面的感受。同时，新闻舆论通过对学校布局调整过程中出现一系列重大问题的揭露、批判与分析，有助于将这一问题引入公众关注视野之中，并引起上级相关部门的注意。然而，这些监督的"民间"性质与定位，导致其难以具有官方的权威性和主导性。在缺乏制度保障的情况下，农民群体及新闻舆论对学校布局调整监督的空间相对有限，这在很大程度上也影响着布局调整政策执行监督的实际效率。在实际调查中，鄂尔多斯市准噶尔旗教育行政部门领导就执行监督问题有如下论述：

关于学校布局调整的监督问题，我们倒也没有什么特别的规定，主要就是在制订布局调整方案时，会上报到县政府领导班子进行讨论……政府工作报告中也会专列对学校布局调整工作内容……有时也会给人大专门提供关于教育发展的报告，里面也会涉及布局调整这块内容，也算是对人大方面的监督吧……①

而赤峰市喀喇沁旗教育行政部门领导则这样讲：

你看现在前段时间校车事故出了好多起，社会上对布局调整出现的问题批评的也多，有些专家说要搞行政问责，可是这个布局调整工作责任究竟怎么算，哪些是中央的责任，哪些是自治区的责任，哪些是我们旗的责任，这些都没理清楚，问责何从谈起呢？

还有那个校车，前段校车安全意见草稿刚出来的时候，问题太明显了，校车责任到底由谁来承担，中央也没搞太清楚，这样我们基层根本没有办法落实，一旦有什么问题发生，责任都分不清楚，你说怎么进行处理呢？②

实际上，正是由于在农村教育布局调整政策执行过程中，针对性的法律相关规定出台滞后，监督主体功能不全，难以整合各项监督资源与力量，形成监督合力，发挥监督机制的约束和引导作用，才导致地方政府在与中央政府以及农民群体进行政策博弈时，承担的风险成本过低，强化了其变通执行布局调整政策的潜在动机，增大了政策执行博弈无效均衡解的可能性。

四、政策执行信息沟通机制存在不足

在人类思想活动和具体行为的各种领域中，信息发挥着极为重要的作用。无论是对于单个个体，还是某一组织的管理者而言，至少需要三方面的信息：界定问题信息、决策环境的信息、选择可能方案的信息（张成福等，2001）。如果缺乏信息，问题难以明确界定，选择难以理性进行，博弈能力也就无从谈起。与政治、经济及文化资源所不同的是，信息是一种由符号、信号或是情报所构

① 2011年9月23日准格尔旗教育行政部门领导访谈整理稿内容。
② 2013年12月17日喀喇沁旗教育行政部门领导访谈整理稿内容。

成的特殊性资源。它既可以演化成某种知识或是智慧，也可以成为人们追寻自身利益的重要手段。新制度经济主义学者高度重视信息在保障制度维系与运行中的重要作用。在他们看来，通过凭借各种信息，行动主体能够明确如何作出符合自身需求的选择，知道该采取哪些行动。即使行动主体在此之前并未开展过类似行动，也可借助制度学习机制来降低行动的陌生性。如果利益主体信息不足，易导致政策执行过程中利益博弈困境的出现。这种困境主要体现在：因缺乏必要知识与技能而无法正确理解政策环境中的信息；对各种可能性结果的偏好无法抉择；各种备选方案及结果难以预测而导致风险上升；行动策略难以沟通和落实；预定决策的潜在收益无法预知（范国睿，2007）。信息对各主体在农村教育布局调整政策执行中利益博弈的作用，主要有两种表现形式：①中央政府、地方政府与农民群体所能掌握的信息总量、广泛程度以及获取时机等，决定着这三方在农村教育布局调整政策执行中具体博弈决策的方向，以及决定在预期行动集合中究竟该作出哪种选择；②从理论上讲，信息具备"共享"的特质，都可为各个行动主体共享和使用。然而信息的获得、传播及应用都会受到各种各样因素的制约。特别是如果在信息上占据垄断优势的利益主体将与自身利益紧密相关的信息控制在特定范围之内，或是将对自身有利的信息刻意传递某一最佳方向，并与此同时尽可能屏蔽掉不利信息，或是对信息掌握及发布时间进行控制，这将对利益博弈结果走向产生重要影响。从农村教育布局调整政策执行的具体情况来看，由于中央政府、地方政府以及农民群体在政治、经济及文化资源方面占有地位的不同，以及这三方在政策执行过程中所处地位与角色差异，引发了三方之间在农村教育布局调整政策执行中信息上的不对称。这种差异表现为中央政府具有总体性优势，地方政府具备相对优势，而农民群体则处于信息劣势地位。导致中央政府、地方政府与农民群体之间的信息不对称的成因可从以下两方面进行诠释。

1）相对于政府内部而言，农村教育布局调整政策执行过程实际上也可视为各类政策信息流转的过程。然而，在当前以科层制为基础的决策体制下，农村教育布局调整政策的各类相关信息经由中央政府至各级地方政府，再至各级地方政府反馈至中央政府。这种层级结构和决策体制本身即蕴含着信息不对称的可能性。因为层次越多，信息被过滤、干扰和失真的可能性就越大，信息传递的速度与质量均会受到影响，结果致使信息在整个执行链条中呈"漏斗"形分布，加剧了政府部门内部的信息不对称。中央颁布的农村教育布局调整政策作为整体性的行动指导纲领，在具体条款上可操作性较低，某些政策内容中的深层含义可能仅为政策制定者自身明晓。而农村教育布局调整政策相关信息自上而下向各层级传递的过程中，或为了刻意迎合委托人偏好，或基于自身利益的考虑，又或是囿于政策领会能力的有限，在各层级中的委托人并非机械履行"传声筒"角色，而是在不同程度上将自身利益诉求加入政策信息之中，进而致使农村教育布局调整政策囊括的信息不断偏离政策初始意图。特别是当农村教育布局调整政策进入实质落实环节之后，作为政策制定者的中央政府对政策落实的关注时间与投入精力极为有限，而各级政策执行者所提交的各类相关进度报告或工作总结成为政策制定者了解和把握政策执行信息的主要渠道。在这一情况下，关于农村教育布局调整政策执行进展的各类信息在政策制定方与执行者之间呈现出不对称、非均衡的分布态势，低层级的政策执行者占有更多具体的执行信息。由于信息不对称情况的存在，政策制定者难以对农村教育布局调整政策落实状况进行全面正确的理性判断。

2）农民群体作为农村教育布局调整政策的主要目标群体与受益者身份，在政策运行中缺乏足够的权威性资源，更多依赖于政策主体对信息的主动发布或是难辨真假的各类"小道信息"。然而，正如新制度主义指出的那样，由于环境的复杂性与不确定，信息的获得不仅是不完全的，而且是需要支付一定成本的。各种与政策相关的信息需要一系列活动才能获得，如搜索、鉴别、整理、转换、输出等。这些活动作为政策信息的交易过程，必然耗费人力、物力、财力及时间资源。学校布局调整涉及的事务相当繁琐，要从各种事务中获取有效信息进行适宜的博弈决策，需要支付高昂成本。这一成本对于大部分农民群体而言，是难以承担的。这就需要在政府信息公开程序和救济制度方面给予一定的考虑。然而，虽然《中华人民共和国政府信息公开条例》自 2008 年 5 月 1 日起已经正式实行，但信息的公开仍多以行政权力需要而非社会信息权力需求为主导，信息公开的范围狭窄，公布也不够及时，相关规定的实际可操作性有待进一步加强。同时，关于学校布局的撤并时机、标准、配套措施以及补偿措施等从本质上看属于一种行动议程，本应在政府与农民群体之间顺畅流通。但当前农民群体能够与政府部门的正式沟通渠道较少且效率不高。与此同时，大众传媒更多扮演着政府宣传工具的角色，而并非沟通政府与农民群体的有效桥梁。在这种情况下，关于布局调整的各种信息就难以通过多种渠道在政府部门与农民群体之间进行传递和交流，影响着农民群体在争取自身利益的决策行动和双方博弈结果。

五、政策利益整合机制存在不足

从本质上看，教育政策是关于教育利益如何分配的政治过程。由于它与政策目标群体的利益密切相关，如果政策目标群体难以有效参与到执行过程中来，其利益主张就无法得到有效表达，也就难以对其他利益相关方产生制约作用，政策的公共性特征将受到削弱。农村教育布局调整政策涉及的地域广泛，受这一政策影响的目标群体众多，因而更需要政策所关涉的农民群体参与到政策执行过程中来。从上述对博弈建模的分析中可知，双方策略选择的主要依据是预期效用。如果农村教育布局调整政策能够很好地反映和协调双方的利益需求，执行政策相对于抵制政策能够更有利时，即使没有外部强制力量，农村教育布局调整政策也能得到顺利执行。因此，通过在农村教育布局调整政策执行过程形成公共参与机制，不断整合各利益主体的利益，是预防或缓解农村教育布局调整政策执行非合作博弈的重要保障。也正因为如此，在中央政府所出台的一系列相关政策文件中，才会反复提及学校布局调整要尊重和反映农民群众的需要，在撤并过程中充分听取农民群众的意见，凡是农民群众强烈不同意撤并的，不得强行进行撤并。然而，在具体实践中，由于决策机制、参与制度以及农民组织建设等方面存在的一系列问题，导致农村教育布局调整政策执行过程中农民群体参与缺失或不足，进而引发双方非对称博弈问题的产生。具体来看，可从以下几点展开分析。

1）从宏观的决策体制来看，当前主导的政策决策体制属于党政结构决策模式。这种模式的特征在于，决策主导权在纵向上集中于中央政府，横向上集中于各级党委及行政部门。在这种决策框架下，各类政策决策具有明显的"体制内输入"特征，即政策运行过程是由决策部门的权力精英通过对公共利益的体察，直接进行利益整合。政策运行过程缺乏多元的利益团体，特别是来自于政策利益相关群体的利益表达和诉求。从本质上看，这种运作模式实际上是一种精英化的决策模式，是政府部门内部政治精英根据需要设定好政策议程，然后再与技术精英及学术精英等协调沟通，以获取技术方案和专业知识支持，从而完成政策运作过程。然而这种运作模式是单向的，是政治精英自身的决策而并非多元利益的吸纳，不可避免地反映出了政治精英的利益偏好和价值观。这种决策模式使得政策运作过程中的多元参与，特别是政策目标的公共参与难以真正实现，政策目标群体与政治系统之间缺乏利益的表述、协商和妥协，政策目标群体常处于被动接受的地位。虽然近年来随着政治民主化、法制化的建设，社会公众对政策的影响力越来越大，但在原有体制制度惯性的作用下，自上而下、精英化决策的传统模式仍在政策运行中发挥着主导作用。在这种大的制度背景下，农村教育布局调整政策执行中的农民群体参与不可避免地受到影响。在这一政策运行过程中，农民群体更多充当着"被代表"的角色，对于学校撤并标准与方案缺乏话语权。在实际调查中，对教育行政部门的访谈亦有所佐证①：

访谈者：在学校撤并过程中，农村的村民是如何参与具体决策过程的？

受访者：在撤并学校之前，我们一般会提前通过学校给农村的学生家长发一封告知信，要求他们在上面签字，并让学生带回来，这样确保每一个农民家长都能了解学校布局调整这件事情。

访谈者：那学生家长能够参与到学校合并方案的制订过程中来吗？

受访者：这个倒没有。主要是我们局里的人下去走访，了解村子里家长的想法，具体的方案肯定还是要由我们来拿……遇到有家长不同意的，我们也一般会把撤校带来的各种好处都给他讲到，尽量做通他们的工作……我们一个经验就是拿事实说话，到时把新学校弄好，那些不同意的家长来一看，发现学校盖得这么好，自己也就主动送学生过来上学了，谁不想让孩子接受更好的教育呢……

基于这个访谈个案，不难看出传统化的精英决策模式的影响。在这里政策目标群体的参与形式主要是被征询意见，但这一参与形式仍然是被动式、浅层次的。农民群体不仅要了解学校撤并的相关信息，更重要的是能够在撤并过程中表达出自身的利益诉求，能够与政府部门展开讨论、协商并达成一定的共识。

2）除了受这种传统决策机制不兼容的影响外，农民群体参与政策执行渠道的制度化、规范化程度不高。在当前的制度安排中，农民能够参与到政策运行过程的主要渠道是通过人大、政协的提案建议，政府公开意见征求会、信访及听证等少数制度化途经。然而，由于人大代表中的农民代表比例偏低、人大代表逐级委托间接选择下产生的委托－代理风险以及人大制度不健全等因素，导致农民群体通过人大制度这一途经参与到政策决策之中的实际绩效不足。同时，由于听证制度尚不完善，存在听证相关信息不够透明，听证临时性、随意性大的问题。听证制度在程序化与规范化方面仍显不足，政府部门对听证意见的反馈不够积极、有效，这样就容易造成听证走过场、流于形式的情况，导致农民

---

① 2011年9月24日土默特右旗教育行政部门领导访谈整理稿内容。

群体难以借助听证这一途经对决策产生实质性影响。在这种大的制度背景下，农民群体在布局调整过程中，能够使用的政策参与渠道狭窄，面对诸如政府部门这样的强势利益主体，难以对其执行行为进行有效的制约和监督。其结果是容易导致一些农民群体因学校布局调整遭受利益损失时，被迫通过上访、强行阻拦政府撤并校等非制度化形式对政策执行过程施加影响。但囿于非制度化参与形式风险大、成本高，难以成为大多数农民群体的选择。

3）农民群体参与组织形式的有效性较低。单个个体对于政策决策的影响极为有限，一般需要借助参与性组织作为桥梁和中介。像学校撤并这种涉及广大农民群体利益的重要决策，单靠农民个体难以对学校撤并中其他利益主体形成有效的制衡力量。总的来看，经过多年的发展，在农村地区存在着合作经济组织、农民维权组织、农村社区服务组织以及宗教组织等一系列自组织团体（李文杰等，2012）。然而，由于制度设计与观念认识上的一系列原因，导致农民组织的发展存在层次较低、不够规范的问题。此外，农民组织化建设面临人才短缺的问题。伴随大量务工人员的流出，农村人口结构变化明显。留守农村的多数是老人、留守儿童或是妇女，其受教育程度和民主参与意识都相对薄弱，这无疑会对农民群体通过组织化建设参与教育决策产生不利影响。在这种背景下，学校布局调整过程中，农民群体作为一个相对弱势的利益群体，由于缺乏能够充分代表自身利益的组织团体，难以通过组织化形式争取自身利益和主导政策形成过程，对地方政府的执行行为也监督乏力。因而，当面对农村教育布局调整政策执行过程时，部分农民群体要么通过非制度化形式与地方政府进行博弈，要么成为"沉默的大多数"被迫接受，进而诱发双方非合作博弈问题的产生，影响农村教育布局调整政策的完整落实。

○ 第三节
● **农村教育布局调整政策执行博弈优化的可能性**

就农村教育布局调整政策而言，制度体系构成了各利益主体展开博弈行为的外部环境和内在规则，并在很大程度上影响和决定着博弈活动的方向及均衡结果。面对利益需求差异客观存在、利益冲突难以完全避免的情况，通过调适和创新制度体系，规范利益主体表达，维护自身合理利益的行为，促进有利于政策意图落实的有效均衡，是化解农村教育布局调整政策各利益相关方利益冲突、走出利益博弈困境的必由之路。因此，从这一点出发，良好的制度保障机制是农村教育布局调整政策执行的根本保证。通过制度保障机制的创新，就是构建出一套合理的规则体系，鼓励正确的博弈行为，约束错误的行为，从而降低农村教育布局调整政策执行过程中的"公共选择"的成本，提高政策执行的有效性，最终实现促进义务教育均衡、高质量发展的目标。针对上文分析归纳的制度保障问题，提出以下制度保障体系创新的思路。

一、以理念为先导

以理念创新为前导，在新的机制设计中植入义务教育的基本价值理念。韦伯曾指出："思想所创造的观念，经常像扳道工一样，决定着利益火车头的行动轨迹。"（斯特龙伯格，2005）政策作为对利益的一种分配方案，同样需要一定的思想理念作为指引与依据。农村教育布局调整政策最终指向于促进义务教育更加均衡、优质地发展，确保农村学生能够更好地享受高质量的教育。由于义务教育作为一项"公共物品"，具有全民性、强制性、免费性特征，农村教育布局调整政策对义务教育利益进行权威分配时，势必要遵循一定的理念，以保障这一利益的分配能够覆盖至尽可能多的受教育群体。"公正"是分配社会利益最为重要的原则。农村教育布局调整政策对教育利益进行分配时，同样需要遵循公正的理念。在政策执行过程中，只有遵循公正这一理念，才能协调好各方的利益关系，在各利益主体价值认同的基础上达成预期目标。以公正作为核心理念，构建农村教育布局调整政策执行保障机制，其目的在于克服政策执行中过度追求经济效益、忽视育人理念、损伤教育公平的观念与行为，消除引发执行问题的不利因素，促进预期目标的实现。同时，"公正"也是约束和指导政策执行者行为的基本理念。农村教育布局调整政策执行中所出现的一系列执行问题，从根本上源于制度，产生于利益分配与调节的不合理。以"公正"确定政策执行的目标与方向，确定学校布局调整过程中执行主体与目标群体的行动观念与规范，为农村教育布局调整政策执行保障机制带来新的价值取向与内涵，从而为推动政策执行奠定坚实的思想基础。

二、以明晰权责为基础

以明晰权责划分机制为基础，对中央与地方政府的权责边界和互动框架进行再设计，对各方权责边界进行清楚的划分。作为中央政府的"代理方"，地方政府担负着义务教育的管理和发展重任，同时也应享有相应的权力，在各项教育资源的占有、分配及使用等方面要拥有充分的自主权。然而受当前财税体制和行政管理模式的制约，中央与地方政府在事权和财权上存在严重不对称的问题。随着财力上收中央与管理责任的大部分下放，越是低一级的政府组织，越是承担了更为繁重的教育公共物品的管理与供给责任。在责任下放和财权上收的框架体系内，中央与地方政府的政策博弈难以避免。地方政府往往模糊化处理农村教育布局调整政策所赋予的促进教育均衡发展的目标，将撤并学校数量、办学规模的扩大、经济效益的提升作为关注重点，从而导致本应通过适当合并，促进农村教育更好发展的布局调整政策目标，被一些地方政府置换为方便政府管理、节约教育投入、拉动县域内经济发展等内容。鉴于此，在学校布局调整执行保障机制创新之中，要遵循权责清晰的要求，合理确定中央与地方的责权划分，合理分配教育投入，明确各级政府所应承担的责任，改革绩效考核模式，确保中央与地方政府能够进行理性、有序的博弈互动。

三、以优化激励与约束机制为动力

以优化政策激励与约束机制为动力，合理引导学校政策执行主体的博弈行为，包括两方面的内容：一方面，建立合理的政策执行激励机制。改革单一的政绩考核观及干部用人制度，实行以综合绩效考核为基础，奖惩并重的考核模式，将农村教育布局调整政策执行综合效果纳入到政府考核机制中来。在考核学校布局调整执行绩效过程中，要注意平衡经济效益与社会效益，充分考虑将农民群体对政策的满意程度，实现教育公平的具体程度以及城乡均衡发展等统筹考虑；另一方面，完善与学校布局调整相关的各项法律法规和监督体系。将农村教育布局调整政策中关于政策执行中的多元主体权责划分、撤并标准与程序、撤并结果的评价与责任追究等一系列问题以法律形式加以明确，提高政策的权威性和强制力。同时，充分发挥各个监督主体的作用，健全政策执行监控机制，使监督网络化、制度化。

四、以改进利益表达与参与机制为核心

以改进利益表达与参与机制为核心，强化农民群体作为利益主体在农村教育布局调整政策决策机制中的力量。利益集团之间的博弈是推进政策变迁的重

要动力，强势利益集团可以促进和影响有助于增加本集团利益的政策安排。针对农民群体在学校布局调整过程中的弱势地位，需要从完善参与程序、信息公开制度及公共决策机制、促进农民自组织建设等方面入手，提高农民群体的利益表达和参与能力，确保学校布局调整过程中能充分体现农民群体的利益需求。这就要求一方面完善信息公开制度，健全关于农村布局调整政策及其他相关信息公开制度，确保农民群众能根据信息及时作出判断；另一方面，通过建立完善的民主参与机制，通过村民代表大会、听证会或咨询商议会等民主协商形式，建立广泛吸纳各方利益代表的学校布局决策主体。此外，要完善选举法、人民代表大会组织法，提高人大代表所占比例，构建有利于促进基层群众自治发展的法制环境，引导农民群体建立农民协会或是农合会，提高其组织和自治能力。

五、以完善利益补偿机制为保障

以完善利益补偿机制为保障，重视对利益受损群体的补偿。作为一个利弊共存的复杂变革，要使农村教育布局调整政策做到使每一个利益群体都满意并不现实。按照符合正义的理念，在政策设计中如果某一群体利益遭到的损失是无法避免的，那么如能对他们受损的利益作出适当补偿，这一政策将因为在总体上增进了社会福利而同样值得采纳。农村教育布局调整政策旨在通过适度的撤并学校，实现教育的高效、均衡发展。然而在此过程中，部分偏远地区学生上学距离相对增加，学生家庭所支付的求学成本有所上升。部分交通地理不便地区的学生上学路途的风险增加，而寄宿于新建校的低年龄学生家庭关爱缺失，心理健康受到影响。这些受到影响的学生家庭本属于经济、社会、文化资本匮乏的弱势阶层，从教育公平的角度来看本应是布局调整政策更要加以兼顾的目标对象。然而在实际过程中，这些教育弱势群体成为农村教育布局调整政策执行成本的实际转嫁者，以及教育权益受到损害的群体。因此从制度设计上来看，在新的阶段中，农村教育布局调整政策价值取向上要更加关注公平，完善对教育弱势群体的补偿机制。这主要包括落实政府在购置、保养、监督校车的责任，改善教学点办学条件，发展远程教育，改进和完善救济程序，依法维护撤并学校学生及家长的合法权益，通过增加经费投入，加大贫困生补助力度等。

基于"公正"的价值理念，本书将农村教育布局调整政策执行保障机制用图 7-1 进行表示。

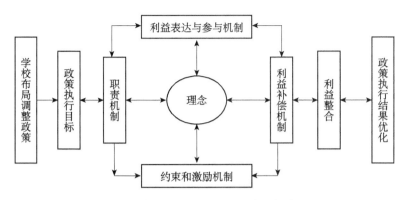

图 7-1　农村教育布局调整政策执行保障机制

　　其中，责任机制、激励和约束机制、利益表达与参与机制、利益补偿机制构成了农村教育布局调整政策执行保障机制的基础，它们确保着农村教育布局调整政策从目标到实践的落实；公正理念作为政策执行过程中的价值选择，构成了评价农村教育布局调整政策是否有效的价值标准。同时，公正理念也对政策执行保障机制的四个方面运行具有引导、约束和规范作用。通过这几个机制的运行，公正的理念得以体现与实现，各方利益主体的利益得到有效整合与协调，因利益分配不合理所引发的政策执行问题得到预防和治理。总的来看，这一执行保障机制并非是单向的，而是随着政策过程的深入落实，不断得到反馈、调整和修订。政策执行保障机制运行的过程，也是将执行情况不断反馈、不断调整，将政策执行从上到下与从下到上相结合的过程。各方面的具体内容将在下一章节详细展开论述。

农村教育布局调整政策执行
保障机制的构建

　　综合前几章的论述可知，从利益角度来看，农村教育布局调整政策发展与演进的过程实际上是各利益主体各类非合作博弈行为交替上演的过程。虽然"关于非合作博弈研究从表面看是描述非合作的规律，但其更深层目的在于寻求合作之路"（赵汀阳，2003）。那么，学校布局调整各利益相关方如何才能走向有效的"合作之路"？虽然有博弈论学者提出通过多次重复性博弈，可以促进博弈参与者由非合作博弈走向合作博弈。然而，问题的关键在于，这种多次重复性博弈究竟应该在哪种框架下展开呢？农村教育布局调整政策是公共教育政策的重要组成部分，它的有效推进需要立足于各利益主体特定利益的基础之上。在当前转型期社会各利益群体急剧分化与再整合的大背景下，不同利益主体对于农村教育布局调整政策的期待与需求存在明显差异，从而导致了各利益相关者对农村教育布局调整政策公平、合理性的反思和质疑。因此，寻求"合作之路"的关键在于，构建一整套创新性的制度框架体系，形成一种能够促进各方利益相对均衡，在确保各利益相关方个体理性彰显的基础上走向集体的理性机制，并在这种机制下开展有序的重复性博弈。这种制度设计促使学校布局调整各利益主体由非合作走向合作的路径优化。

○ 第一节
● **农村教育布局调整政策执行保障机制的目标定位**

一、教育公平与制度公正

从本质上看，公共政策是对全社会的价值进行权威分配的方案。而作为公共政策的重要组成部分，教育政策的核心要义在于协调各类教育利益的分配关系。从利益角度来看，教育政策执行过程的利益群体之间非均衡博弈现象，实质上反映的是各教育利益相关者资源占有量失衡和地位悬殊所导致的利益分配不公问题，这在政策层面上则体现为教育政策调节不力所致。教育资源需要政府部门通过各类政策工具进行分配与调整。教育资源分配是否得当，有无过于偏向某一利益群体，决定着教育政策的价值属性和实际执行效果。实际上，正如前文对于资源有限性的内容所述，利益在特定时期或具体场合总是有限的。在对利益进行确认和分配的过程中，人们结成了最基本的利益关系。这种利益关系实际上是一个矛盾的统一体，因为人们追求满足自身利益的同时，也要受到他人及社会规范条文对自身利益的制衡。这种对立统一的矛盾关系体现了主体之间相互制约、此消彼长的关系。如果放任其自然发展，易诱发不同利益主体间的利益对立、冲突与矛盾，影响人们自身及整体社会的发展。在这种情况下，需要政府"有形的手"对利益各方进行协调和整体平衡。这种平衡与协调的基本原则即是"公平"。所谓的公平，是指一种按照平等原则对人们之间的利益关系加以协调的规范与原则。平等原则包括两方面的含义：一是指人们所享受的基本性权利具有平等性；二是人们所享受的非基本性权利也应该比例相等。公平作为内含某种价值判断的规范化概念，囊括了人与人之间利益关系所反映的基本伦理道德问题。无论是对政府组织还是某种社会制度，无不为维护特定的人与人之间利益关系而存在。因为公平作为公共政策的内在属性，是公共政策的本质品格。教育政策执行中所出现的利益冲突与非均衡问题，从政策的内在属性来看，表明教育政策的内在公平属性没有得到全面地落实与体现，从而引发了教育利益相关者在利益分配上的冲突与纠纷。要化解利益相关者之间的冲突，就必然要按照公平的原则对教育资源进行合理的再分配。换句话讲，通过彰显和落实教育政策的公平性属性，依据公平化原则，对教育利益相关者的利益进行调节，进而实现对教育资源的合理化分配。按照这种原则，公共教育政策并不应成为既得利益群体或是强势利益群体谋求利益最大化的工具，而是应充分协调长远与当前、整体与局部、集体与个人的利益关系，从全局性、社会整体发展、基本人权等角度关注政策对象中的弱势群体，对有限的教育资源进行合理分配。

然而，如何才能在具体的政策执行中将教育公平理念加以落实？如何才能更好地在政策执行过程中，按照公平原则对不同利益群体进行合理的利益分配，避免对立性的非合作博弈情况出现呢？实际上，对于任何一项教育政策而言，它并非凭空产生和存在，必然要受到现实存在的教育制度，包括既有制度框架以及所形成的制度环境等方面的制约。因而，教育政策的"公平性"价值的承载与实现必然与教育制度体系紧密联系起来，并需要与教育制度本身的诉求相契合。制度从本质上来看，是"一系列被人们所制定的各类规则条文、守法程序以及行为的道德伦理规范。其旨在对追求个体福利及效用最大化的个体行为加以规范与约束"（诺斯，1994）。正如前面所述，正是利益的对立统一性，在引发不同群体的利益冲突的同时，同时也存在为追求某一特定利益而结合成的共同利益关系。正是由于特定共同利益的存在，具有共同利益诉求的群体才能结合成利益共同体，展开集体性选择和行动，为维护共同体的利益而相互协作。政策执行的过程，也就成为包括政府组织在内的多个利益主体通过利益博弈而最终实现利益均衡的过程。如果要实现公共利益在各个群体之间的博弈均衡，就需要在各利益群体产生利益冲突与矛盾时，借助某种约束规则，由政府组织出面加以干预、引导、协调，并最终化解利益矛盾。而这一规则能否得到各利益群体的普遍认同，能否成为约束和指引各利益群体合理博弈的基本原则，则构成了问题的关键。而从制度的内涵和功能定位可发现，制度作为调控社会各项基本的权利与义务，协调各种利益的规则体系，是约束、引导和激励人们行为导向的基本性框架，从根本上制约着政策执行的力度与深度，影响着教育政策公平属性的体现与落实。从规范意义上讲，教育制度背后同样蕴含着某一特定的伦理价值取向，引导着制度具体框架的构建和内容体系的确立。那么，影响公共教育政策执行的教育制度应表现出怎样的伦理原则呢？对此，被人们所广泛认同和普遍接受的观点是：正义应成为教育制度伦理的基本诉求。一种符合正义标准的教育制度体系应确保最广泛的人群获得利益好处，同时要关照那些处境不利的利益主体获取和实现自身利益。只有这样，教育制度才能在实践中有效地约束和引导人们合理追求利益，成为调节人们教育利益冲突与矛盾的"利器"。换言之，不能体现公正诉求的教育制度就难以获得人们的支持与遵从，也就无法在实践中发挥出积极的效果。从这一意义来看，公正构成了教育制度的首要价值与内在伦理诉求。正是在公正的教育制度框架体系与制度环境内，教育政策才能在价值选择上和实现过程中体现出公平的特征，确保教育利益的公平分配，保障教育政策执行的公平、合理、正当与有效。

二、制度公正：农村教育布局调整政策执行保障机制的目标定位

农村教育布局调整政策是对农村教育资源进行再分配的一系列规则体系。由于教育利益的存在以及各利益主体在具体教育利益目标上存在差异，彼此之间形成了一定的利益冲突与博弈关系，并在利益博弈过程中引发旧的利益关系被打破、转换与更替，新的利益关系不断产生。在这一过程中，各利益主体之间发生对立、摩擦与冲突就成为难以避免的问题，农村教育布局调整政策因而成为一个充斥着利益冲突与纠葛的矛盾体系。然而，适当的制度安排能够有效减少，或是部分化解政策利益主体之间的利益矛盾冲突。农村教育布局调整政策的本质是对教育利益进行调整，试图在各利益群体之间寻求利益均衡点，通过教育资源的合理优化促进学生的成长和农村教育的可持续性发展。著名学者罗尔斯构建了一整套保障政治生活有序进行的公平正义原则。而作为政治生活有序化、制度化安排的各种公共政策，如果依据公平正义的原则，既可以保障社会各群体成员的合法利益，消除平均主义和非合理化获取利益的可能性，同时又能将社会群体成员的利益差距控制在大部分社会成员所能接受与认同的范

围之内。因此，要保障新一阶段农村教育布局调整政策的有效落实，减少政策制定方、执行者以及目标群体的利益冲突与差异，就需要按照公平正义的原则，构建起一整套完善的以政策利益相关者责任与利益为核心的规范体系，约束各利益主体在政策执行博弈中的非理性和非合作化的"失范"或"越轨"行为，为利益博弈活动提供一个规范有序的活动空间，进而减少或是缓解中央政府、地方政府以及农民群体三者之间的利益冲突，确保农村教育布局调整政策按照公平属性对教育利益与机会进行合理再分配。

实际上，从利益的角度来理解的话，公正是特定阶段人们从自身的利益出发，对于社会一整套制度体系及其载体——法律、法规、条例及各种政策条文合理与否的主观性评价，是人类社会具有恒久价值的基本性行为准则和价值理念。这一特点实际决定着制度必须兼具公共性和普遍性，制度本身即是一种公共性产品，是为社会整体、最大数的社会成员制度和服务的。这就意味着公正势必成为某项制度设计、确立和实践的重要标尺。人类无限性的需求与公共资源的稀缺所形成的矛盾，要求各种利益或是资源要按照公正的标准加以分配。这一理念在我国古代早已存在。《论语·季氏》第十六篇中明确提出："不患寡而患不均，不患贫而患不安。盖均无贫。和无寡，安无倾。"这种不患寡而患不均的思想绵延至今，深刻影响着国人对于公平正义的理解和国家政策理念的设计。不仅国内，在西方国家同样也高度重视公正的重要意义。正因为如此，罗尔斯（1988）才在其经典著作《正义论》开篇中，以一种类比和强烈命题式的语言阐述着对正义优先性的直觉与笃定："正义是社会制度的首要价值，正像真理是思想体系的首要价值一样。"因此，一个能够良性运转的社会必然是建立起了一整套符合公平正义原则，公平合理的制度体系，能够有效维护和发展社会公平正义的秩序。罗尔斯在《正义论》中阐述了两个基本的正义原则：第一个原则即为"平等自由原则"，意指如果每个人的自由与别人所拥有的同等基本自由互不冲突、不相矛盾的话，那么每一个人均应拥有尽可能广泛的基本自由；第二个原则是指"机会公正平等和差别相结合原则"。在重要性方面，第一原则优先于第二原则，第二个原则中的机会公正平等原则又要优先于差别原则。罗尔斯的正义价值理论给予我们的启示在于：我国农村教育布局调整政策要避免因各利益相关方非合作博弈所引发的一系列政策执行问题，化解和缓和各利益主体的利益冲突与矛盾，就需要在遵循制度公正的原则上，通过一系列的规则制度体系的调适、完善与革新，在尊重和保障各利益相关者基本权力的基础上，实现"普惠原则"（机会均等）与"差异原则"（弱势补偿）的有机融合。公正的农村教育布局调整政策要在制度方面充分保障中央政府、地方政府、农民群体等利益主体在各项基本教育权利上的平等,各自能够在利益选择、获取与分配上具备平等的"人格",能够按照机会均等的原则平等地参与到利益博弈的赛局之中。然而,由于各利益相关者在政治、经济、文化资本上存在的事实性不平等,各群体成员间的禀赋、文化素养以及权利也不尽相同,因此这种"初始状态"的设定不免难以掩盖不同背景与素养的利益相关方在政策执行博弈过程中的非平等地位。因此,符合公平正义理念的农村教育布局调整政策既要确保各利益主体能够在公平的规则框架内获取适当利益,同时还应通过另外的制度设计给予处于劣势地位的利益主体适当的补偿,使每个利益主体均可获取一定的利益。例如,由于优质教育资源的稀缺性,通过撤并校在县市所建设一大批优质的学校,应按照机会均等的原则使每一个农村学生享有入学资格。然而那些地处偏远的山区、少数民族地区的贫困学生或女童,由于难以支付一定的费用而无法享受这些优质资源。面对这种情况,公正的农村教育布局调整政策要实现"普惠性"原则还是"补偿性"原则的有机统一,通过各项制度的设计与完善尽可能解决"程序正义"与"实质正义"两相割裂的问题。从农村教育布局调整政策的公平性诉求来看,无论是"普惠性"原则还是"补偿性"原则,最终所要实现的目标依然是促进政策制定者、执行者及目标群体之间的利益相互兼顾与协调,促进各利益相关方从非合作博弈向合作博弈转向,进而实现三者之间利益关系的"纳什均衡"。

○ **第二节**
—
● **农村教育布局调整政策执行保障机制选择的基本原则**

农村教育布局调整政策要对各利益相关者的教育利益进行调整,需要遵循特定的原则对政策内容进行取舍,最大程度地减少或避免各利益主体非理性的"零和博弈"甚至是"负和博弈"发生的机会,以更好地促进各利益主体总体利益的增进。然而,由于利益需求的差异性和多样化,各利益主体衡量政策的效用与价值尺度各有不同,因而对于保障各利益相关者走向合作博弈的制度设计有着不同的理解与需要。但只有那些能够充分反映制度的内涵与本质、遵循教育规律、有利于促进农村教育良性发展,同时又有助于农村教育布局调整政策推进的标准才是可取的。具体来看，主要包括以下三方面原则。

一、合法性原则

"合法性"作为政治分析的专用术语，主要指来分析政治系统的正当、公正或正统性特征。韦伯（1997）曾指出，某种稳定的秩序系统是否能够长久存在，主要取决于它能否构建并维系一整套培养其成员对秩序系统存在意义普遍认同的信念。换句话讲，合法性意味着这个秩序系统得到其成员的接纳和支持。合法性的本质在于，某个政治框架内的公民是否愿意支持、认同和维护当前的政权系统和政治秩序，而且这种支持与维护并非单靠国家的强制力来实现，而是源于公民思想和内心的真正认同，制度同样也要具有合法性。这种合法性既源于正式法律、法规或条例的维护，更需要深入社会成员认知系统内，得到社会成员价值体系的辨识和内化，然后再决定其是否愿意认同和支持制度的正当性。因此，某一项政策或是政策合法性主要源于它在某种社会价值观念体系内运行的有效性，其适切范围及存在的基础等。正如上述所提到的《正义论》作者罗尔斯所指出的那样，正义是社会制度的首要价值。按照正义论的理念，农村教育布局调整政策合法性的强弱要看政策所涉及的中央政府、地方政府、农民群体及其学生等利益相关方的权利与利益分配是否公平合理，同时各个利益内部成员的权利与利益分配是否公正合理。同时，公共权威性是农村教育布局调整政策合法性的一个外在表现。在我国单一制的政治体系下，中央集权特征明显，公共权威更多表现为中央政府运用公共权力与威信，处理各项社会公共事务中所体现的实际影响力与威望。一个公共权威缺失或不足的政策难有什么公信力可言，更无法维持正常运转。由于不同利益群体的利益分化，再加之制度的某些漏洞和不完善，致使学校布局调整过程中一些利益群体为追逐私利扭曲政策执行，引发了一系列执行问题的产生。中央政府所出台的一些布局调整政策设计不够周全，导致一些地方政府为谋求私利而钻政策空子，"打擦边球"。在这种情况下，如果中央政府的应对策略仅是被动式地出台一些弥补措施，政策前后标准不统一，"朝令夕改"，难以保持一致性，其最终损害的是中央政府的权威性和影响力，强化了其他一些利益主体的机会主义行为。因而，强化农村教育布局调整政策合法性，还需要在确保公平正义的基础上，强化中央政府的公共权威性。

二、合理性原则

"合理性"是继韦伯后对社会问题分析的一个既重要又难以准确把握的问题。合理性的分析有两条路径：一是沿着理性的角度来证明符合理性；二是按照内在逻辑一致的角度侧重于原则或目标。农村教育布局调整政策分析所提出的合理性，主要侧重于从后一种路径加以分析。合理性在布局调整政策中所指涉的是一种以特定理念支持的制度体系内，其政策能否按照理念所规定的"逻辑"，其功能与价值能否与"理念"具有内在逻辑一致性。例如，农村教育布局调整政策是否体现了政策所指向的提升效率，促进农村教育均衡、高效发展，更好地保障农村学生享受高水平的教育服务等目的，是否真正地推进了农村教育资源优化配置，促进了教育公平正义的实现，在完成这些目标上是否兼顾了效率与公平等。这些归根到底所指向的是政策具体内容能否契合政策的内在规律，而其外在表现是是否真正符合逻辑。"合规范"的农村教育布局调整政策合理性价值指向于效率，但农村教育布局调整政策的效率并非是一个单一概念，而是具有多层含义：社会效率与自身运作效率。社会效率主要指通过促进农村教育优化组合，提高办学效益，提高农村学生的培养质量等方面发挥的良好效益。自身运作效率主要指农村教育布局调整政策自身的设计能否以较低的成本代价获得更高的收益，即通过控制政策形成及运行过程的各种成本，获得尽可能大的政策实效。从政策的基本理念来看，农村教育布局调整政策应赋予各利益主体足够的激励，整合各利益主体的利益需求，为各主体利益诉求的表达与竞争设定良好的空间，确保所有利益主体都能拥有促进自身合理利益实现的机会，最大程度地确保有效的教育资源得到合理配置。然而，在具体的政策实践中，由于各利益主体在制度演进过程所能发挥的作用各不相同，那些占据话语权优势，博弈能力较强的利益主体基于自身利益诉求，通过对政策施加影响，促进政策运行向利于自己的方向偏移。这在客观上致使农村教育布局调整政策偏离其合理性，导致社会效率与自身效率两相割裂，最终影响了政策整体效率。例如，学校布局调整的本意是适当缩减学校数量，提高学校规模效益，而一些地方政府却将数量和规模作为最重要的指标，层层摊派，强制性要求各地区要减少一定比例的农村学校，这导致一些农村地区学校数量急剧下降，学生上学距离增大，求学成本增高、安全风险上升等问题。再如，学校规模的适度扩大有助于促进提高办学效益，而一些地方政府却过于追求学校规模的扩张，导致一些规模过大的巨型学校出现，引发了一系列管理和教育的问题。

三、现实性原则

某种制度无论在理念上如何精致和完美，如果可行性不强，或是在实践中根本缺乏可操作性，那么这一制度更多是一种"乌托邦"，而不具备现实可行性。农村教育布局调整政策现实性原则首要反映的是它必须与相应的历史发展阶段相适应，而不能脱离具体阶段而存在。通过第二章对农村教育布局调整政策历史的回顾可知，农村教育布局调整政策在国家发展和定位不同阶段中，具有不同的定位和功能，并受制于具有的历史条件。例如，在中央与地方事权与财权划分尚未完全理顺，地方政府承担更多的管理和投入责任时，如果让农村教育布局调整政策执行任务完全归属于地方政府而中央政府缺乏监督时，就难以遏制地方政府借助学校布局调整这一契机，通过大规模的撤并校来节约教育支出，缓解财政压力，并将"学校进城"作为拉动经济增长的手段，进而导致学校撤并的非理性演进，诱发一系列衍生问题，最终受损的仍是社会整体的利益和政府的公信力。农村教育布局调整政策现实性内涵的第二种表现在于，它必须具备较强的操作性和可行性，而不能仅停留在理念和口号上。虽然政策演进过程中存在着一系列制度的设计与选择，但过于强调制度设计在整个制度演进过程中的权重，往往会发现虽然制度设计在理念上趋于完美，然而在具体实践中却缺乏可操作性与可行性。农村教育布局调整政策现实性的另一表现则是要关注其运转及维系的一系列成本。如果政策执行成本过高，也会影响政策的可行性。某项政策的设计、维护及落实过程中均要投入各种人力、财力、物力及时间资源等，形成所谓的政策成本。政策的实际收益与投入成本之比构成了政策效益，是评价某一政策是否具备现实性的重要标尺。农村教育布局调整政策执行之所以出现一系列问题，一个重要根源即在于政策成本的投入与分担不合理。由于农村教育布局调整政策需要大量配套资金来建设寄宿学校，保障校车运营，以及贫困学生的经济补助等，如果中央与地方政府缺乏合理的成本控制与分担，地方政府将因政策成本的过于高昂而缺乏完整落实布局调整政策的积极性。未来的农村教育布局调整政策执行的制度保障体系革新需要把握好政策效益这一尺度，合理规划政策成本，对中央与地方政府的责任分担加以明确，这也是促进各利益相关者有序博弈的重要保障。总而言之，试图超越现实的农村教育布局调整政策在具体实践中容易形成一种"获取最优政策"的冲动，结果导致政策脱离现实可行性，最终的结果也往往是"欲速则不达"。

○ 第三节
● 农村教育布局调整政策执行保障机制构建的策略选择

一、完善权责划分，引导政策利益主体的行为动机

中央与地方政府的博弈关系是布局调整政策执行博弈中最重要的一对关系。双方博弈结果影响着学校布局调整的走向与落实。在新的阶段，应遵循财权与事权相对称的要求，通过合理划分中央与地方管理与投入责任，统筹安排经费投入与管理工作，明确各级政府的管理责任，转变绩效考核模式，并将责任制度化和法制化，促进中央与地方政府走向理性的有序博弈。具体来看，应从以下几方面着手。

1）要强化中央政府的责任，增加教育经费投入，加大与布局调整相关的专项经费转移支付力度。学校合理布局从形式看是学校扩建或是若干个学校的合并，但实质上是对教育资源的再整合。而资源的再整合同样需要支付大量成本。在学校布局调整工作中，诸如寄宿制学校建设、小规模学校建设、校车建设、学校生活补助等均需要充足的教育投入作为后盾。影响地方政府在布局调整中的决策行为的最重要因素之一即为经费问题。鉴于义务教育所具的外溢性特征，布局调整所带来的积极效益为广泛的社会群体所共享，因而中央政府除了在总体方案制订、监督地方政府执行行为等方面强化责任外，在资源投入方面应承担起更大的责任。为此，中央政府要遵循义务教育"新机制"的要求，在当前教育投入占 GDP 4% 的目标初步实现的基础上，努力确保义务教育经费按"三个增长"目标增加，增加对农村教育投入的总额与比重，以缓解突出的教育供需矛盾。另外，中央政府要加大专项资金转移力度。中央政府的专项资金在布局调整初期阶段重点用于保障寄宿制学校硬件建设以及困难学生生活补助等方面。在当前寄宿制学校建设工作初步完成，中西部地区经济困难的寄宿生得到一定补助的情况下，下一步要重点考虑将专项资金补助范围由中西部寄宿制学校扩展到边远地点的教学点和小规模学校建设运营方面。在确保寄宿制学校附属设施建设与完善的基础上，保障教学点和小规模学校的维持与发展的投入资金。同时，应考虑将对中西部地区寄宿生补助由原有的贫困家庭学生逐步扩展至

全体寄宿生。由于受益对象的扩大，转移支付总量必然会增加，在这一方面中央政府要承担起更多的责任。再者，由于中西部大量兴建的寄宿制学校相对于非寄宿制学校而言，工作量更大，对生活教师的需求量更高，相应的人员经费支出也随之增加。为此，中央政府应考虑制定合理的生活教师编制标准，采取财政转移支付的形式承担起中西部地区生活教师的经费保障投入，以减轻地方政府的财政压力。对于其地区的寄宿制学校，要考虑中央与地方按比例分担。

2）发挥省级政府的监督和管理作用，增加省级财政转移支付力度。在政策执行过程中，中央政府构架总体框架，县级政府是落实布局调整政策的主要力量。而居中的省级政府则应起到承上启下的作用，强化对本省内布局调整工作的总揽作用。从管理责任上来看，省级政府要强化统筹规划本省学校布局调整总体方案，切实履行好对县级政府具体撤并方案的审批和报备工作，抓好对各县市布局调整工作的监督和审查力度。同时，在财政投入上，依照各级政府职能划分，加强对财力薄弱各市县的支持力度，确保其至少落实最低水平公共服务的责任。针对当前布局调整工作配套政策是难点和薄弱环节这一问题，省级财政要在诸如寄宿制学校建设、校车投入、教学点建设等方面加大转移支付力度，以作为其履行责任的着力点。在中央政府专项转移支付承担起基础建设和新增人员经费保障的同时，省级政府也应按比例对应增加一定的经费保障，进一步提高省级政府统筹能力。根据事权与财权相对应的原则，省级政府要根据本省内各县市的经济发达水平和学校建设现状，结合县级政府的政策执行效果，有侧重地对县市学校布局调整工作的薄弱环节进行针对性的定点投入。在教学点、寄宿制学校基础建设及校车运营方面，采用专项配套资金的方式，通过小规模学校建设项目、寄宿制学校建设项目、校车安全项目等形式进行投入与管理。

3）坚持"以县为主"的教育管理体制，明确县级政府在落实农村教育布局调整政策方面的主导作用。县级政府要在理解和领会中央及省级政府政策意图的前提下，按照民主参与的程序，在充分调查本区情况，合理预测未来人口变动、城镇化发展及本区教育发展前景的前提下，对县域内的农村学校进行合理布局。县级政府要在坚持因地制宜的原则下，注意布局调整配套措施的跟进与完善，抓好寄宿制学校建设和管理工作，保障县域内农村教学点正常运转，确保学生上学安全。同时，在合理使用上级转移支付资金的基础上，根据本县实际情况，建立学校布局调整资金管理体系。在财政预算中安排用于学校布局调整工作的专项资金，并考虑将相关经费支出单列，以防止经费被挪用或挤占。

对于农村学校撤并后转换出来的闲置校舍、场地、设备等教育资源进行有偿转换，并将所获资金用于后续的布局调整工作所需投入。同时，要根据本地实际情况，对县域内因撤并而新建设学校的标准作出规范要求，根据学校实际情况，增加生活教师和保育教师。对学校周边安全，有关部门要强化管理和监督。抓好县区内校车安全管理和司机资质审核，确保学生的人身安全。

二、强化监督规制，加强政策利益主体的规制力度

完善、高效的监督机制是确保农村教育布局调整政策完整落实、提高政策执行效益，以及给予政策执行者合理奖惩的重要保障。因此，要不断加强和完善农村教育布局调整政策执行的监督体系，建立健全上下结合、内外沟通、层次清晰、功能多样的监督网络，形成全方位、无缝隙的政策执行监控网络体系，充分发挥各个监督主体的作用。具体来看，可从以下几方面着手。

（一）健全指导农村中小学布局调整工作的法律体系

农村教育布局调整政策涉及范围广，需要处理和协调的利益错综复杂。因此，需要更为详细的投入与管理责任厘定、撤并标准与程序、经济补偿等方面的内容规定。从国际经验来看，美国等发达国家在学校布局调整工作伊始，就高度重视相关法律工作。比如，美国芝加哥市的《公立学校政策指南》、加利福尼亚州的《学校撤并最佳指导》等政策法规，对学校撤并标准、程序与公众参与等给予了详细的规定。加拿大安大略省于 2005 年所颁布的《学校关闭指导方针》中明确规定，在学区内如果有 50 名家长联名或是 50% 的家长提出申诉要求，教育相关部门就需要负责引入第三方独立调查，对该学区学校撤并校的整个决议过程进行审核，以确认其是否符合国家相关法律规定。此外，美国许多州还通过法律规定，明确了学生补助的标准与范围。通过各种相关法律的建设与完善，美国等发达国家学校撤并工作构建了完备的指导规范体系，在促进布局调整工作顺利推进、保障弱势群体教育利益方面发挥了重要作用。从这些国际经验来看，形成完善的法律体系，是实现农村教育布局调整政策法律化、科学化的重要前提。要实现布局调整工作有法可依，就需要立法机关按照相关规定，及时出台各种相关法律，对涉及学校布局调整工作的一系列重大问题及责任进行明确规定，为当前以及未来较长一段时间的布局调整工作提供基本指导依据。

　　根据我国关于教育的立法实践以及发达国家的历史经验，当前应考虑制定和出台"学校布局调整法"，提高农村教育布局调整政策的权威性和执行效力，尽快出台"校车安全法"、"教育经费保障法"、"农村义务教育投资国家负担法"等配套的相关法律法规，增强农村教育布局调整政策的法律效力。这些相关法律要以确保适龄儿童就近入学权、平等受教育权和保障生命安全为根本导向，对学校撤并责任主体、撤并标准、撤并程序、学生入学距离、入学时间、校车运营责任和安全保障、小规模学校建设、寄宿制学校建设、经费投入与保障等一系列问题给予明确的规定。根据不同地区发展水平和具体环境，确定学校布局调整经费投入的基础标准和全国范围内应达到的基准。明确各级政府在农村学校撤并工作中所担负的管理与投入责任，在相关的法律规定中规定学校撤并需要遵循的民主决策程序，并对校车管理责任、投入责任和监管责任加以规定，同时对寄宿制学校和小规模学校师资管理办法、绩效考核以及财政保障方面给予具体的规定。此外，要出台上述各项规定的责任追究条款，具体规定责任追究的范围、内容、责任及决策程序内容，对不按规定执行、不履行相关责任以及变相执行布局调整政策的各种行为，按照行为失误的原因、危害程度、性质类别确认责任的大小与类别，给予合理惩戒。

（二）强化多元主体的监督作用，形成完善的监督网络体系

　　除了构建完善的法律法规体系，还需要有力的执行和监督体制，以能确保农村教育布局调整政策、法规顺利进行。具体来看，需要从权力监督、行政监督、社会监督多个方面入手。

1. 强化人民代表大会的监督效力

　　我国权力机关是对政府部门进行监督的重要机构。宪法中明确人民代表大会是国家权力机关，国家行政机关由国家权力机关产生，并对其负责，接受监督。具体来看，可从以下几点着手：①各级人民代表大会及常委会可通过审议本级政府学校布局调整工作汇报的形式，监督有关学校布局调整工作是否符合程序规定，有无违规操作，以及落实国家精神的具体情况等；②可以通过审查和批复政府撤并校的经费预算、用地规划及闲置校舍再利用情况等内容报告的方式，监督学校布局调整中的经费落实保障和落实情况；③可以通过质询的方式，对行政部门落实布局调整政策过程中的所出现的各种问题进行质询，并要求其必须给予明确的回应与答复；④各级人民代表大会可根据实际情况需要，成立专门的学校布局调整工作调查委员会，主要调查各级政府部门是否按照中

央政策精神和相关法律规定，及时、高效、完整地落实政策相关内容规定。值得注意的是，要强化人民代表大会的监督效用，还有必要提高人大代表的监督能力。针对农村教育布局调整政策执行的监督问题，要重视农民代表的监督能力培养。因为相对于其他代表而言，农民代表对农村教育问题更为了解与关切，更有动力行使代表的监督权。就农民代表在人民代表大会所占份额而言，其数量仍偏少，有必要考虑适当增加农民代表的比例，同时强调农民代表的典型性，使他们能够真正反映最基层农民群体及其子女的教育利益与诉求。另外，要关注人大代表的监督意识与能力，保障其有效行使监督权力。对于农村教育布局调整政策的执行过程监督，不能片面强调只有农民代表才能更好地行使监督权力，而是要倡导各级人大代表都要关注农民群体的利益，关注布局调整过程中弱势群体的教育权益保障问题。可以通过借助高校研究人员及专业人士的讲解与培训的形式，提高人大代表对布局调整政策问题的认识与了解，强化人大代表的责任感与使命感，提升其法律素养和监督能力。

2. 完善行政监督力量

农村教育布局调整政策执行主体以政府机关及工作人员为主。而对于政府组织内部，同样设有独立行使职权的监督机构与审计机构，主要负责对政府组织及成员落实政策法规、决策及命令等情况，以及对违法违纪行为进行审查监督。对于涉及农村教育布局调整政策执行的行政监督，可从行政问责与强化审计两方面展开：一方面，从政策执行角度来看，行政问责主要面对的是政策执行主体，如果其执行政策不力或未能正确履行职责，以致对政策执行造成不良影响，或是损害政策目标群体的合法权益，给政府机构及社会造成不良后果的行为，进行内部审查和责任追究的制度。针对学校布局调整工作，需明确以下几点问题：①布局调整工作问题的主体应是农民群体。为确保农民群体的知情权，防止政策执行机构回避问题，包庇问题对象，行政问责过程需要对农民群体及社会公众公开；其次，行政问责的对象主要是农村教育布局调整政策执行过程中出现失职渎职等行为的政策执行者。对于那些落实政策不力、政策敷衍、政策替换、政策寻租问题的责任人要严厉追究其责任。视其造成后果的严重程度，从道德责任、行政责任、政治责任、法律责任等方面加以追责。②建立和完善"引咎辞职"制。农村教育布局调整政策执行者出现严重失误，造成消极后果，需要追究其相应责任，进行停职审查、转岗或是相关培训。③要强化审计监督。为确保布局调整有序进行，审计部门要及时跟进，组织专门的工作团队，积极做好涉及政府部门及学校的跟踪审计监督工作，重点关注有关学校布局调整的财务账目审计工作。对国家专项资金、寄宿制学校建设资金、校安工程投入资金以及其他相关资金落实和使用情况进行审查。重点关注政府及学校是否在撤并期间突击花钱，是否存在挪用资金、转移资产等现象，保证财务规范运行、有序交接；同时要关注资金的使用情况，保证调配资产的安全完整，避免资产流失。④关注闲置资产的管理及处置工作，对闲置不用的资产，特别是撤销学校的土地和房屋建筑物，要保证专人管理，避免闲置浪费，确保处置回收的资金用于教育事业的发展。

3. 提升社会监督能力

人民代表大会和行政部门监督属于传统的"警察巡逻式"监督模式，虽然可以全面掌握信息，但监督成本较高、耗时长，反应滞后。充分发挥社会监督的作用，形成"火警预警"机制，有助于弥补行政监督和人民代表大会监督的不足。社会监督主要包括公众监督与舆论监督两方面内容。首先是强化公众特别是来自政策目标群体农民群体的监督。因为农村教育布局调整政策能否有效执行，农民群体及其子女是最直接的体验者与受影响者。各项布局调整政策及法规必须与他们产生关系，而且政策执行得好坏直接关系到他们的各项教育权益能否得到切实保障。因此，农民群体或农民教育维权组织可通过申诉、检举、建议、批评与控制，对布局调整政策的执行情况进行监督。同时，通过运用微博、论坛、博客、微信等网络途经，引导广大公众积极参与监督学校布局调整工作的落实情况，及时发现和反映政策执行中所出现的各种问题。实际上，随着政治民主化程度的提高、经济的发展、网络工具普及以及公民意识的觉醒，公众的监督意识逐渐增强。对于布局调整过程中的诸如校车安全、寄宿生生存状态、闲置校舍资产的流失等问题的关注，形成了一股强有力的舆论监督风潮，在督促政府部门对布局调整工作的问题加以重视并尽快进行纠正和解决上发挥了积极作用。因此，在进一步完善各项公众监督的制度法规的基础上，明确公众监督的权力范围及程序，合理规范和引导公众的监督行为，使其在法律框架内理性运用权力。同时，坚持涉及农村教育布局调整政策工作的各项事务公开与公众监督相结合，提高农村教育布局调整政策执行的透明度，使广大公众能够了解政策运行的具体情况，并通过健全信访制度等，保障农民群体反映布局调整过程中的政策偏差行为具有制度化的畅通渠道。此外，要重视强化新闻舆论监督。2012～2013年，新闻媒体对校车安全事故的集中报道及对学校布局调整工作的系统化反思，促使公众及政府部门对布局调整工作更为关注，在推进中央高层关注和改进学校布局调整工作方面发挥了重要作用。大众传媒在西方被视为"第四种权力",在发挥监督政府行为,促进政府工作公开透明,保障公民知情权方面发挥了重要作用。新闻传媒通过舆论监督,可以揭露和抨击布局调整政策执行过程中所出现的违规乱纪行为,并促进农民群体及公众知情权、监督权得到更加充分的实现。因此,要强化大众传媒对学校布局调整工作的执行监督,就需要通过法律和体制建设为大众传媒提供切实可靠的制度保障,明确大众传媒的权利与义务,为确保大众传媒的真实性、公正性和权威性作用发挥提供有力保障。

实际上,学校布局调整涉及多方利益关系,仅靠若干法律及政策规定,以及单个监督主体来完成监督工作是极为困难的。因此,有必要在完善既有法律法规的同时,适时出台各项关于布局调整工作的法规条例。以此为基础,促进多元主体参与到监督工作中来,形成权力监督、行政监督、法律监督相互补充、相互强化的多元监督体系,构成一个有效的监督网络体系。

三、拓宽参与渠道,完善政策利益主体的参与路径

学校布局调整过程是一个涉及多方利益主体教育利益再分配的过程。这就要求政府相关部门在落实布局调整政策时,需要以广泛的利益诉求为基础,协调与整合包括政策制定者、执行者及目标群体的利益诉求,扩大农村教育布局调整政策的社会基础。这即意味着,在面临多个主体参与布局调整政策博弈时,政府部门作为决策主导力量需要提供一个可供各方利益主体展开合理博弈的场域,使各自的利益诉求能够充分表达出来。这实际上是要求政府部门通过一系列制度框架和程序设计,为多元主体特别是政策目标群体赋予一种资格,一种可以有效参与博弈竞争的资格。通过这种制度与程序设计,形成目标利益群体与其他利益集体博弈制衡的局面。构建符合公平正义理念的多元参与制度,需要从制度设计与操作程序两个层面进行革新。从国际经验上来看,除立法机关代表制度外,专家咨询制度、信息公开制度、院外游说制度、协调谈判制度、公开请愿制度、公民表决制度都是促进多元主体参与政策决策,促进政策科学、民主、有序的制度设计。根据当前我国的实际情况,在农村教育布局调整政策执行过程中,促进多元主体参与政策执行的较为现实的制度主要有信息公开制度、民意调查制度和听证会制度。

（一）信息公开制度

信息作为政策决策的基础，是政策制定者、执行者及目标群体在博弈赛局中不可或缺的依赖要素。在前文对各方博弈过程进行分析时可发现，信息不对称是影响彼此博弈进程和结果的重要因素。相对于地方政府与农民群体而言，地方政府掌握着政策的解释权，对于何时撤并校、撤并哪些学校以及如何撤并校等方面的信息方面掌握着主动权。一些地方政府为保持政策的"神秘性"，或为了减少突击撤并校的阻力，易于抵制向农民群体及时提供有效信息。而农民群体由于信息渠道来源狭隘，无法充分掌握地方政府的行动信息，难以确知政府究竟如何采取决策，学校究竟应不应该撤并校等。这种信息资源的不对称，阻碍了农民群体充分参与到博弈活动之中，影响着农民群体对政策的认同与支持。

因此，一方面，有必要完善农村农村教育布局调整政策的信息公开制度，改善信息不对称困境，为博弈各方提供更为全面和充分的政策信息。对于中央与地方政府而言，要加快电子政务建设，为彼此之间的信息沟通与反馈提供便利，确保执行链条的上下层级及时获取相关信息，并为彼此加强信任、消除误解、协调行动创造良好条件。再者，要通过优化行政组织，促进其从"高耸型"向"扁平式"不断过渡，在发挥传统科层制优点的同时，兼顾"扁平式"组织结构的优势，简化信息的传递层级，加快信息的传递速度，确保信息沟通和反馈渠道通畅，从而缩短布局调整政策执行的信息传递层级，降低信息不对称的不利影响，提升布局调整政策执行效益。此外，中央政府出台布局调整后续政策时，内容尽可能表达清晰准确。在不同的场合，反复宣传布局调整政策的内容和精神，使各层级的执行者能接收较为准确的信号，并邀请政策执行者参与到政策后续完善与调整的过程中，使政策制定者与不同层级的执行者之间就政策内容达成一定程度的共识。同时，农村教育布局调整政策制定者要积极引入专家、学者及研究机构力量，就农村教育布局调整政策强化对各级相关执行人员的宣传、指导及培训活动，以便执行者（特别基层执行者）准确领会政策精神和执行策略。

另一方面，对于地方政府与农民群体而言，地方政府要依照相关法律法规的规定，以法定形式，综合运用政府公告、官方权威网站、新闻发布会、网络、电视、报纸、杂志等多种媒介，向农民群体及学校公开布局调整政策执行过程，明确政府在政策执行中所应承担的主要责任，撤并学校的程序、标准，预期达成的目标。同时，也增进农民群体及公众对布局调整政策的理解与支持，减少政策执行中的阻力。此外，在建立政策反馈信息传递的渠道中，要通过建立健全群体上访、社会协商对话，政府主要负责人电话或信箱等制度，确保信息沟通的畅通。这既便于使目标群体能向农村教育布局调整政策执行部门及时直接地反馈政策执行信息，又利于政府高层及时掌握布局调整相关的真实反馈信息，从而适时调整政策执行策略与方案，减少政策执行的盲目性。

（二）民意调查制度

在落实农村教育布局调整政策的过程中，政策目标群体与政府部门之间应积极促进各类政策相关信息的传递与沟通。不仅农民群体需要知道政府在布局调整过程中具体做了哪些工作，采取怎样的步骤开展工作，而且政府部门也同样需要了解农民群体对撤并校的真实想法、具体需求以及意见与建议。因此，为确保政策执行过程中能够获取足够的有效信息，政府部门需要积极构建和完善关于农村教育布局调整政策的民意调查制度。在新的阶段，构建切实有效的民意调查制度，就必须将布局调整政策的具体落实建立在充分了解当地农村的具体发展实际、农民群体的真实需求以及农民子女的切实教育需要等基础之上。具体来看，民意调查可考虑运用对布局调整过程涉及的关键目标群体对象接触法，通过对能够代表农民群体教育需求与利益的代言人之间进行沟通与访问，来获得信息。但需要对这些代表人物的典型性进行甄别，确定其是否具备这一代表资格，能够如实代表农民群体。其次，可以采用问卷调查法，通过向农民群体、学校教师、学生等发放调查问题，对其能够接受的撤并方式、撤并标准、救助措施等进行调查，并对收集回来的问卷进行统计分析，以确认政策目标群体所关注的重点与具体的利益需求，以及在政策执行过程中需要重点关照的问题；再者，要充分运用现代网络与传媒手段等网络化、信息化的沟通平台与目标群体进行互动，通过网络调查等方式即时获取信息，但要考虑到农村具体的经济、地理状况以及具体技术的可行性；最后，政府部门要关注和搜索由农民群体或其代言团体所发起的主动信息接触活动。因为这类信息活动指向性明确，主要关注的是针对本地区学校布局调整涉及的具体问题，更具有针对性和切实性。

（三）政策听证制度

听证属于政策决策程序的重要构成部分，是体现政策是否符合"程序正义"

的重要标尺，也是促进农村教育布局调整政策走向科学化、民主化的制度安排之一。农村教育布局调整政策中的听证制度是政府部门与政策目标群体旨在促进决策优化的一种对话模式。具体来看，可分为以下几步：①在学校撤并具体方案初拟、备选、讨论择定、付诸实施等过程中，要允许和鼓励农民群体参与听证，并就撤并校的各项相关事宜进行充分陈述与讨论，并与其他参与群体进行协调与辩论，从而保障多元主体公平参与政策方案决策的过程。在召开农村教育布局调整政策听证会之前，需要合理安排会议时点与地点，及时发布通知和公告，确保政策目标群体能够及时了解听证会的相关信息，并提前做好相应的准备，要强化听证制度的宣传工作，动员目标群体广泛参与政策讨论之中。②受听证会规模所限，不可能将所有利益相关方纳入到会议的讨论中来，只能选择其中的代表或是发言人。那么在听证会代表选择上，就需要通过广泛的讨论与考察，以确保代表成员的资格与观点符合听证会的需求，能够真正代表特定的政策群体，如实反映政策目标群体的诉求与心声。③在听证会召开过程中，充分运用多种手段，如圆桌会议、头脑风暴等方式，鼓励和促进各方的交流、对话甚至是辩论、争论，使参与人能够平等地拥有发言和讨论机会。④政府部门要对听证会所达成的意见进行归类、整理和分析，形成初步方案并反馈至各参与代表，避免听证会走过场，流于形式。

上述三项基本制度是为多方利益主体参与政策执行过程提供一定的规则框架，实际上是为各方展开合理有序的利益博弈搭建起适宜的平台。在多元主体能够广泛占有信息，反馈各自利益诉求，并将利益诉求通过听证等途经加以表达和落实的前提下，学校布局调整需要遵循科学合理的参与程序，来确保各方充分参与到学校布局调整方案的形成与落实过程中。为确保学校布局调整有序展开，政府部门要不断完善布局调整程序，严格按照前期调查、草稿初订、召开听证、生成决议、上报审批、动员实施、申诉与救济的程序来规划布局调整行为。具体来看，在布局调整起始阶段，要对本区哪些学校需要撤销、合并或调整进行初步评估。在此基础上，教育行政部门要会同规划专家、学校领导及各方代表进行初步讨论，在通盘考虑学校所覆盖的服务半径、最大容量、未来城镇规划、交通便利性以及学校配套设施的基础上，初步形成学校撤并方案。随后，召开听证会征求农民群体对学校撤并草稿的意见。在会议中，除学校撤并工作委员会成员外，还要包括预备撤并校学校的领导、教师代表、拟合并及接收学生的学校代表以及撤并校所在的村庄村民代表、媒体代表及其他权威人士。通过有经验的专业主持者主持会议进程，严格规划议事规则与时间。就学校应该撤并与否听取各方的辩论意见，并在主持人的协调下，以协商的方式对草案进行调整和完善；接下来，根据听证会意见，教育行政主管部门会同专业人士及相关代表，对草案进行再修订与完善，并将结果及时反馈给与会代表。在县级政府部门工作会议上通过后，上报省级主管部门审批。在审批通过后，要根据具体情况与时机，提前对涉及的撤并学校师生、家长进行宣传、告知与动员。在此过程中，为确保布局调整工作有序进行，地方政府可根据情况成立撤并校工作指导小组，全面督察和评估撤并工作各环节、撤并速度及配套措施完善情况。同时，中央政府或省级政府也可成立专门的督导小组，对各地布局调整工作进行指导与监督。最后，在撤并校过程中，如果因人口回流、生源增加或其他因素出现而导致当地群众要求恢复教学点或学校，应经由政府部门在充分调查和论证的前提下，根据群众意见和实际需要，恢复一定规模的教学点或学校。

四、合理利益补偿，均衡政策利益主体的利益分配

综合对现实考察以及学者的研究共识，布局调整政策过程中所需要考虑和关照的教育弱势群体主要包括偏远地区及交通不便地区的学生、家庭经济困难的学生、低年级的适龄学生、农村留守儿童、寄宿生、农村教学点学生、适龄女童以及其他学生。在对这些教育弱势群体的补偿设计上，既要考虑他们因农村教育布局调整政策所增加的经济成本，更要关注其受教育权益在布局调整过程中受损的情况。因此，从理念上看，制度设计要兼顾保障性和发展性原则，在确保这些弱势群体"上得起学"的前提下，能够"更安全地上更好的学"。从具体策略上看，主要包括寄宿制学校标准化建设、农村校车管理制度建设、农村小规模学校建设以及经济补偿策略。

（一）寄宿制学校标准化建设

建设寄宿制学校是农村教育布局调整政策执行过程中普遍推广的措施。然而，寄宿制学校建设虽已推行多年，仍面临着资金不足、生活教师匮乏、配套设施不完善以及学生心理健康问题突出等一系列问题。针对寄宿制学校建设现状，在后续的政策执行过程中，要分阶段、分地区地推进"寄宿制学校标准化建设"项目，重点关照寄宿制学校地区标准建设、专项资金投入、师资合理配置以及学校管理创新等内容，具体内容如下。

1）完善寄宿制学校建设标准，督促各地根据本区实际情况出台辖区内寄宿制学校建设标准和管理办法。由于各地区经济发展环境、地理环境以及社会文化等方面的差异，要在遵循国家所设定底线标准的前提下，因地制宜探索和完善适宜本地区寄宿制学校建设和发展的细则，对寄宿制学校校舍标准、教学仪器配置、人事管理、经费保障、后勤建设、校园安全等方面给予明确具体的要求。例如，山西省在2008年即专门出台了适宜于本省的《农村寄宿制学校建设标准》，而随后山西省内各相关市县相应出台了适合本区的寄宿制学校建设标准和管理办法。如后续需建设新的寄宿制学校，要依据建设标准，充分考虑本区人口总量与结构变动趋势、城镇化进程以及人口流动区域等多重因素。依据人口分布与变化趋势，结合城镇化进程，统筹规划，合理布局寄宿制学校校址，避免因过度建设、重复建设以及无效建设而造成的教育资源浪费。

2）统筹考虑寄宿制学校与非寄宿制学校的差异，在经费投入与补助方面有所倾斜。各级政府部门要根据实际情况，按不同地区、不同层次的学校，分摊比例，对农村寄宿制学校建设提供专项资金支持，结合近几年的校安工程，完善学校的后续建设，在寄宿制学校建设用地、税收等方面给予一定的优惠政策。同时，由于寄宿制学校相对于非寄宿制学校而言，运营成本更高。根据一些地区的经验数据，寄宿制学校的一名寄宿生所需要的公用经费相当于1.5名非寄宿生的经费支出。在免除各项杂费的前提下，公用经费是保障学校正常运营的主要经费来源。同等条件下，人数相同的寄宿制学校在保障运营上面临更大的压力。鉴于此，在公用经费核算方面，应对寄宿制与非寄宿制学校进行合理区分。在寄宿生比例达到一定比例（如50%）以上的学校，可考虑按照1∶1.5的比例分别拨付寄宿生与非寄宿生的公用经费。对于低于一定寄宿比例的学校，也应适当地提高生均公用经费补助比例。考虑到地区差异和县级政府的财力情况，对于这部分资金支出可参照义务教育投入新机制的比例，按照不同区域由中央、省、市、县按比例分担。

3）考虑适当放宽农村寄宿制学校教师的编制，增加生活教师、心理健康教师、工勤人员数量比例。与非寄宿制学校相比，寄宿制学校在担负教书育人责任的同时，还要承担起寄宿学生生活、业余活动管理以及心理健康保障等任务。然而在当前编制管理规定中，寄宿制学校缺乏生活教师编制。为确保对学生的有效管理，许多寄宿制学校在出资聘请有限数量生活教师之外，只能将学校年龄较大的教师与部分青年教师相组合，兼任生活管理教师。这既加重了教师的工作负担，同时也不利于对学生专业化的管理。为此，政府要考虑实际情况，根据寄宿制学校规模和师生比核定编制，增加编制适度向寄宿学校倾斜，优先解决寄宿制学校所急需的生活教师及工勤人员的编制问题。

4）重视和提升农村寄宿制学校的管理水平，鼓励开展丰富多彩，有益于寄宿生身心发展的活动。可通过远程教学设施，丰富和完善学校远程网络教育课程，为学生提供丰富的活动课程和研修课程。同时，通过组织各类兴趣活动小组、科普活动小组以及艺术团等，丰富寄宿生的课余与寄宿生活；晚间活动中可定期组织学生通过收看电视新闻、读书看报、棋类比赛以及体育活动；定期开展班级联谊会、主题班会、社区联谊活动、各类主题讲座等活动，丰富寄宿生集体生活，引导学生学会关心、学会友爱、学会合作。此外，在学生寄宿区增加活动教室、微机室以及图书室，配置必要的视听材料、儿童读物以及科普读物等，保障学生业余生活的丰富性和完整性。重视寄宿生的心理辅导与咨询工作。建设寄宿生心理健康档案，设定心理健康活动室和咨询室，关注寄宿生的心理健康问题。

（二）农村校车管理制度建设

农村校车管理制度涉及确立校车安全标准、明确经费保障机制建设、完善运营模式、确立监督与管理体系等一系列相关制度的建设。从国际经验来看，发达国家将校车建设作为农村学校布局调整的重要内容，无论从立法还是具体的运营与监管上，均形成了一整套详细完备的管理和运营体系。由于我国学校布局调整工作起步晚，进度又过快，校车管理制度建设严重滞后。近几年频繁发生的校车安全事故更是引发了对农村教育布局调整政策适宜性与公平性的质疑与大讨论。针对我国校车建设的具体情况，在新的阶段里，校车制度建设应从以下几方面入手。

1）明确各级政府责任，形成中央统筹管理、省级监督落实、以县为主的责任分担体系。从美国的实践经验来看，其形成了以联邦政府、州政府以及地方政府为核心的三级管理的责任体系。其中，联邦政府负责发布校车安全标准以及各项相关规章制度，州政府负责资金投入、执法监督以及信息服务，地方政府则负责具体的政策落实。学区作为校车管理的最小单位，定期发布校车的所有相关规定与标准，各项财务支出以及线路运营等各项信息。参照国际经验，并结合我国现实情况，应逐步确立起中央政府主导，各级政府责任分担的管理体系。中央政府负责出台和完善相关校车法律规章制度，对各级政府责任、监管范围、财政保障、违法追究等给予具体的指导意见；出台具备操作性的"校车优先"指导意见及细节，确保校车所享受的各项优先权，对危及校车安全的各类交通违规行为给予明确的处罚意见；设计并出台全国统一的校车各项专用标志，如校车外表式样、字体标志及识别颜色等；省级政府统筹管理本省校车管理具体方法和实施意见，并在资金保障、监督落实中央意见等方面强化责任，促进省内校车统一的标准建设与管理办法，推进省内校车工程的发展；县级政府要成为担当校车管理的责任主体。成立专门的校车管理办公室，协调各相关部门形成以教育行政部门与交管部门为主，各部门协作配合的管理模式。

2）加快完善校车财政投入保障机制，将农村校车经费保障纳入到各级政府预算中，形成各级投入责任按比例分担的体制。当前除少数经济较为发达的省市对校车提供一定的财政补贴外，大部分地区特别是中西部经济欠发达地区缺乏对校车产业的投入支持。政府部门要从战略高度看待校车发展对于保障学生生命安全以及受教育权，促进教育公平等方面发挥的积极作用，统筹安排校车经费预算。中央政府要考虑将农村校车经费投入纳入到教育经费保障机制之中，作为政府教育投入预算的专项列支。根据不同地区的经济发展水平与地方政府的财政现况，中央、省级以及县级政府分比例承担校车投入。对于中西部经济落后地区，中央和省级政府要设置专项资金，并加大财政转移支付力度，提升经济落后地区校车发展能力。县级政府负责本区校车财政资金管理工作，对运营校车得力的企业或公司给予适当的财政补贴或奖励，并对家庭困难的学生发放一定的交通补贴。

3）探索建立政府监管，市场化运作，多方主体参与的校车运营机制。从国外的校车运营实践来看，通过校车服务外包或是直接购买服务方式是发达国家发展校车的通行做法。例如，加拿大哈利力法克斯省的相关校车政策中明确规定了学生的交通服务由运营服务部统筹协调，协管员负责校车细则的制定，包括运输路线、时间表和站点设置。校车承包商则负责车辆维护与安全、司机调配与工资支出。在运营中，家长、学校与司机也要各负一定的责任。参照国际经验，并结合我国现实情况，应逐步形成政府购买校车服务或校车服务外包，鼓励具备资质的公司具体运营，引导社会力量参与监督，形成政府、市场及社会三方面相结合的校车运行机制。县级政府应首先根据本区内学生数量、学校分布、运营路程、地理环境以及交通路线等分析校车运营成本，随后在广泛征求公众特别是学生家长、学校以及专家意见的基础上，协调相关部门依据本地实际情况，合理布局校车运营线路及站点，并向社会进行公开招标。接下来，符合资质的运营公司通过竞标获取政府的合约，提供具体的校车运营服务。中标的运营者要负责提供安全的校车、合格的驾驶员，并定期进行校车检查和维修。学校要负责本校需求校车服务的学生信息收集，协调安排校车到达学校门前的安全及人数清点工作，避免拥挤等意外事故的发生。

（三）农村小规模学校发展工程

农村小规模学校主要指人数规模在100人及以下的农村偏远教学点及村小。从发达国家所走过的学校合并历程来看，小规模学校虽然在早期被视为重点撤并的对象，然而随着对学校合并成效的深入认识，小规模学校在保障边远地区弱势群体的教育利益，维系和传承社区文化方面所发挥的积极作用被重新加以认识。由于我国各地区发展水平不一，地理环境差异较大，偏远地区的教学点或村小是校车工程或寄宿制学校工程难以覆盖地域的重要教育阵地，是确保低龄学生就近入学的重要载体。同时，保留适量的农村小规模学校，也是保障偏远地区弱势群体教育利益，维护社会公平正义的重要手段。因此，建议在新的阶段里，政府部门要高度重视农村小规模学校的生存与发展，适时开展"农村小规模学校发展工程"，对有必要保留的小规模学校给予政策支付，以促进其持续性发展。

1）建立和完善农村小规模学校经费保障机制，提高小规模学校的生均公用经费标准。偏远地区教学点和村小由于规模小，学生少，按一般的生均经费投入难以维护学校的正常运转。财政部在2010年11月提出，要对不足100人的农村小学、教学点按100人来计划公用经费补助资金。虽然这一政策有利于提高农村小规模学校的经费总量，但部分地区有可能通过虚报学生和学校数量来套取中央专项经费。为保障农村小规模学校的教育投入，可考虑以学生数量为基数，按照一般学校学生生均拨款的2～3倍来对小规模学校进行拨付公用经费。对于中西部经济欠发达地区，要提高中央和省级统筹责任，成立专项扶持资金，加大财政转移力度。

2）教育行政管理手段和市场机制相结合，探索建立农村小规模学校师资保障的长效机制。为改善农村小规模学校教师的初次配置，应对小规模学校的编制有所倾斜，在新进教师的配置上对农村小规模学校优先考虑。探索县域内"县管校用"的教师、校长流动机制，探索和建立鼓励城区校长和教师去农村偏远地区教学点和村小任职、任教机制。同时，对农村小规模学校教师进行物质和精神的多重奖励。通过大幅度提高小规模学校的工资待遇、设立教师绩效奖励、提供安家补助、建立教师周转房，在住房贷款、子女入学等方面给予一定的优惠。对于在小规模学校教学获得突出成绩的教师，在职称评定、评优评模等方面给予一定倾斜，使他们在精神上得到满足，事业上获得成就感。此外，针对小规模学校教师复式教学的特点，在国家教师培训项目的课程设置中增加复式教学培训课程，为农村小规模学校教师提供有针对性的，切实提高个人教学水平的课程理念和教学方法。

3）探索农村小规模学校特色化发展机制。"小"并非与"差"等同。小规模学校在小班化教学、家校合作、社区互动等方面，具有独特优势。小规模学校要充分考虑这种独特优势，积极探索与本身特点相适应的管理和教学模式。在教师管理上，注重打造学校教师的学术共同体，构建紧密和谐的协作关系，形成一个"相互支持、相互配合、相互学习、相互促进"的学习型组织，提高教师团队的凝聚力和活力；在教学管理上，针对小规模学校学生人数少，易于开展小班化教学的特点，可考虑对学生进行分层教学。将学生分为若干学习小组，根据不同小组的学习特点和个人素质，有针对性地进行因材施教，并对学习困难的学生给予更多的关照和教导；在课程开发上，充分考虑到学校与所在社区的联系，挖掘乡土中具有深厚文化意识的课程素材，依托校本课程、研究性课程、实践型课程等多种形式，探索富有乡土气息，具备人文关怀，突出文化传承的特色化课程，促进小规模学校由"小而弱"、"小而差"向"小而特"、"小而优"转型。

（四）经济补偿制度

在农村教育布局调整政策执行过程中，随着大量教学点的撤并和寄宿制学校的兴建，许多边远地区学生被迫向远离家乡所在地的寄宿制学校或是新建校转移，这导致边远地区学生支出成本不断上升。从发达国家的学校合并历程来看，通过立法形式，明确偏远地区受撤并校影响群体的经济补助范围和标准，有助于维护偏远地区弱势群体的教育利益，避免因撤并校而产生的辍学问题。对于我国农村教育布局调整政策而言，要使政策更好地促进农村义务教育发展，获得更为广泛的公众认同，就需要统筹兼顾各方面利益，在通过布局调整提高教育效率的同时，更为关注农村弱势群体的教育利益。政府部门应采取多种措施给予家庭经济困难的学生帮扶，避免偏远地区的学生及家庭过多地承担政策成本。

对于经济补偿机制的建立，要从以下几方面入手：

1）明确责任主体和责任范围的问题，即谁应承担起经济补偿主要责任，应该补偿哪些方面的问题。按照我国相关法律的规定，政府是承担义务教育产品与服务供给的最重要力量。在布局调整过程中，中央政府通过寄宿制学校建设、校安工程以及"两免一补"等政策，地方政府通过配套措施对农村学生提供了一定的补助。在布局调整新的阶段中，要重点考虑提高中西部边远地区学生的经济补助标准和覆盖范围，使经济补助的范围从原来经济特别困难的学生拓展至更多的农村学生。尤其是要将对农村寄宿学生的补贴投入落到实处，对于他们的生活费、交通费、住宿费等方面的补助要优先给予解决。

2）要统筹考虑与农村偏远地区学生密切相关的小规模学校经费保障、校车投入、寄宿制学校教辅人员的经费投入。在条件成熟的地区，试行免费的校车计划，形成完善的补偿保障网络；另外，要构建困难学生求助的"绿色通道"。政府部门要根据本辖区实际情况建设"绿色通道"，通过建立"贫困学生帮扶基金"，单列教育支出专款，确保专款专用，形成政府投入和社会助学相互支持和互补的扶持模式。

3）农村学校也应采取多种手段自筹资金，通过"奖励、减免、减少"等手段，鼓励和支付贫困学生顺利完成学业。

4）要注意信息的透明和标准的公正，要将各种关于学生资助的政策文件信息进行明文公示，明确资助标准、程序和发放措施，防止少部分人进行暗箱操作，力避各种不正之风，使确实需要得到生活补助的学生获得相应的资助。

结　　语

　　利益的冲突与博弈广泛存在于现实社会生活之中。不仅是农村教育布局调整政策执行过程中存在着利益冲突与博弈问题，在各类重点、热点教育政策运行中同样存在这一问题。无论是高校去行政化，还是高考招生政策改革，抑或是中小学校长流动制度的建立、名校集团化办学、示范性学校建设、就近入学政策，利益博弈的身影无不闪烁其中。公共教育政策的指向，在于促进公共利益。公共教育政策落实的过程，也是最广泛的社会群体公共利益不断增进的过程。然而，由于不同利益群体利益获取能力的差异，本意指向社会公众的教育政策在具体运行中，易被强势利益集团所"俘获"，转而成为强势利益群体占有或损害其他利益群体利益，增进自身利益的手段。这就引发了不同利益群体教育利益博弈的失衡，催生了政策执行阻滞或失真问题的产生。本书所带来的思考与启发是，如何通过一整套合理的制度体系构建，平衡各方利益主体博弈能力，促进政策利益主体有序博弈，形成利益整合与优化博弈机制，使得各利益主体，特别是相对弱势的目标群体均能收获相对公平的收益，进而避免或克服因利益分配不合理而引发的一系列政策执行问题。实际上，这一思路也与政府及一些研究者所倡导的教育政策决策要符合民主化、科学化和道义化的多重标准观点相契合。

　　总的来看，本书存在着一定的不足之处：①限于客观条件的制约，以及时间与精力有限，调查研究的覆盖范围仍有限，这对研究结果的推广性与适用性有一定影响。②利益分析的相关理论也是正在发展中的理论，应用于教育政策执行分析中，仍需要进行不断的改造与创新。虽然本书尽可能在利益分析的整体框架、理论基础方面进行适应性的调整与创新，但仍感到存在诸多不足和需要进一步完善的地方。③本书展开博弈分析基础理论假设是基于"理性人"的人性假设。"理性人"的假设一般认为是人是谋求自身利益最大化的个体。尽管这一假设在整个利益分析和博弈分析中具有良好的适切性，但现实的复杂性使得这一假设存在一定的局限性，因而不能简单地用来分析所有具体的教育问题或个体现象。

　　研究永远是无止境的，一个研究的暂时结束意味着新的研究即将到来。从研究的延续性来看，对下一步的研究展望主要有几个方面：①扩大调查研究的范围，注重对访谈资料进行类属分析、扎根分析，使研究的实证基础更为充足。②对利益分析的相关理论进行深入分析，特别是对博弈理论进一步强化研究，形成更加完善、更富解释力的政策执行博弈模型，使研究发现能够更为深入。③加强行动研究，政策执行既是政策研究的重要对象，同样也是一项极为重要的实践活动。通过应用和调适政策制度创新策略，使研究更具生命力和实用价值。

参 考 文 献

阿尔蒙德，鲍威尔等．2007. 比较政治学——体系、过程和政策．曹沛霖，郑世平，公婷译．上海：东方出版社：325.

班建武，余海婴．2006. 教育政策执行难的利益分析——以北京市流动儿童义务教育政策实施为例．教育科学，（3）：10-11.

包海芹．2004. 教育政策执行中的委托代理问题．江苏高教，（3）：25.

卜文军，熊南凤．2007. 农村贫困地区中小学布局结构调整存在的问题与对策．教育与经济，（4）：78.

蔡春．2010. 在权力与权利之间：教育政治学导论．北京：北京师范大学出版社：38.

蔡芸，杨冠琼．2011. 晋升锦标赛与中国的基础教育发展失衡．中央财经大学学报，（6）：44.

蔡志良．2013. 论农村学校布局调整与学生道德成长风险．浙江师范大学学报（社会科学版），38（1）：47-48.

常青，杨颖秀．2010. 协调性：教育政策执行不可忽略的属性．湖南师范大学教育科学学报，9（1）：66-67.

陈静漪，宗晓华．2012. 从城乡分立到城乡一体化：中国农村义务教育供给机制演进路径分析．西南大学学报（社会科学版），（9）：77-79.

陈俊．2010. 青海中小学布局调整：学校千余所学生增十多万．http://www. qh. xinhuanet. com/2010-02/24/content-19083585. htm.［2010-02-24］.

陈庆云．1996. 公共政策分析．北京：中国经济出版社：5.

陈庆云．2000. 关于"利益政策学"的思考．北京行政学院报，（1）：11.

陈庆云，鄞益奋．2005. 论公共管理研究中的利益分析．中国行政管理，（5）：35-38.

陈薇．2012. 撤点并校10年考：校车事故频发加剧撤校质疑．中国新闻周刊，2012-03-06.

陈玉云．2005. 教育政策变异之我见——关于政策执行与政策实现的讨论．教育理论与实践，（11）：22-23.

陈振明．2003. 公共政策分析．北京：中国人民大学出版社：238.

陈振明．2004. 政策科学——公共政策分析导论．北京：中国人民大学出版社：318.

程斯辉，王传毅.2010.农村中小学布局调整中需处理好的几对关系.教育发展研究,（2）：2-3.

邓猛.2004.特殊教育管理者眼中的全纳教育：中国随班就读政策的执行研究.教育研究与实验,（4）：40-41.

丁煌.2002a.政策执行阻滞机制及其防治对策：一项基于行为和制度的分析.北京：人民出版社：29.

丁煌.2002b.我国现阶段政策执行阻滞及其防治对策的制度分析.政治学研究,（1）：18-19.

丁煌.2004.利益分析：研究政策执行问题的基本方法论原则.广东行政学院学报,16（3）：29.

董世华.2012.我国农村寄宿制学校问题研究.武汉：华中师范大学博士学位论文：199-203.

段展华.2009.优质均衡：义务教育均衡发展的目标.现代教育科学,（4）：14.

范铭，郝文武.2011.对农村学校布局调整三个目的的反思——以陕西为例.北京大学教育评论,（2）：184.

范先佐.2006.农村中小学布局调整的原因、动力及方式选择.教育与经济,（1）：28.

范先佐，曾新.2008.农村中小学布局调整必须慎重处理的若干问题.河北师范大学学报,（1）：8-9.

范先佐，付卫东.2009c.农村义务教育新机制：成效、问题及对策.华中师范大学学报（人文社会科学版）,（7）：110-115.

范先佐，郭清扬.2009b.我国农村中小学布局调整的成效、问题及对策——基于中西部地区6省区的调查与分析.教育研究,（1）：34.

范先佐等.2009a.中国中西部地区农村中小学合理布局结构研究.北京：中国社会科学出版社,252.

范先佐，郭清扬，赵丹.2011.义务教育均衡发展与农村教学点的建设.教育研究,（9）：35-38.

方福前.2000.公共选择理论：政治的经济学.北京：中国人民大学出版社：178.

冯翠云.2012.学校布局调整背景下乡村文化传承的困境分析.清华大学教育研究,33（2）：97-98.

福勒.2007.教育政策学导论（第二版）.许庆豫译.南京：江苏教育出版社：105.

弗里曼.2006.战略管理——利益相关者方法.王彦华，梁豪译.上海：上海译文出版社：98.

傅林.2006.影响美国教育改革的制度性因素探析.外国教育研究,（11）：38.

高光 . 2010. 对农村中小学布局调整问题的新思考 . 教育理论与实践,(3):55-56.

高小强 . 2012. 城乡中小学布局结构变化之路径解析与价值研判 . 清华大学教育研究, 33.

葛新斌 . 2005. 农村教育在国家现代化进程中究竟位居何处——从"分级办学"到"以县为主"的制度变迁分析 . 华南师范大学学报(社会科学版),(6):88.

葛燕 . 2009, 地方官员晋升锦标赛及其变异探析 . 领导科学,(26):9-10.

耿晓婷 . 2006. 利益过滤:政策执行梗阻深层机理分析的新视角 . 桂海论丛,(6):66-67.

顾爱华 . 1994. 中国现代化建设中的政策执行问题探析 . 行政与法,(3):54.

光明 . 2004.《三年任务　一年完成　全省调减农村中小学 4859 所》. 江西教育, 04.

郭建如 . 2005. 国家-社会视角下的农村基础教育发展:教育政治学分析 . 北大教育评论,(3):70-79.

郭渐强 . 1999. 政策执行研究 . 长沙:湖南师范大学出版社:78.

郭清扬 . 2007. 我国农村中小学布局调整的具体成效——基于中西部 6 省区的实证研究 . 教育与经济,(2):72.

郭清扬 . 2008. 农村学校布局调整与教育资源合理配置 . 教育发展研究,(7):61-64.

郭清扬, 王远伟 . 2008. 我国农村中小学布局调整的总体评价 . 河北师范大学学报(教育科学版),(3):71-77.

郭清扬, 赵丹 . 2009. 义务教育新机制下农村教学点的问题及对策 . 华中师范大学学报(人文社会科学版),48(6):115.

国家审计署 . 2013. 1185 个县农村中小学布局调整情况专项审计调查结果 . http://www.gov.cn/zwgk/2013-05/03/content_2395337.htm [2013-05-03].

郝文武 . 2011. 论城镇化进程中的农村学校布局问题 . 教育研究,(3):31-35.

赫尔德 . 1998. 民主的模式 . 燕继荣译 . 北京:中央编译出版社:318.

何显明 . 2007. 信用政府的逻辑:转型期地方政府信用缺失现象的制度分析 . 上海:学林出版社:275.

何卓 . 2008. 对我国农村中小学布局调整的思考 . 教育发展研究,(1):37-38.

黑尧 . 2004. 现代国家的政策过程 . 赵成根译 . 北京:中国青年出版社:258.

亨利 . 2002. 公共行政学 . 第七版 . 项龙译 . 北京:华夏出版社:155.

侯龙龙, 张鼎权, 卢永平 . 2010. 西部五省区农村学校布局调整与学生发展 . 教育学报,6(6):76-78.

胡春梅 . 2005. 制度分析方法与教育政策执行 . 教育理论与实践,(5):27-29.

霍海燕 . 2002. 优化公共政策执行体制的设想 . 理论探讨,(3):62-63.

霍伊，米斯克尔 . 2007. 教育管理学：理论 • 研究 • 实践 . 第七版 . 范国睿译 . 北京：教育科学出版社：236.

吉本斯 . 1999. 博弈论基础 . 高峰译 . 北京：中国社会科学出版社：202.

贾莹 . 2010. 发挥学校文化堡垒作用引领乡村社会文化建设——布局调整中乡村学校文化的复归 . 吉林省教育学院学报，（6）：11.

贾勇宏 . 2007. 农村中小学布局调整预期和动力——基于中西部6省（区）的调查与分析 . 教育发展研究，（11A）：9.

贾勇宏 . 2008a. 农村中小学布局调整的障碍与方式选择——基于中西部6省（区）的调查 . 华中师范大学学报（人文社会科学版），（2）：131-137.

贾勇宏 . 2008b. 农村学校布局调整过程中的利益冲突与协调 . 教育发展研究，（7）：66-68.

贾勇宏 . 2008c. 教育政策执行中的村民与地方政府利益博弈——以中西部6省区农村中小学布局调整为例 . 教育科学，24（2）：30-33.

贾勇宏，周芬芬 . 2008. 农村中小学布局调整模式的分析和探讨 . 河北师范大学学报（教育科学版），（1）：14.

贾勇宏 . 2012. 农村中小学布局调整中的弱势伤害与补偿——基于全国9省（区）的调查 . 教育发展研究，（21）：24

贾勇宏，曾新 . 2012. 农村中小学布局调整对教育起点公平的负面影响：基于全国9省（区）的调查 . 华中师范大学学报（人文社会科学版），51（3）：145-147.

江依妮 . 2010. 中国式财政分权下的农村义务教育投入研究 . 天津：南开大学博士学位论文：71-72.

姜荣华 . 2010. 农村学校布局调整：农民选择与农民认同 . 东北师范大学学报（哲社版），（5）：163.

教育部 . 2006. 做好农村中小学布局调整，解决上学远问题 . http://gov. people. com. cn/GB/46737/4465929. html［2006-06-13］.

金太军 . 2005. 公共政策执行梗阻与消解 . 广州：广东人民出版社：96

金太军，沈承诚 . 2012. 政府生态治理、地方政府核心行动者与政治锦标赛 . 南京社会科学，（6）：66-67.

金太军，赵晖 等 . 2005. 中央与地方政府关系建构与调谐 . 广州：广东人民出版社：106.

科尔曼 . 1999. 社会理论的基础（上）. 邓方译 . 北京：社会科学文献出版社：585.

柯进，高毅哲 . 2011. 关注教育布局调整后农村校产系列报道：寻找各方利益最大"公约数". 中国教育报，2011-11-11.

雷万鹏，徐璐．2011．农村校车发展中的政府责任——以义务教育学校布局调整为背景．中国教育学刊，（1）：18-19．

雷万鹏，张婧梅．2010．学校布局调整应回归教育本位——对学校撤并标准的实证分析．教育研究与实验，（3）：6-11．

雷万鹏，张婧梅．2011．构建公正的学校撤并程序——对民众参与度和满意度的实证调查．全球教育展望，（7）：71-73．

李江源．2001．教育政策失真的因素分析．教育理论与实践，（11）：17．

李强．2008．从"整体型社会聚合体"到"碎片化"的利益群体：改革开放30年与我国社会群体特征的变化．新视野，（5）：15-17．

李文杰，何炜．2012．农民自组织：涵义、缘起、类型、障碍及其发展路径．山东农业大学学报（社会科学版），（1）：13-16．

李祥云，魏萍．2014．财政分权、地方政府行为扭曲与城乡中小学布局调整．当代财经，（1）：45．

拉斯缪森．2009．博弈与信息：博弈论概论．第四版．韩松译．北京：中国人民大学出版社：19．

林小英．2006．教育政策执行的理论模式评析．民办教育研究，（1）：25．

刘斌．2012．撤点并校10年留守儿童辍学率高，教育资源浪费巨大．http：//new.hsw.cn/system/2012/05/31/051333032.shtml［2012-05-31］．

刘复兴．2002．教育政策价值分析的三维模式［J］．教育研究，（4）：16．

刘复兴．2003．教育政策的价值分析．北京：教育科学出版社：25-26．

刘慧玲．1999．关于城市化进程与农村教育发展的思考．江西教育学院学报，（5）：62-63．

刘利民．2012．城镇化背景下的农村义务教育．求是，（23）：55．

刘善槐．2011．我国农村地区学校撤并的问题与对策研究：基于东中西六地的调查分析．湖南师范大学教育科学学报，（5）：52-55．

刘善槐．2012．科学化、民主化、道义化——论农村学校布局调整决策模型的三重向度．教育研究，（9）：91．

刘淑影．2006．我国公共政策执行阻滞的制度因素分析及对策探讨．兰州学刊，（6）：142．

刘泰洪．2007．我国地方政府竞争机制：一个制度经济学的分析范式．人文杂志，（4）：74-75．

刘贤伟．2007．农村中小学布局调整的负面影响．教育科学研究，（8）：4-5．

刘欣 . 2006. 农村中小学布局调整与寄宿制学校建设 . 教育与经济，（1）：30.

刘泽照 . 2007. 对当前我国公共政策执行梗阻效应的多维探析 . 理论导刊，（3）：25.

柳海民，娜仁高娃，王澎 . 2008. 布局调整：全面提高农村基础教育质量的有效路径 . 东北师范大学学报（哲学社会科学版），（1）：8-9.

卢红，杨润勇 . 2007. "农村地区初中学生辍学现象屡禁不止"的政策学分析 . 教育理论与实践，（5）：32-33.

陆学艺 . 2002. 当代中国社会十大阶层分析 . 学习与实践，（3）：57-60.

罗尔斯 . 1988. 正义论 . 何怀宏等译 . 北京：中国社会科学出版社：3.

马佳宏，王贤 . 2009. 农村中小学布局调整研究的现状分析 . 学术论坛，（12）：186.

马骏，刘亚平 . 2005. 中国地方政府财政风险——逆向软预算约束理论的视角 . 学术研究，（11）：79-83.

莫永波 . 2007. 公共政策执行中的政府执行力问题研究 . 北京：中国社会科学出版社：16.

宁国良 . 2004. 公共利益的权威性分配——公共政策过程研究 . 长沙：湖南人民出版社：98.

宁骚 . 2003. 公共政策学 . 北京：高等教育出版社，376.

牛泉 . 2009. 我国农村寄宿制学校现状分析与对策思考 . 教育理论与实践，（5）：29-30.

诺思 . 1994. 经济史中的结构与变迁 . 陈郁等译 . 上海：三联出版社：178.

庞娟 . 2010. 地方公共品有效供给的激励模型——基于中央与地方政府博弈的视角 . 改革与战略，26（3）：27.

庞丽娟 . 2006. 当前我国农村中小学布局调整的问题、原因与对策 . 教育发展研究，（2）：2-3.

祁型雨 . 2006. 利益表达与整合——教育政策的决策模式研究 . 北京：人民出版社：121.

钱再见，耿晓婷 . 2007. 论农民工子女义务教育政策有效执行的路径选择 . 南京师范大学学报（社会科学版），（2）：90.

秦玉友，孙颖 . 2011. 学校布局调整：追求与限度 . 教育研究，（6）：94-101.

冉芸芳，王一涛 . 2007. 教学点：何去何从——关于农村学校布局调整的一项质的研究 . 当代教育科学，（9）：19-20.

饶静，孟祥丹 . 2012. "国家和社会"框架下的农村中小学布局调整：以江苏省 A 县 L 镇为例 . 中国农业大学学报（社会科学版），29（4）：58-60.

容志 . 2008. 激励与行为：地方机会主义及其制度分析——兼论地方服务型政府构建的动力问题 . 上海行政学院学报，9（6）：54.

容中逵 . 2009. 当前我国乡村学校布局调整问题研究 . 中国教育学刊，（8）：17.

斯特龙伯格 . 2005. 西方现代思想史 . 刘北成等译，北京：中央编译出版社：2.

石人炳 . 2004a. 用科学发展观指导中小学校布局调整 . 中国教育学刊，（7）：1-3.

石人炳 . 2004b. 国外关于学校布局调整的研究及启示 . 比较教育研究，（12）：35-36.

史宁中，柳海民 . 2005. 中国农村基础教育：问题、趋势及政策建议 . 教育研究，（6）：32.

宋锦州 . 2005. 公共政策：概念、模型与应用 . 上海：华东大学出版社：86.

宋林霖，彭丰民 . 2011. 横向府际间公共政策执行博弈的困境：以集体行动的逻辑视角 . 国家行政学院学报，（4）：62.

苏宏章 . 1991. 利益论 . 沈阳：辽宁大学出版社，89.

孙长青 . 2004. 公共政策的逻辑起点——公共利益分析 . 河南师范大学学报（哲学社会科学版），31（2）：25.

孙绵涛 . 1997. 教育政策学 . 武汉：武汉工业大学出版社：157.

孙强，刘海宏 . 2009. 乡村教育调查报告：走向"空壳"的乡村学校 . 华商报，2009-11-09.

孙艳霞 . 2004. 农村中小学布局调整的得失 . 人民教育，（22）：5.

孙永怡 . 2007. 强势利益集团对公共政策过程的渗透及其防范 . 中国行政管理，（9）：48-49.

孙志军，杜育红，李婷婷 . 2010. 义务教育财政改革：增量效果与分配效果 . 北大教育评论，（1）：83-85.

尚虎平 . 2007. 绩效晋升下我国地方政府非绩效行为诱因：一个博奕论的解释 . 财经研究，（12）：128.

涂晓芳 . 2008. 政府利益论——从转轨时期地方政府的视角 . 北京：北京大学出版社：98.

万明钢 . 2009. 以促进教育公平和教育均衡发展的名义——我国农村"撤点并校"带来的隐忧 . 教育科学研究，（10）：19.

万明钢，白亮 . 2009. 我国"农村学校布局调整"问题研究述评 . 教育科学研究，（6）：38.

万明钢，白亮 . 2010. "规模效益"抑或"公平正义"——农村学校布局调整中"巨型学校"现象思考 . 教育研究，（4）：34-39.

袁桂林 . 2012. 农村学校布局调整研究 . 基础教育论坛 .（4）：8-15.

王定华 . 2012. 关于我国农村义务教育学校布局调整的调查与思考 . 华中师范大学学报（人文社会科学版），51（6）：141-142.

王海英 . 2010. 农村学校布局调整的方向选择——兼谈农村学校"撤存"之争 . 东北师范大学学报（哲学社会科学版），（5）：158.

王嘉毅，吕晓娟 . 2007. 教育公平视野中的农村学校布局调整 . 甘肃社会科学，（6）：86.

王景，张学强 . 2010. 当前我国农村义务教育阶段寄宿制学校发展的问题研究 . 教育科学，（3）：7-11.

王丽秋.2007.教育政策执行失真现象的阐释.黑龙江教育学院学报,(8):25-26.

王林生.2005.中国地方政府决策研究.广州:华南理工大学出版社:145.

王浦劬.1995.政治学基础.北京:北京大学出版社:58.

王蓉.2004.中国县级政府教育财政预算行为:一个案例研究.北京大学教育评论,(4):56-57.

王世忠.2001.关于教育政策执行的涵义、特征及其功能的探讨.湖北教育学院学报,(1):65.

王伟光.2001.利益论.北京:人民出版社:134.

王莹,黄亚武.2007.农村中小学布局调整中的教学点问题研究——基于河南、湖北的调查分析.江西教育科研,(2):61-62.

王颖,杨润勇.2008.新一轮农村中小学布局调整后的负面效应:调查反思与对策分析.教育理论与实践,(12):29-30.

王雍群,李民吉.2002.中国的政府间转移:目标、制度和实施机制.中央财经大学学报,(7):1-5.

王远伟,钱林晓.2008.关于农村中小学合理布局的设计.华中师范大学学报(人文社会科学版),(3):137.

王泽德.2009.对我国农村中小学布局调整的反思.教育学术月刊,(5):98-99.

王智超,杨颖秀.2010.教育政策制定过程中的滞后现象.现代教育管理,(7):41-42.

韦伯.1997.经济与社会(上卷).林荣远译.北京:商务印书馆:66.

邬志辉.2010a.农村学校撤并决策的程序公正问题探讨.湖南师范大学教育科学学报,9(6):100.

邬志辉.2010b.中国农村学校布局调整标准问题探讨.东北师范大学学报(哲学社会科学版),(5):140-149.

邬志辉,史宁中.2011,农村学校布局调整的十年走势与政策议题.教育研究,(7):24-25.

邬志辉,王存.2009.农村被撤并学校资产处置的政策选择.教育发展研究,(21):6-10.

吴伯华.2001.中小学布局调整的实践与思考.教学与管理,(1):27.

吴根平.2006.地方政府公共政策执行中的失范现象及其对策.前沿,(11):82.

吴海燕,张光雄.2007.政策执行障碍中控制利益因素的制度探寻.学术探索,(5):25.

吴宏超.2007.农村中小学布局调整的困境与出路.华中师范大学学报(人文社会科学版),(3):136-137.

吴宏超,闫莉蕙.2013.农村学校布局调整中政府办学的法律责任.教育学术月刊,(2):

84-86.

吴宏超，赵丹．2008.农村学校合理布局标准探析——基于河南省的调查分析．教育发展研究，（12）：11-15.

吴娟．2011.农村学校布局调整中的教师利益诉求的重要性．武汉：华中师范大学硕士学位论文：59.

吴理财．2003.政府间的分权与治理．马克思主义与现实，（3）：73.

吴小建，王家峰．2011.政策执行的制度背景：规则嵌入与激励相容．学术界，（12）：127.

夏雪．2009.农村中小学布局调整中的机会主义——一个新制度经济学视角．教育科学，25（3）：10-13.

向加吾．2006.当代中国公共政策执行主体的偏差行为：表现、原因及对策．四川行政学院学报，（1）：11-12.

谢识予．1997.经济博弈论．上海：复旦大学出版社：78.

谢炜．2009.中国公共政策执行中的利益关系研究．上海：学林出版社：124.

谢秀英．2011.农村中小学布局调整中的集体非理性分析．中国教育学刊，（4）：9-11.

辛向阳．2008.大国诸侯——中国中央与地方关系之探析．北京：中国社会出版社．

熊春文．2009."文字上移"：20世纪90年代末以来中国乡村教育的新趋向．社会学研究，（5）：110-112.

熊向明．2007.对当前农村中小学布局调整的反思——河南中原地区农村中小学布局调整调查分析．教育与经济，（2）：53.

薛正斌，刘新科．2009.偏远农村地区学校布局调整对教育公平的影响．现代中小学教育，（7）：3.

严荣．2003.利益分析——公共政策研究的一个新视角．理论探讨，（2）：94.

杨李．2003.地方政府公共政策执行的制约因素及其对策．西北大学学报（哲学社会科学版），（3）：81.

杨润勇．2006."免费义务教育"政策及其实施的思考与建议．教育发展研究，（5A）：45.

杨润勇．2009.关于中部地区农村中小学寄宿制学校的调查与思考．教育理论与实践，（8）：32-36.

叶敬忠．2012.农村中小学布局调整的社会宏观背景分析．中国农业大学学报（社会科学版），29（4）：18-19.

叶庆娜．2013.农村学校布局调整中大规模学校成因的经济学分析——基于规模经济的视角．教育与经济，（2）：34-36.

于海波 . 2009. 农村学校布局调整要警惕辍学率反弹 . 求是, (16): 44.

袁振国 . 2001. 教育政策学 . 南京: 江苏教育出版社: 85.

袁桂林 . 2012. 农村学校布局调查研究 . 基础教育论坛, (12): 11-12.

张成福, 党秀云 . 2001. 公共管理学 . 北京: 中国人民大学出版社: 247

张国庆 . 1997. 现代公共政策导论 . 北京: 北京大学出版社: 7.

张洪华 . 2010. 城镇化进程中的农村中小学布局调整问题及反思 . 教育理论与实践, (3): 3-4.

张欢, 张强, 朱琴 . 2004. 农村义务教育经费"挤出效应"研究 . 清华大学教育研究, 125 (5): 55-59.

张金马 . 1992. 政策科学导论 . 北京: 中国人民大学出版社: 17.

张紧跟 . 2006. 当代中国地方政府间横向关系协调研究 . 北京: 中国社会科学出版社: 58.

张俊生 . 2006. 公共政策的有效执行 . 北京: 清华大学出版社: 85.

张力 . 2004. 教育政策执行的信息基础 . 北京: 高等教育出版社: 98.

张丽锦, 沈杰 . 2009. 寄宿制与非寄宿制学校初中生心理健康状况比较 . 中国特殊教育, (5): 85-87.

张强 . 2004. 农村义务教育: 税费改革下的政策执行 . 北京: 中国社会科学出版社: 86.

张绪敏 . 2011. 农村中小学布局调整中的村民利益保障问题研究 . 武汉: 华中师范大学硕士学位论文: 68.

张烨 . 2005. 教育政策分析的制度伦理视角 . 清华大学教育研究, (2): 38-39.

张烨 . 2006a. 试论我国教育政策分析的可能范式 . 清华大学教育研究, (2): 105-106.

张烨 . 2006b. 教育政策的制度分析: 必要、框架及限度 . 复旦教育论坛, 4 (6): 24-25.

张勇成 . 2005. 农村教育资产流失现状根源及其思考 . 中国农村教育, (6): 41-42.

张源源 . 2010. 美国乡村学校布局调整的历程及其对我国的启示 . 外国中小学教育, (7): 37.

张忠福 . 2004. 稳步实施农村中小学布局调整的思考 . 教学与管理, (1): 13-14.

赵丹, 王一涛 . 2008. 教学点在农村学校布局中的地位探析——基于中西部六省的实证分析 . 教育科学, (1): 80.

赵丹, 吴宏超 . 2007. 中西部地区农村教学点状况的实证研究 . 上海教育科研, (9): 21-24.

赵丹, 吴宏超 . 2012. 农村学校撤并对学生上学距离的影响 . 教育学报, 8 (3): 69-71.

赵付科 . 2004. 公共政策执行中的政策规避问题探解 . 山东理工大学学报 (社会科学版), (4): 53.

赵凯农, 李兆光 . 2003. 公共政策——如何贯彻执行 . 天津: 天津人民出版社: 98.

赵全军 . 2006. 中国农村义务教育供给制度研究（1978—2005）：行政学的分析 . 上海：复旦大学博士学位论文：101.

赵汀阳 . 2003. 博弈问题的哲学分析 . 读书，（2）：77.

中国教育与人力资源问题报告课题组 . 2003. 从人口大国迈向人力资源强国 . 北京：高等教育出版社：312.

周彬 . 2005. 决策与执行：制度视野下的学校变革 . 北京：教育科学出版社：96.

周春红 . 2007. 我国农村教育布局调整政策的规模经济分析 . 辽宁教育研究，（11）：72-73.

周飞舟 . 2010. 大兴土木：土地财政与地方政府行为 . 经济社会体制比较，（3）：81-85.

周芬芬 . 2008. 效率与公平：农村中小学布局调整的目标冲突与协调 . 武汉：华中师范大学博士学位论文 .

周国雄 . 2007. 论公共政策执行中的地方政府利益 . 华东师范大学学报（哲学社会科学版），（3）：93.

周国雄 . 2008. 博弈：公共政策执行力与利益主体 . 上海：华东师范大学出版社：87.

周佳 . 2006a. 农民工子女义务教育政策执行研究 . 中国青年研究，（9）：24-25.

周佳 . 2006b. 自由裁量与"流入地政府负责"的政策执行 . 中国教育学刊，（10）：39.

周佳 . 2007. 教育政策执行研究：以进城就业农民工子女义务教育政策执行为例 . 北京：教育科学出版社：78.

周健 . 2006. 试论新制度主义对公共政策研究视角的影响 . 重庆社会科学，（4）：101-103.

周黎安 . 2004. 晋升博弈中政府官员的激励与合作——兼论我国地方保护主义和重复建设问题长期存在的原因 . 经济研究，（6）：35.

周黎安 . 2007. 中国地方官员的晋升锦标赛模式研究 . 经济研究，（7）：39.

周晓红，李红艳 . 2013. 农村学校布局调整过程中不同利益主体的博弈分析 . 教育理论与实践，33（5）：21-23.

周振超 . 2009. 当代中国政府"条块关系"研究 . 天津：天津人民出版社：86.

庄西真 . 2009. 教育政策执行的社会学分析——嵌入性的视角 . 教育研究，（12）：20-21.

邹东升，陈达 . 2007. 公共政策执行困境的解决之道：宏观逻辑与微观机制的统一 . 探索，（2）：60.

21 世纪教育研究院 . 2012. 农村农村教育布局调整政策的评价与反思：一切为了农村学生 . 21 世纪教育高峰论坛 .

Bailey G. 2009. A consolidation model for K-12 Consolidation within Missoula County. http：//www.eric.ed.gov/ERICDocs/data/ericdocs2sql/content_storage_01/0000019b/80/13/74/

c3.pdf［2009-04-17］.

Bard J，Gardener C. 2007. Rural school consolidation report . http：//www.cfra.org/pdf/NRE Association Task Force School Consolidation Report.pdf［2007-09-20］

Bickel R，Howley C. 2000. The influence of scale on school performance：a multi-level extension of the Matthew principle. Education Policy Analysis Archives,（22）：32-33.

Corbett M，Mulcahy D. 2008. Education on a human scale：small rural schools in a modern context. http：//www.holidaymedia.ca/transcontinental/documents/2/Education%20On%20 Human%20Side.pdf.html［2008-10-23］.

Cotton K. 2009. School size，school climate and student performance. http//www.nwrel.org/ archive/sirs/10/c020.html［2009-05-20］.

De Young A J，Howley C B. 1990. The political economy of rural school consolidation. Peabody Journal of Education,（4）：63-89.

Fox W F. 1981. Reviewing economies of size in education. Journal of Education Finance,（6）: 273-296.

Hanley P F. 2007. Transportation cost changes with statewide school district consolidation. Socio-Economic Planning Sciences，41（2）：163-179.

Holmstrom B，Milgrom P. 1991. Multitask principal-agent analyses：incentive contracts，asset ownership，and job design. Journal of Law，Economics and Organization,（7）：51-52.

Lionel J，Gibbs R. 2007. The role of education promoting the economic & social vitality of rural America. http：//www.eric.ed.gov/ERICWeb-Portal/recordDetail？accno= ED493383［2007-09-15］.

Lu，Y C，Luther T. 1973. The impact of busingon student achievement . Growth and Change,（4）：44-46.

Mier D W. 1996. The big benefits of smallness. Educational Leadership,（1）：57-59.

Mulcahy D M. 2009. Rural education reform：the consultation Process. http//www.eric.ed.gov/ ERICDocs/data/ericdocs2sql/content_storage_01/0000019b/80/15/08/13.pdf［2009-04-22］.

Smith T. 1973. The policy implementation process. Policy Science,（2）：203.

Spence B. 2000. Long school bus rides：stealing the joy of childhood. http：//www. wvcovenanthouse.org/challengewv/resources.html［2000-05-23］.

Spence B. 2008. Small School：why they provide the best education for low-income children. http：//www.ruraledu.org/site/c.beJMIZOCIrH/b.1073991/k9BB8/small schools.html［2008-10-22］.

Streifel J S，Holman D M. 1991. The financial effects of consolidation. Journal of Research in Rural Education,（2）：23.

附　　录

一、行政领导访谈提纲

1. 贵旗主要共开展几次学校布局调整工作？您认为调整的效果有哪些？（如促进资源优化配置，提高学校规模效益，促进教育均衡发展等）

2. 贵旗学校布局调整的主要方式有哪些？布局调整方案是怎么形成的？谁参与了这一过程？学校撤并的基本程序是怎样的？如何考虑家长的意见？

3. 在布局调整实施过程中，遇到的挑战与困难主要有哪些？

4. 在学校撤并过程中，教育部门主要发挥了哪些作用？如何与其他部门进行分工合作，在此过程中，遇到的困难主要有哪些？

5. 在学校撤并过程中，上级政府部门的都有哪些支持政策？撤并过程中所需要的资金如何筹措？上级政府评价布局调整政策效果的主要标准是什么？

6. 在学校撤并过程中，如何向家长说明撤并校的依据？如何争取家长的支持与配合？如果遇到一些家长的反对，如何应对？

7. 撤并后，如何确保农村教学点的生存与发展？（师资与经费如何保障？）寄宿制学校的条件如何？遇到的困难主要有哪些？对撤并后出现的学生上学远、家庭教育支出增加等问题，如何解决？对于城区大班额的问题，如何解决？

8. 对于农村学校与农村社区建设的相互协调，贵旗主要做了哪些工作？对于农村其他部门所投入的教学资源，如何协调？

9. 在您看来，要确保布局调整政策有效推进，政府需要作出哪些努力？（如资源投入、监督、信息沟通、考核、部门协调、利益协调、程序等）

二、学校校长访谈提纲

1. 请介绍一下学校的基本情况。（如师资、学校规模、师生比、住宿生情况、教学质量等）

2. 你是何时了解本旗要进行学校撤并的？学校撤并之前，相关部门是否征求过学校的意见？布局调整后有无回访？是否征求过教师或家长的意见？主要采取哪些方式和家长进行沟通？

3.就您个人来看，你认为国家为何要开展布局调整工作？就您所了解的情况来看，贵旗在开展学校撤并的工作当中，相关职能部门主要采取了哪些措施？

4.就您所了解的情况来看，本地学校撤并后的利弊有哪些？产生了哪些亟待解决的新问题？被撤并后的学校教师是如何安置的？闲置的校舍是如何利用的？

5.布局调整后，贵校的规模是否扩大？整体运转水平如何？学校是否有校车？如何解决学生上学远的问题？

6.就贵校来看，布局调整对学校管理和教学主要产生了哪些积极影响？（如教学管理、行政管理、学生管理、财务管理、教师管理）需要解决的问题主要有哪些？

7.学校对寄宿生如何管理？主要面临哪些困难？对生活困难学生是否有生活补助？

8.就您个人来看，布局调整对农村家长的影响主要有哪些？对农村学生的影响主要有哪些？

9.就您个人来看，对于学校撤或并应该依据哪些标准？在此过程中，学校和家长能够发挥哪些作用？

10.在您看来，今后的布局调整工作该如何进一步完善？

三、教师访谈提纲（寄宿校）

1.您对学校布局调整是否了解？学校撤并之前，政府部门是否征询过学校教师或学生家长的意见？对这些意见是如何进行反馈的？就您了解的情况来看，政府与家长沟通的方式主要有哪些？

2.就您个人来看，你认为国家为何要开展布局调整工作？就您了解的情况来看，贵旗在开展学校撤并的工作当中，相关职能部门主要采取哪些措施？

3.就您了解的情况来看，本地学校撤并后的利弊有哪些？产生了哪些亟待解决的新问题？

4.布局调整后，贵校的规模是否扩大？整体运转水平如何？学校是否有校车？如何解决学生上学远的问题？

5.就贵校来看，布局调整对您的教学工作主要产生了哪些影响？（如教学工作量、寄宿生管理）需要解决的问题主要有哪些？

6. 学校对寄宿生如何管理？（如生活、学习、心理）主要面临哪些困难？对生活困难学生是否有生活补助？

7. 就您个人来看，布局调整对农村家长的影响主要有哪些？对农村学生的影响主要有哪些？

8. 就您个人来看，对于学校撤或并应该依据哪些标准？在此过程中，学校和家长能够发挥哪些作用？

9. 在您看来，今后的布局调整工作该如何进一步完善？

四、教师访谈提纲（农村教学点）

1. 您是何时了解本旗要进行学校撤并的？学校撤并之前，相关部门是否征求过学校的意见？布局调整后有无回访？是否征求过教师或家长的意见？学校的村小有无撤并，您对撤销村小这件事是什么态度？如何向政府部门表达自己的看法与意见？

2. 就您个人来看，您认为国家为何要开展布局调整工作？就您了解的情况来看，贵旗在开展学校撤并的工作当中，相关职能部门主要采取哪些措施？

3. 就您了解的情况来看，本地学校撤并后的利弊有哪些？产生了哪些亟待解决的新问题？被撤并后的学校教师如何安置？闲置的校舍如何利用？

4. 布局调整后，贵校的规模是否扩大？整体运转水平如何？学校是否有校车？如何解决学生上学远的问题？

5. 就贵校来看，布局调整对您的教学工作主要产生了哪些影响？（如教学工作量、寄宿生管理）需要解决的问题主要有哪些？

6. 您对村小的作用如何看待？学校未来的生源如何？

7. 村子里的家长的年收入大概是多少？家长需要支付的各项费用有哪些？布局调整后，家长的负担如何？村子里的孩子有没有在外寄宿的？上学安全是如何保障的？

8. 旗里面对于农村教学点，主要有哪些支持措施？如何确保其正常发展？（师资与经费如何保障？）

9. 村小撤销对乡村的孩子们产生了怎样的影响？对于村民有什么影响？对于村子有什么影响？

10. 你如何看待乡村学校的未来？对于今后的布局调整工作，您有什么建议与看法？

五、家长访谈提纲

1. 请介绍一下孩子的基本情况。

2. 您是何时了解本旗要进行学校撤并的？学校撤并之前，相关部门是否征求过您的意见？布局调整后有无回访？政府和学校主要采取哪些方式和您进行沟通？您是否参与到学校撤并计划制订中？您是否有渠道表达对学校撤并的意见？

3. 就您个人来看，您认为国家为何要开展布局调整工作？就您了解情况的来看，贵旗在开展学校撤并的工作中，相关职能部门主要采取了哪些措施？

4. 就您了解的情况来看，本地学校撤并后的利弊有哪些？产生了哪些亟待解决的新问题？

5. 您的家庭主要收入来源是什么？学校布局调整后，您的孩子有没有寄宿？相较于以前，孩子的教育支出有没有变化？孩子上学安全是如何保障的？

6. 学校撤销对村里的孩子们产生了怎样的影响？对于您所在的村子有什么影响？

7. 对于今后的布局调整工作，您有什么建议与看法？

索　引